© Verlag Zabert Sandmann
München
1. Auflage 2003
ISBN 3-89883-037-3

Wissenschaftliche Mitarbeit	Dr. Petra Thorbrietz Dr. Siegfried Schlett Prof. Dr. Martin Korte Prof. Dr. Wilhelm Schänzer
Redaktionelle Mitarbeit	Dr. Peter Lempert, Ulrich Pramann
Grafische Gestaltung	Georg Feigl
Einbandfotos	Dr. Kai-Uwe Nielsen, Vorderseite Alexander Haselhoff, Rückseite
Tabellen und Grafiken	Verena Fleischmann, Regina Rechter
Herstellung	Karin Mayer, Peter Karg-Cordes
Lithografie	inteca Media Service GmbH, Rosenheim
Druck und Bindung	Mohn Media · Mohndruck GmbH, Gütersloh

Dr. Hans-Wilhelm Müller-Wohlfahrt

So gewinnen Sie mehr Lebenskraft

Mein Programm für neue Vitalität

unter Mitarbeit von

Dr. Petra Thorbrietz

und

wissenschaftlicher Beratung von

Dr. Siegfried Schlett

ZABERT
SANDMANN

Wie Lebenskraft im Körper entsteht 52

Was mir Lebenskraft gibt

Was mir Lebenskraft gibt

Kraft tanken im Urlaub, Ruhe und Entspannung finden, Zufriedenheit und Dankbarkeit fühlen – das alles können Quellen für neue Energie und Lebenskraft für jeden Einzelnen sein.

Ich bin angekommen. Die Vorfreude auf Biarritz hatte sich schon seit einigen Tagen immer wieder in meinem Kopf gemeldet. Doch die Gedanken an Ferien musste ich zurückdrängen, denn noch war ich in der Praxis inmitten eines geschlossenen Systems aus Konzentration und Termindichte. Nun aber bin ich in den Ferien. Zuerst hatte sich Erschöpfung breit gemacht. Aber bereits nach ein paar Stunden Schlaf waren die Anstrengungen der letzten Wochen von mir abgefallen.
Der erste Tag in Biarritz. Draußen tobt das Meer: Biscaya-Tief. Manche mögen es ja, wenn wochenlang, Tag für Tag, die Sonne scheint. Mich würde das ermüden. Am Atlantik kennt das Wetter kein Gleichmaß, die Natur ist hier unberechenbar – aber gerade das macht für mich den besonderen Reiz von Biarritz aus. Mal ist das Wetter wild, dann wieder sanft. Hier kann die Natur verführerisch schön sein, bis sie ihre graue Maske aufzieht, wütend wird, stürmisch und ungemütlich. Mir gefallen solche Kapriolen.

Die Magie der Wellen

Ich kann stundenlang am Meer sitzen und den Surfern zuschauen. Manche von ihnen zeigen in jedem Detail Leichtigkeit. Sie haben das Gespür für Wellen, die sie tanzen lassen oder es ihnen erlauben, sich mit dem Brett spielerisch um die eigene Achse zu drehen. Meist leihe ich mir sofort nach der Ankunft selbst ein Brett. Es ist ein ziemlich ungleicher Kampf mit den Wellen, dem ich mich da stelle, aber ich bin total begeistert, wenn ich einmal nicht den Kürzeren ziehe, sondern auf die richtige Welle setze, die genauso bricht, wie ich das erhofft hatte. Dieses Gefühl, eins zu sein mit den Elementen und zugleich ihr Spielball, ist auf- und anregend. Die absolute Konzentration, die ich einsetzen muss, um nicht ins Wasser zu fallen, hat etwas Reinigendes und Befreiendes. Wenn ich auf dem Meer bin oder am Ufer sitze, kann ich mein

Bewusstsein in einen anderen Zustand versetzen und mich von den »Altlasten« befreien. Der anstrengende Alltag in München fällt von mir ab. Abends, wenn sich die meisten Menschen vom »Grand Plage« zum Essen zurückziehen, gehe ich besonders gern hinunter an diesen weiten Strand, um zu joggen. Es gibt fürwahr nichts Schöneres, als 1 gute Stunde barfuß auf dem feinen Sand zu laufen. Nach ein paar Minuten läuft es wie von selbst. Und meist läuft dann auch der Film von damals in mir ab.

Biarritz zum Ersten

Damals, das war vor über 40 Jahren, als wir hier zum ersten Mal ankamen. Wir waren gerade 17, mein Freund Wolfgang und ich. Eigentlich wollten wir weiter nach Spanien, aber dann sind wir in Biarritz geblieben, weil wir es hier so klasse fanden.

Man sollte sich immer nur realistische Ziele setzen. Dass mein Jugendtraum bezüglich des feinen Hotels in Erfüllung ging, ist deshalb fast ein Wunder.

Die »Königin der Strände« und »Strand der Könige« hat man die baskische Küste genannt, lange bevor Kaiserin Eugénie Biarritz im 19. Jahrhundert in ein mondänes Seebad verwandelte. Und nun hockten wir hier im Sand mit einer Flasche Rotwein und einem Baguette, das wir in eine Dose Ölsardinen tunkten, waren glücklich und auch verdammt stolz, dass wir es geschafft hatten.

Per Anhalter nach Südwestfrankreich. Trampen war damals für uns wie für viele Gleichaltrige die junge Art des Reisens, sie kostete nichts, nur Geduld. Bis Paris hatten wir es, aus Ostfriesland kommend, in 3 Tagen geschafft. Und von Paris bis Biarritz brauchten wir noch einmal zwei Tage. Für 4 Wochen Ferien mussten unsere 300 Mark reichen.

Wir schlugen unser Lager am Strand auf. Da lagen wir nun und betrachteten staunend das prachtvolle »Hôtel du Palais«. Wir waren junge Idealisten und träumten davon, auch irgendwann einmal in diesem Hotel übernachten zu können. Das habe ich geschafft, denn schon seit mehreren Jahren leiste ich mir für eine Woche den Luxus, im Hotel meiner Jugendträume ein paar Tage mit meiner Familie auszuspannen, meist im Juni. Ich freue mich, dass ich hier sein darf und diesen Komfort und diese elegante Atmosphäre genießen kann.

Zufriedenheit und Dankbarkeit sind wichtige Energiespender. In Biarritz komme ich zu mir, ich kann mich sammeln, Kraft tanken, das Wichtige vom Unwesentlichen unterscheiden. Ich habe Zeit für meine Familie, und ich habe Zeit für mich. Ich kann in mich hineinhören. Ich habe das große Glück, dass mich meine Arbeit erfüllt. Es ist mir ein inneres Bedürfnis, Menschen zu helfen, und es ist für mich eine große Bestätigung, wenn meine Patienten zufrieden sind. Meine langen Arbeitstage sind zwar anstrengend, aber sie belasten mich nicht. Im Gegenteil. Meine Arbeit erfüllt mich so sehr, dass sie offenbar wie eine Art Lebenselixier wirkt. Woher kommt eigentlich unsere Lebensenergie? Welche Faktoren spielen für unsere Vitalität die entscheidende Rolle? Aus welchen Quellen können wir neue Lebenskraft schöpfen? Diese Fragen muss man sich immer wieder stellen, auch oder gerade wenn man nicht im Urlaub ist.

Woher kommt die Energie?

Die Energie ist unser Treibstoff. Wobei es zwei Sorten gibt: Die eine kann von außen zugeführt werden (und wirkt vor allem körperlich). Die zweite Energiequelle sprudelt nur dann, wenn man sich mit ihr mental in Verbindung setzt.

Von vielen meiner Patienten werde ich immer wieder gefragt, wie sie neue Lebenskraft gewinnen können. Der alltägliche Existenzkampf, bei dem Leistung, Erfolg und Anerkennung im Vordergrund stehen, überfordert viele. Viele von uns kennen ihren Körper nicht und wissen daher auch nicht, was ihm gerade fehlt. Sie haben kein Gespür dafür, wann sie eine Pause machen müssen, welche Ernährung ihnen wirklich gut tut und dass ihnen Bewegung fehlt. Sie erleben ihren Körper nicht als Einheit.

Energie – dieses Wort kommt aus dem Griechischen und bedeutet »wirkende Kraft«, aber auch »Tatkraft« und »Schaffenskraft«. Unser Körper bezieht zum Beispiel Energie aus der Nahrung, indem er die darin enthaltene Glukose (Blutzucker) zu den Zellen transportiert, wo sie mit Hilfe von Sauerstoff verbrannt wird. Die in diesem komplizierten Prozess gewonnene Energie steht für die Aufrechterhaltung der Körperrhythmen, für die Arbeit der Muskeln sowie für seelische und geistige Aktivitäten zur Verfügung.

Es gibt nach meiner Auffassung zwei Arten von Energie. Die eine kann von außen zugeführt werden und wirkt vor allem körperlich. Wenn Sie zu lange nichts gegessen haben und sich unterzuckert fühlen, gewinnen Sie neue Energie durch eine gesunde Mahlzeit.

Wenn Sie Sport treiben, stimulieren Sie Ihr Herz-Kreislauf-System, regen den Stoffwechsel an, fördern die Sauerstoffversorgung der Zellen und stärken Ihr Immunsystem – auch das führt zu mehr Energie. Aber

es gibt daneben eine weitere ganz wichtige Energiequelle, die nur sprudelt, wenn Sie sich mit ihr innerlich, mental, in Verbindung setzen.
Hierbei können Ihnen zwei von mir sehr geschätzte asiatische Übungstechniken besonders gut helfen, die sich des Körpers als Medium bedienen. Bei T'ai Chi und Yoga müssen Sie in sich hineinhören und in Verbindung zu Ihrer Seele treten. Nur wenn Sie beide Möglichkeiten der Energiegewinnung (die äußere und die innere) verstehen und nutzen, sind Körper, Geist und Seele in der Balance – und nur dann werden Sie mehr Lebenskraft gewinnen.

Was verstehe ich unter Lebenskraft?

Unsere Gedanken, unsere Gefühle und unser Körper sind Teile eines großen Getriebes, das den Motor unseres Lebens antreibt. Alles, was wir denken, fühlen und tun, hat Einfluss auf unser Wohlbefinden. Es gibt immer eine Wechselwirkung zwischen den Gedanken, den Gefühlen und dem Körper, in positiver wie in negativer Hinsicht.
Wenn die energetischen Zentren (innere Organe, Geist und Seele) miteinander in Kontakt sind und sich gegenseitig unterstützen, kann die Energie frei fließen, und wir können die Anforderungen leichter bewältigen. Dann spüren wir nicht nur Lebenskraft und Lebensfreude, wir sind auch weniger anfällig für Krankheiten.
Mit mentalen Techniken, von denen später noch die Rede sein wird (Seite 89), lassen sich unsere Gedanken und Gefühle wirksam steuern. Negative Stimmungen (Unlust, Selbstzweifel, Neid) können so umgewandelt werden, dass sie an selbstzerstörerischer Kraft verlieren. Positive Gefühle (z.B. Anerkennung, Freude, Lust, Spaß) lassen sich verstärken und gezielter einsetzen.

Vom Sinn der Motivation

Motivation heißt für mich nichts anderes als: »Ich will!« In dem Wort steckt bereits seine Bedeutung: Um etwas bewegen, also verändern zu können, braucht man ein Motiv, d. h. einen Beweggrund. Ich bin motiviert, wenn ich in meinem Handeln einen Sinn erkenne. Wenn wir nicht wissen, was und wohin wir wollen, wenn wir nicht wissen, was wir können – wenn wir also orientierungslos sind, kann die Kraft der Motivation nicht greifen. Dann geraten wir aus der Balance, in der daraus resultierenden Instabilität sind wir schwach und damit psychisch sowie physisch gefährdet.

Menschen sind von Natur aus motiviert. Jede Aktivität, die vom Gehirn positiv bewertet wird, wird durch die Ausschüttung von Dopaminen sogleich belohnt.

Ein Sprichwort besagt, man solle nur den Stein aufheben, den man tragen kann. Ein Ziel muss erreichbar sein, es darf uns nicht ständig überfordern und in neue Krisen führen. Wenn wir ein lohnendes Ziel im Auge haben, sorgt unser Körpersystem für die Energie, die nötig ist, um sich ihm zu nähern. Jede positive Erfahrung verbucht das Gehirn als Gelerntes und speichert es ab. Bei jeder positiven Bewertung schüttet das körpereigene Belohnungssystem im Gehirn Dopamine aus. Dies bewirkt, dass Menschen von Natur aus motiviert sind.

Beruf als Berufung

Ich sehe und erlebe meinen Beruf als Berufung, und deshalb erschöpft er mich auch nicht. Im Gegenteil. Ich kann durch die Arbeit sogar wieder neue Kraft gewinnen. Zusätzlich fühle ich mich gut, weil ich inzwischen ein wohltuendes Maß an innerer Freiheit und Unabhängigkeit spüre. Außerdem bin ich Herr über meine Zeit. Ich kann mir den Luxus leisten, mir für jeden Patienten so viel Zeit wie nötig zu nehmen. Abends kann ich so lange arbeiten, wie ich will. Davon profitieren alle – meine Patienten genauso wie ich. Ich lasse mich nicht von einem vollen Wartezimmer unter Druck setzen. Aus Zeitmangel resultieren Fehldiagnosen, fehlerhafte Behandlungen oder schlampige Arbeit. In meinem Beruf sind Fehler fatal. Zeit ist also ein Faktor, den ich für mich reklamiere und im Interesse meiner Patienten verteidige.

Den ganzen Menschen im Auge haben

Meine Neugier hat mich dazu gebracht, nicht Einzelteile des Menschen, sondern den Menschen als Ganzes zu sehen. Wenn ein Patient mit Schmerzen an der Achillessehne zu mir in die Praxis kommt, ist mir klar, dass es nicht reicht, ihn nur an der Achillessehne zu behandeln.

Denn jedes Problem hat schließlich eine Ursache, und genau diese Ursache gilt es zu erforschen. Erst nach einer genauen Diagnose, die weit mehr erfasst als nur das lokale Problem, ist eine Therapie möglich und kann die Heilung erfolgreich verlaufen. Nicht selten muss ich mich im wahrsten Sinne des Wortes an die Ursache herantasten.
Ich frage jeden Patienten nach jeder Behandlung, auf welche Weise sein Körper reagiert und wie sich das Schmerzbild entwickelt hat. Entsprechend kann ich die geplante Therapie fortführen oder auch abändern. Ich nenne diese Art zu arbeiten empirische Medizin – Erfahrungsmedizin. Es ist mir aber auch wichtig, dass sich der Patient selbst kennen lernt und beginnt, auf Veränderungen in seinem Körper zu hören.
In der Medizin ist es entscheidend, den ganzen Menschen zu sehen. Das Gleiche gilt für den Patienten. Auch er muss verantwortungsbewusst mit sich selbst umgehen. Der unkritische Umgang mit Tabletten, Energy-Drinks, Diätprodukten etc. führt nicht zu mehr Lebenskraft – selbst wenn das auf dem Beipackzettel versprochen wird. Lebenskraft kann man nicht nur von außen zuführen, sondern man muss die Lebenskraft auch aus sich selbst generieren. Ich finde es beruhigend zu wissen, dass wir selbst genug Kraft erzeugen können. Wir müssen nur lernen wie.

Hormontherapien sind ein fragwürdiger Weg, den natürlichen Alterungsprozess des Menschen zu stoppen. Dagegen ist es durchaus sinnvoll, vorzeitiges Altern zu vermeiden und zu verhindern, dass man sich alt fühlt.

Jugendwahn

Anfang der 90er Jahre des vorigen Jahrhunderts kam in den USA die Anti-Aging-Welle ins Rollen. Die Jünger dieser Bewegung glauben, dass man den täglichen Alterungsprozess durch Hormontherapien stoppen könne. Davon halte ich nichts. Denn altern müssen wir, ob wir wollen oder nicht. Aber wir können verhindern, dass wir vorzeitig altern, und wir können vermeiden, dass wir uns alt fühlen. Wir altern ja nicht in Schüben, sondern jeden Tag ein bisschen. Alle wissen, dass Nikotin, Alkohol, Bewegungsmangel, Schlafdefizite und Stress ungesund sind. Diese negativen Einflüsse beschleunigen die Verschleißvorgänge des Körpers. Wie schnell wir altern, hängt also eng mit unserem Lebenswandel zusammen. Die Ernährung spielt ebenso wie die Bewegung eine große Rolle. Ob wir uns richtig entspannen und lösungsorientiert denken können, ist darüber hinaus wichtig. Wenn wir die Bedürfnisse unseres Körpers nicht wahr- und ernst nehmen, beeinträchtigt das unsere Lebensqualität spür- und sichtbar. Selbstverständlich habe ich Verständnis dafür, dass man im Alter attraktiv und auch jung aussehen möchte. Das ist einfach gut für das Selbstwertgefühl. Aber der Weg dorthin muss ein anderer sein. Wir können äußerlich nur gut aussehen, wenn wir uns innerlich gut fühlen.

Gesundheit selbst gemacht

»Gesundheit ist nicht alles, aber ohne Gesundheit ist alles nichts« – diese Lebensweisheit stammt von Arthur Schopenhauer. Die meisten von uns sind für ihre Gesundheit und damit für ihr Maß an Lebensqualität selbst verantwortlich. Jeder (Ausnahmen bestätigen auch hier die Regel) ist der Produzent seines Zustandes. Die Gesundheitsdiskussion konzentriert sich leider vor allem auf die Kosten der Krankheitsbehandlung, nicht aber auf die Ursachen der Krankheiten. Dabei ist wissenschaftlich belegt, dass gerade die kostenintensiven, chronischen Erkrankungen von Atemwegen, Herz, Kreislauf und Rücken überwiegend vom Lebensstil des Betroffenen abhängen – also auch durch eine Veränderung des Lebensstils vermindert, wenn nicht verhindert werden könnten. Von meinen Patienten erwarte ich, dass sie im Verlauf der Behandlung mehr Verantwortung für sich selbst übernehmen. Sie auf ihre Eigenverantwortung hinzuweisen ist für mich geradezu eine moralische Verpflichtung.

> ***Der Körper ist der Übersetzer der Seele ins Sichtbare.***
>
> *Christian Morgenstern (1871–1914), deutscher Dichter und Schriftsteller*

Nehmen wir beispielsweise eine plötzlich auftretende Erkrankung. Der Körper bekommt sie, um sich – oder besser gesagt dem Betroffenen – zu einer Auszeit zu verhelfen. Diese erzwungene Auszeit kann der Patient zum Nachdenken und zur Besinnung nutzen. Es ist auch immer wieder interessant zu sehen, wann wir krank werden. Manchmal trifft es uns im Urlaub, also genau dann, wenn wir Zeit haben, krank zu sein. Manchmal werden wir krank, wenn wir ein großes Projekt abgeschlossen haben. Der monatelange Stress hat keine Regeneration zugelassen, jetzt, bei der ersten sich bietenden Gelegenheit, schlägt der Körper zu und bucht eine Auszeit.

Aber sicherlich wären wir nicht krank geworden, wenn wir die Signale in unserem Körper gehört hätten. Wenn wir uns in anstrengenden Phasen ausgewogen ernähren, Sport treiben und Zeit für Entspannung finden, reduzieren wir die Gefahr einer Erkrankung drastisch. Es sind also im Wesentlichen drei Faktoren, auf die es zur Vermeidung von Krankheiten ankommt: gesunde Ernährung, ausreichende Bewegung, regenerierende Entspannung.

Energiequelle Bewegung

Wer den ganzen Tag körperlich arbeitet, kann abends getrost die Füße hochlegen. Wer aber körperlich inaktiv bleibt – und das sind die allermeisten –, lebt nicht nur mit einem Gesundheitsrisiko, sondern wird auch immer träger. Nach dem Laufen oder nach einer Fahrradtour, wenn wir uns so richtig ausgetobt und verausgabt haben, sind wir zwar körperlich erschöpft, aber spätestens nach dem Duschen geistig total erfrischt. Wir fühlen uns voller Tatendrang, selbst wenn wir vorher bedrückt, verärgert oder kraftlos waren.

Drei Faktoren sind die Basis für eine stabile Gesundheit: richtige Ernährung, ausreichende Bewegung, regenerierende Entspannung.

Durch Bewegung kann der Mensch immer wieder neue Kraft schöpfen – sein ganzes Wohlbefinden ist davon abhängig. Das spüren heute Millionen von Menschen im Alltagsstress. Wenn sie diesen Stress nicht durch Bewegung abreagieren können, führt das zu Verspannungen. So kommt es z. B. infolge eines extremen Hartspanns der Nackenmuskulatur zu Funktionsstörungen im Bereich der Halswirbelsäule: Die Nerven werden komprimiert, das führt meist zu Schmerzen in Schulter und Arm oder auch zu Spannungskopfweh, im schlimmsten Fall gar zur migraine cervicale. Die Folge ist neue Verspannung ein Teufelskreis.

Energiequelle Ernährung

Selbstverständlich wirkt sich auch eine bewusste Ernährung unmittelbar auf unseren Energiehaushalt aus. Die Basis dafür sind Lebensmittel, die wertvolle Inhaltsstoffe enthalten. Mehr dazu im Kapitel 4. Doch nicht nur was wir essen, bestimmt unser Energieniveau, sondern auch wie viel und wann wir etwas essen. Wenn wir zu wenig essen, signalisiert uns der Körper Energiemangel. Mit leerem Magen ist es schwer, sich auf etwas anderes als aufs Essen zu konzentrieren. Wenn wir zu viel oder zu schwer essen, stellt sich Müdigkeit ein, weil der Körper einen großen Teil der Energie für die Verdauung verbraucht. In Zei-

Nur wenn sich Körper, Geist und Seele in Balance befinden, kann man neue Lebenskraft gewinnen.

ten, in denen wir unter Druck stehen, neigen wir oft zu wenig ausgewogenen Mahlzeiten. Die für das Leistungsvermögen so wichtigen Zwischengerichte werden aus »Zeitgründen« übersprungen. Gerade bei großer Belastung verlangt der Körper jedoch regelmäßig nach Obst und Gemüse, um seinen Bedarf an Vitaminen und Mineralstoffen zu decken. Fünf Mahlzeiten mit geringem Kalorien- und hohem Nährwert sorgen für steten Energienachschub. Da unsere Lebensmittel weniger Vitalstoffe (Vitamine etc.) enthalten, weil sie oft nicht mehr in der Sonne reifen, und unsere Böden immer weniger Mineralstoffe an das Gemüse abgeben können, empfehle ich, Vitalstoffe regelmäßig auch in Form von Nahrungsergänzungsmitteln zu sich zu nehmen.

Wasser als Gesundheitsquelle

Die meisten Menschen trinken nicht genug. Vielleicht kommt Ihnen das bekannt vor: morgens ein bis zwei Tassen Kaffee; mittags vielleicht ein wenig Wasser zum Essen; nachmittags wieder ein paar Tassen Kaffee und abends Bier oder Wein. Das ist keine gute Bilanz, im Gegenteil – denn Kaffee und Alkohol wirken harntreibend. Leidenschaftliche Bier- und Kaffeetrinker können innerlich regelrecht austrocknen, weil der Körper wichtige Mineralstoffe schlichtweg ausschwemmt.

Viele trinken auch deshalb zu wenig, weil unser Körpergefühl beim Durst leider versagt. Das Durstgefühl meldet sich nämlich erst, wenn es bereits zu einem Wasserverlust im Körper gekommen ist. Ein Muskel, der nur um drei Prozent dehydriert ist, verliert zehn Prozent seiner Kraft und acht Prozent seiner Schnellkraft. Zudem können Kopfschmerzen und Schwindelgefühle auftreten. Bereits fünf Prozent zu wenig Flüssigkeit im Körper machen sich negativ bemerkbar: Konzentration und Koordination, Antrieb und Leistung lassen erheblich nach. Stellen Sie sich also immer eine Flasche Wasser auf Ihren Schreibtisch und prüfen Sie am Abend, ob Sie genug getrunken haben: Zwei Liter pro Tag sollten es schon sein.

Energiequelle Entspannung

Je größer die Anspannung ist, unter der ein Mensch steht, desto größer ist auch das Bedürfnis nach Entspannung. Was ist das eigentlich, Entspannung? Viele Menschen, mit denen ich spreche, glauben, Entspan-

nung würde automatisch einsetzen, etwa wenn sie am Abend gemütlich vor dem Fernseher sitzen oder übers Wochenende in die Sonne fahren. Diese Auffassung stimmt leider nur zum Teil.

Meine Erfahrung in der Praxis ist, dass viele von uns nicht mehr richtig – und das heißt tiefenwirksam – entspannen (können). Wirkliche Entspannung versetzt uns in einen Zustand, bei dem die Grundspannung (Tonus) in der Stützmuskulatur abnimmt, physiologische Aktivitäten wie Atmung und Herzfrequenz langsamer werden und der Blutdruck sinkt. Um eine umfassende Entspannung zu erzielen, müssen wir uns erst auf den Körper konzentrieren, denn physische und psychische Spannungszustände hängen eng zusammen.

Daher sollten wir wissen, wie wir von einer Beanspruchung, die uns anstrengt, zu wirksamer Erholung finden. Hierzu möchte ich Ihnen in diesem Buch einige Ratschläge geben, die ich selbst seit langem erfolgreich anwende.

Tiefenwirksame Entspannung setzt voraus, dass wir uns erst auf den Körper konzentrieren müssen, weil physische und psychische Spannungszustände eng miteinander verbunden sind.

Tempo herunterfahren

Wir sind zu schnell geworden. Wir sind stolz auf Mikrowelle, Computer und all die Geräte, die Zeit sparen. Wir lassen es zu, mobil jederzeit erreichbar zu sein, selbst dann, wenn eigentlich Muße vorgesehen ist, beispielsweise im Museum oder beim Spazierengehen. Wir hetzen, drängeln, rennen und wundern uns, wenn wir am Ende doch keine Zeit gewinnen. Im Gegenteil. Nicht selten verplempern wir die gewonnene Zeit wieder mit Schlange stehen und Parkplatzsuche. Wenn wir in Zeitbedrängnis geraten, ist es wichtig zu fragen, ob sich der daraus resultierende Stress nicht vermeiden ließe. Wir könnten beispielsweise einfach früher zum Flughafen fahren, einen Termin weniger annehmen oder etwas eher aufstehen. In den meisten Fällen sind wir nicht fremdbestimmt, sondern selbst verantwortlich für Überforderung und Anspannung.

Jeder hat jeden Tag genau 1440 Minuten zur Verfügung. Es kommt nur darauf an, wofür man sich die Zeit nimmt. Das einzige Mittel, Zeit zu haben, ist, sich Zeit zu nehmen. Nehmen Sie sich also die Muße, Ihre Woche möglichst genau zu strukturieren. Schreiben Sie auf, was wichtig ist. Beschäftigen Sie sich zuerst mit den Dingen, die wirklich für Sie Vorrang haben. First things first, sagen die Engländer. Die Erfahrung zeigt: 20 Prozent sind vorrangig und bringen 80 Prozent der gewünschten Resultate.

Nein sagen

Natürlich fällt es auch mir mitunter schwer, im rechten Moment NEIN zu sagen. Das hat mich schon oftmals Verpflichtungen eingehen lassen, auf die ich auch gut hätte verzichten können. Warum scheuen wir uns, freundlich NEIN zu sagen, wenn wir eine Sache nicht wollen oder uns dessen nicht ganz sicher sind? Warum versprechen wir es einfach, obwohl wir es im Grunde gar nicht wollen? Warum gönnen wir uns nicht einen Moment Bedenkzeit, um zu überlegen, bevor wir zustimmen: Ist das jetzt wirklich nötig? Nein sagt sich nicht so leicht wie Ja. Nein sagen ist unbequem. Ein klares Nein zur rechten Zeit hilft Ihnen aber garantiert genauso wie den anderen.

Eine genaue Zeitplanung und regelmäßige Pausen sind Möglichkeiten, den Stress zu reduzieren. Die richtige, tiefe Atmung nicht zu vergessen.

Regelmäßig Pause machen

Die Losung heißt »Simplify your life«: Vereinfachen Sie Ihren komplizierten Alltag ein bisschen. Zeitmanagement ist Energiemanagement. Verplanen Sie nur zwei Drittel des Tages – so bleibt noch Luft, falls mal etwas unvorhergesehen länger dauert als gedacht. Regelmäßige Pausen, etwa fünf Minuten pro Stunde, bauen Stress ab und Energiereserven wieder auf. Versuchen Sie, einige Minuten ganz bewusst ruhig sowie tief zu atmen und dabei an ein angenehmes Erlebnis zu denken.

Nutzen Sie Arbeitsunterbrechungen dazu, sich zu regenerieren. Es ist eine schlechte Angewohnheit, seine Mittagspause am Schreibtisch zu verbringen, parallel schnell noch ein paar E-Mails zu lesen oder zu telefonieren. Nutzen Sie Ihre Pausen, um sich richtig zu erholen, insbesondere wenn Sie viel am Computer sitzen.

Nicht nur der Körper, auch das Gehirn braucht Zeit, um sich von Anstrengungen zu erholen. Achten Sie mal auf Ihren inneren Rhythmus: Spätestens nach 2 Stunden verlangt der menschliche Organismus nach einer Ruhepause. Wir gähnen, bekommen Hunger, verlieren die Konzentration und verspannen uns. Wir spüren das Bedürfnis, uns zu strecken. Tun Sie das! Machen Sie zwischendurch einen kleinen Spaziergang, wenn es möglich ist. Ihr Energielevel wird dadurch wieder spürbar steigen.

Und vergessen Sie das Trinken nicht! Entspannung und Erholung können ein selbstverständlicher Bestandteil unseres Lebens werden. Entspannung bedeutet für mich, sich für eine Weile von den Problemen des Alltags zu verabschieden. Einfach eine Auszeit nehmen. Und Entspannung kann man lernen.

Geistige und physische Entspannung

Für mich haben Körperübungen wie T'ai Chi und Yoga, bei denen die richtige Atmung eine ganz zentrale Rolle spielt, einen hohen Stellenwert. Deshalb stelle ich in Kapitel 7 besonders diese Techniken ausführlich vor. Entspannungsübungen, die den Körper und die Seele gleichermaßen einbinden, führen zu einer inneren Reinigung und tief greifenden Entspannung.

Tief durchatmen

Richtig zu atmen ist von höchster Bedeutung. Diese fundamentale Einsicht habe ich beim Yoga gewonnen. Richtiges Atmen ist entscheidend, um die Lebensenergie zu verbessern. Um überleben zu können, brauchen unsere Zellen, also die kleinsten Bausteine des Körpers, Nährstoffe, Wasser- und Sauerstoff. Daraus entsteht unsere Lebensenergie. Wir sind, wie wir atmen. Das belegen auch die vielen Redewendungen, die im wahrsten Sinne des Wortes zu verstehen sind. Wenn wir »keinen langen Atem haben« oder »in Arbeit zu ersticken drohen«, bedeutet dies, dass wir falsch atmen und deshalb nicht genug Luft und damit Freiraum bekommen.

Richtiges Atmen ist entscheidend, um die Lebensenergie zu verbessern. Nur durch die Bauchatmung wird der Organismus optimal mit Sauerstoff versorgt.

Richtig atmen heißt, in den Bauch zu atmen. Das ist uns angeboren. Doch im Laufe der Jahre (Haltungsfehler, Bewegungsmangel, Nachlässigkeit) werden wir zu »Flachatmern«, d.h., wir atmen nur mit der Brust. Auf diese Weise werden jedoch nur der obere und mittlere Teil der Lunge genutzt, das untere Drittel hingegen verkümmert geradezu. Man kann diesen Zustand mit einem schlecht gelüfteten Zimmer vergleichen. Stickige Luft macht müde. Eine Weisheit der Yogis lautet deshalb auch: »Wer nur halb atmet, lebt nur halb.«

Nur durch die Bauchatmung wird unser Organismus optimal belüftet. Tiefe Atemzüge tragen dazu bei, das Netzwerk der Kapillaren besser zu nutzen. Diese winzigen Blutgefäße sind für die Sauerstoffversorgung des Körpers zuständig. Wenn wir nur mit der Brust atmen, müssen wir doppelt so viele Atemzüge machen, um dieselbe Menge Sauerstoff zu bekommen wie mit tiefen Atemzügen aus dem Bauch heraus. Die Bauchatmung sorgt dafür, dass ausreichend Sauerstoff in die Lunge und von dort in die Blutbahn gelangt. Das Abfallprodukt Kohlendioxyd wird am Ende wieder heraustransportiert – auch das gehört zum echten »Durchatmen«.

T'ai Chi

Wer T'ai Chi praktiziert, meditiert gleichzeitig. Der Übende lauscht in sein Innerstes, bis in den Urgrund des Seins, und öffnet sich zugleich den Kräften des Kosmos, die er dann in seinen Bewegungen ausdrückt. Je stärker der Übende im Einklang mit den Kräften der Natur ist – der Sonne, dem Wind, dem Wasser und der Erde –, desto mehr ruht er in seiner Mitte. T'ai Chi zeigt uns, wie wir von der Ruhe zur Aktivität gelangen und umgekehrt. Ruhe ist Yin, Aktivität ist Yang. T'ai Chi verbindet beide miteinander.

»T'ai Chi«, sagt mein guter Freund Omar Quandeel, »kann dem Menschen genauso viel Energie geben wie Ernährung oder Sex.« Er steht jeden Morgen um vier Uhr auf, um sich dann 1 Stunde lang dem T'ai Chi zu widmen. Diese Stunde zahle sich aus, denn es gebe für ihn nichts Wirksameres, als auf diesem Wege Energie und Vitalität für den Tag zu sammeln. Es ist nicht möglich, T'ai Chi aus Büchern zu lernen. Vertrauen Sie sich stattdessen einem qualifizierten Lehrer an.

Aus meiner Praxis

Tägliche Entspannung

Es ist besser, sich jeden Tag eine gewisse Zeit für die Entspannung zu reservieren als einmal in der Woche 1 ganze Stunde. Ideal wären 15 bis 20 Minuten täglich. Es ist übrigens leichter, wenn Sie das Training zu einem festen Bestandteil machen und immer zur gleichen Zeit üben, z.B. morgens nach dem Aufstehen oder abends vor dem Schlafengehen.

Yoga

Für mich war Yoga lange Zeit eine fremde Welt. Meine Frau war schon seit Jahren von Yoga gefesselt. Anfangs konnte ich ihre Begeisterung nicht so recht teilen. Ich sah aber den Erfolg, denn sie wurde immer gelenkiger. Verspannungen lösten sich. Also bat ich ihre Lehrerin, auch mir Unterricht zu erteilen.

Zuerst war da nur ein Gefühl von Dehnschmerzen und Verwunderung über die ungeahnten Muskelverkürzungen, vor allem im Schultergürtel, dem Becken und den Beinen. In der fünften Stunde aber begann ich, etwas davon zu erahnen, was Yoga bedeutet. Es gibt verschiedene Yoga-Wege, gemeint sind damit eigentlich die Wege, die zu Gott führen. Wenn wir uns den fernöstlichen Meditationstechniken anvertrauen, dann deshalb, weil wir mehr über uns wissen möchten oder weil wir in unserem Handeln keinen echten Sinn mehr erkennen können.

Als ich vor zwölf Jahren mit Yoga in Kontakt kam, war Indiens großes Erbe hierzulande nahezu unbekannt. Yoga kann eine Meditationstechnik sein, die uns sowohl körperlich geschmeidiger macht als auch geistig reinigt und entspannt. Yoga hilft loszulassen. Wir begegnen uns selbst, denn alles andere wird zurückgedrängt. In der Selbstversenkung finden wir Abstand zu dem, was uns ängstigt. Dieser Abstand wirkt klärend, weil wir plötzlich deutlicher sehen, was wichtig und was nicht wichtig ist.

Yoga und T'ai Chi beinhalten ideale Übungen – nicht nur, um unseren Körper beweglicher zu machen, sondern auch, um uns durch Meditation geistig zu reinigen und zu entspannen.

Liebe und Freundschaft

Aber was wären all diese Empfehlungen und Übungen, gäbe es die Liebe nicht. Ich lebe mit und für meine Familie. Sie gibt mir Kraft und Halt. Ich kann mich auf meine Frau und meine Kinder verlassen. Sie stärken mich, auch dann, wenn ich weit weg bin. Das Gefühl, gebraucht und geliebt zu werden, und dieses Gefühl zurückgeben zu können ist und bleibt die zentrale Energiequelle in unserem Leben. Zeit für die Familie, Zeit für gute Gespräche mit dem Partner, Zeit für gemeinsame Unternehmungen halte ich für essenziell, um mit einem oder mehreren Menschen harmonisch zusammenzuleben. Glück ist auch Disziplin.
Bei Bertolt Brecht, der von den alten chinesischen Philosophen beeinflusst war, heißt es in einem Gedicht: »Dass das weiche Wasser in Bewegung mit der Zeit den mächtigen Stein besiegt. Du verstehst, das Harte unterliegt.« Für mich ist das eine Bestätigung dafür, dass nur die Beständigkeit, mit der wir etwas tun, am Ende etwas verändert. Gewinnen Sie neue Lebenskraft, indem Sie Körper, Geist und Seele in ihren Zusammenhängen begreifen und diese Einheit beständig pflegen. Sie werden mehr Zufriedenheit erfahren und in der Folge weniger anfällig für Krankheiten sein. Dabei möchte ich Sie mit meiner ganzen Erfahrung unterstützen.

Herzlichst
Ihr Hans-Wilhelm Müller-Wohlfahrt

Seitenblicke meiner Frau

Gespräch mit Karin Müller-Wohlfahrt

Karin Müller-Wohlfahrt (geboren in Aachen) kennt ihren Mann sicher besser als jeder andere. Schließlich ist sie mit ihm seit 30 Jahren verheiratet und sie haben zusammen zwei erwachsene Kinder.
Karin Müller-Wohlfahrt absolvierte ein Studium an der Hochschule für bildende Künste in Berlin – Fächer Modedesign und Bühnenkostüm. Danach führte sie in München ein Modestudio (1983–1995), um anschließend eine Ausbildung zur Bildhauerin zu machen (1995–1998). Seitdem ist sie als freischaffende Künstlerin tätig.

Frau Müller-Wohlfahrt – als Künstlerin sind Sie unter dem Namen Karen Lakar bekannt. Ihr Mann bezeichnet Sie als seinen Gegenpol, vom dem er viel gelernt hat. Was ist die Quelle Ihrer Lebenskraft?

▶ Die Quelle meiner Lebenskraft ist wohl meine schöpferische Tätigkeit, das Tun als Ausdruck meiner wechselnden Gefühle, die in direktem Bezug zu meinem geistigen und körperlichen Wohlbefinden stehen. Schöpferisch tätig zu sein, z. B. zu malen oder zu modellieren, allgemeiner gesagt, jede Art der Formfindung ist für mich eine Kraftquelle. Ich kann dabei meinen Gefühlen freien Lauf lassen.

Und wer nicht malen kann?

▶ Malen kann jeder, man muss es die Hände nur tun lassen als Werkzeuge der wahrhaftigen Quelle, sich einlassen mit sich selbst, sich (ver-)trauen, sich spüren und den Mut haben, etwas auszudrücken und sichtbar zu machen. Ohne Anstrengung und Gedanken an das Ergebnis. Wichtig ist, die sichtbare Welt auszuschalten und Stille zu finden.

Wie machen Sie das?

▶ Seit 13 Jahren übe ich Yoga und beginne damit den Tag. Die Übungen aktivieren meine Energie. Nach langer Zeit der Erfahrung mit den eigenen Körpersignalen finde ich automatisch die richtigen Übungen.*

Und was raten Sie Menschen, die kein Yoga machen?

▶ Den Atemfluss wahrzunehmen und ihm bewusst durch den Körper folgen, nicht denken, Tagträume zulassen, Leere ertragen. Es gelingt sehr leicht in der Natur. Ich schaue ins Wasser und nehme Körperkontakt auf mit den Bäumen, um ihre Energie aufzunehmen. Tiere wecken Emotionen und stärken Herzenskräfte.

Warum sind Sie Künstlerin geworden?

▶ Ich habe immer nach dem Ausdruck meiner selbst gesucht, als Mittel, um etwas über mich zu erfahren und das Leben zu erforschen. Ich drücke mich mit den unterschiedlichsten Materialien aus: Ton, Metall, Stein, Holz und Farben. Vielleicht habe ich unbewusst deshalb auch mit Yoga begonnen, denn das ist für mich eine ganz wichtige Quelle, aus der ich schöpfe.

Benutzen Sie auch andere Methoden?

▶ Sehr hilfreich ist auch ein Rollenspiel. Wenn ich auf jemanden wütend bin, kann ich mir vorstellen, mich auf seinen Stuhl zu setzen, seine Position einzunehmen. Plötzlich bin ich mein Gegenüber, sehe mich ganz anders.

Muss man zum Kraftschöpfen allein sein?

▶ Nicht unbedingt. Die Beziehung zu Freunden, zu Gleichgesinnten ist ganz wichtig und kann sehr hilfreich sein. Man muss sich eine eigene geistige Welt schaffen, denn die Familie, so zentral diese auch ist, liegt auf einer anderen Ebene. Es gibt Menschen, die tun mir gut, genauso wie es Menschen gibt, die meinen Energiefluss ins Stocken bringen, von denen ich mich instinktiv zurückziehe.

Funktionieren Männer anders als Frauen, was ihre Kraft und ihre Gefühle angehen?

▶ Völlig anders. Die Geschlechter ergänzen sich, so ist das von der Natur geplant. Die Emanzipation hatte viel Gutes, aber auch eine schlechte Seite, indem sie das Männliche, Rationale, Geschäftsmäßige, Materielle an Frauen betont hat. Aber entscheidend ist – egal ob Mann oder Frau –, Liebe zu empfinden: zu sich, zu anderen, zur Natur, zum Kosmos.

(Dieses Gespräch führte Dr. Petra Thorbrietz)

* Siehe die Yoga-Übungen mit Karin Müller-Wohlfahrt und Immy Lütke, Seite 184 ff.

Die Lebenskraft **in Gefahr**

Die Lebenskraft in Gefahr

Kraftlos, leer und lustlos fühlen sich viele Menschen und haben den Eindruck, dass ihnen ihr Leben zwischen den Fingern zerrinnt. Das Tempo des Alltags laugt sie aus. Und wenn sie dann endlich einmal Zeit haben, zu sich selbst zu kommen, fühlen sie sich nur noch müde und antriebslos. Was läuft da womöglich falsch bei unserer Art zu leben? Warum verausgaben wir uns bis zur totalen Erschöpfung und wofür? Warum können wir keine Ruhe mehr finden? Die Rastlosigkeit unserer Gesellschaft geht an unsere Substanz und fängt schon bei unseren Kindern an.

Über 40 000 Kindern werden in Deutschland schon Psychopharmaka verschrieben. Das Medikament Ritalin steht als »Kinderpille« auf Platz 6 der Liste der meistverkauften Psychopharmaka. Es soll sie ruhig stellen. Denn viele Kleine im Kindergarten- oder Grundschulalter leiden unter einem so genannten Zappelphilipp-Syndrom (wissenschaftlich als »hyperkinetisches Syndrom« oder »ADHS« bezeichnet): Sie können nicht stillsitzen und sich nicht konzentrieren. Ihre schulischen Leistungen werden immer schlechter. Sie fallen auf, weil sie im Streit mit Freunden schnell ausrasten und sich auch mal prügeln. Manchmal lassen sie ihre Wut an einer Schulbank oder an einem Papierkorb aus. »Mein Kind hat einfach zu viel Energie«, stöhnt so manche Mutter.

Das Aufmerksamkeitsdefizitsyndrom ADHS (Aufmerksamkeitsdefizit/Hyperaktivitätsstörung), das sich zum Massenphänomen entwickelt, zeigt schon am Beispiel unserer Kinder, dass unsere Gesellschaft im Ungleichgewicht ist. Die positive Energie, über die Kinder während ihrer Entwicklung in scheinbar unbegrenztem Maße verfügen, findet kein Ventil mehr und wirkt zerstörerisch. Sie wendet sich gegen die Eltern und gegen die Kinder selbst.

Viel ist darüber gerätselt worden, wie es zu diesem traurigen Zustand kommen konnte. Die einen sehen die Zusatzstoffe in der Nahrung als Auslöser, die anderen mangelnden Raum, sich auszutoben, die nächsten schulische Überlastung oder eine Störung der Hirnchemie. Für mich hat nur eine einzige Erklärung Geltung, die alle diese Deutungsversuche mehr oder weniger auf einen Nenner bringt: ADHS ist die komplette Überreizung der Sinne.

Sucht nach Beschleunigung

ADHS ist keine Krankheit, sondern Folge unserer Beschleunigungsgesellschaft, meint der amerikanische Psychologe Richard DeGrandpre. Ein Zeichen der Sucht nach konstantem Konsum. Ein Symptom der allgegenwärtigen Hektik, die keinen mehr ruhig schlafen lässt. Ein Warnsignal, das zeigt, wie krank unsere Art zu leben bereits ist.
Obwohl wir mobiler denn je sind, erstarren unsere Körper. Unsere Gesellschaft ist geprägt vom »Stillstand in der Bewegung«, sagt der französische Soziologe Paul Virilio. Rolltreppen, auf denen wir untätig nach oben streben. Lifte, die uns ins 28. Stockwerk katapultieren. Autos, an deren Scheiben die Landschaft vorbeirast, während sich in uns nur die Nackenmuskulatur anspannt. Die Beschleunigung lässt die Realität vor ihrem Abbild verblassen. Wozu noch Fußball spielen, wenn das Fernsehen die Stürmer ins Haus holt? Warum in einer Landschaft verweilen, wenn dahinter noch viel grandiosere locken? Wieso um etwas kämpfen, wenn ich es doch einfach austauschen kann?

Das so genannte Zappelphilipp-Syndrom ist zu einem Massenphänomen geworden, verursacht durch eine komplette Überreizung der Sinne.

Die Nanosekunden-Kultur

Wir leben in einer Nanosekunden-Kultur, die Zwangsneurotiker hervorbringt, kritisiert Jeremy Rifkin, ein amerikanischer Gesellschaftskritiker. Menschen, die den ganzen Tag mit Reizen überflutet werden, haben keine Ruhe mehr für Vorgänge, die länger als Millisekunden dauern. Sie wollen sofort ein Ergebnis, sonst schalten sie ab. Solche Menschen passen sich dem Rhythmus der Geräte an, mit denen sie umgehen – Menschen oder Natur erscheinen ihnen zu langweilig, unbelebt. Sie werden intolerant gegenüber Verhaltensweisen, die sie als uneindeutig, abweichend oder sprunghaft interpretieren. Wenn sie mit Freunden oder Angehörigen sprechen, bevorzugen sie einfache Ja-/Nein-Antworten. Gespräche mit offenem Ausgang können sie nur schwer ertragen. 500 Millionen Nanosekunden braucht der Mensch, um einmal mit dem Finger zu schnippen – in dieser Zeit hat ein Rechner Millionen von Signalen, Tausende von Botschaften übermittelt, jenseits jeder bewussten Wahrnehmung. Die völlige Trennung der Rechnerzeit von den Rhythmen der Natur und der menschlichen Erfahrung erleben vor allem Kinder: Anstatt durch Bewegung, Tasten und Greifen ihre Welt auszuloten, lernen sie schon im Videospiel, sie als abstrakten Zeichencode zu beherrschen. Nachdenken ist kurz wie ein Tastendruck: Die Vergangenheit kann abgerufen, die Zukunft vorausberechnet werden.

Der Organismus sehnt sich nach Entspannung statt ständigen Flucht-oder-Kampf-Entscheidungen – nach einer Mitte, die jedoch bei vielen Menschen längst verloren gegangen ist.

Alles gleichzeitig

Außerdem sind wir zu »Simultanten« geworden, wir machen alles gleichzeitig. Wir essen im Gehen, telefonieren beim Einkaufen, schlafen im Flugzeug und denken in der Mittagspause über unser Leben nach. Das Tempo zwingt uns zu ständigen Entscheidungen: jetzt links abbiegen oder rechts, Cordon Bleu oder Fisch, ins Kino oder in die Oper? Die Freiheit der Wahl hat einen hohen Preis – unser Organismus, der von der Evolution auf gleichmäßige Rhythmen programmiert ist, will sich nicht dauernd umstellen. Er sehnt sich nach Entspannung statt ständigen Flucht-oder-Kampf-Entscheidungen, nach einer Mitte. Die aber ist den meisten von uns längst verloren gegangen.

Verlust der Kindheit

Den Kindern ergeht es dabei schon wie den Erwachsenen. Auch ihr Tagesablauf ist verplant bis an die Grenze zur Erschöpfung: Kindergarten oder Schule, Spielgruppe oder Nachhilfe, Musikunterricht, Fußball oder Ballett. Die Kinder der Patchwork-Generation pendeln auch noch zwischen verschiedenen Bezugspersonen: eine Woche bei Papi, eine bei Mami, zwei Wohnungen, drei verschiedene Babysitter, das wichtigste Spielzeug doppelt. Dabei wird das freie Spiel, das so wichtig ist für die Entwicklung der Persönlichkeit, der Kreativität, zu einer Randbeschäftigung. Der Alltag der Kinder unterscheidet sich kaum noch von dem der Erwachsenen, beide Generationen, schreibt die Journalistin Christiane Grefe in ihrem Buch »Ende der Spielzeit«, spulen Termine ab, das Familienleben ist vor allem Koordination.

Bei der Rasanz unseres täglichen Lebens ist in all der Mobilität auch eine gewisse Bewegungslosigkeit zu registrieren. Was wir auch schon an unseren Kindern beobachten können. Sechs bis zehn Jahre alte Kinder liegen neun Stunden am Tag und stehen lediglich fünf. In der einen

Stunde, in der sie sich aktiv bewegen, treiben sie jeweils nur 15 bis 30 Minuten Sport oder bewegen sich intensiv: rennen, skaten oder hüpfen. »Deutsche Kinder sind Bewegungsmuffel«, lautet das Fazit einer sportwissenschaftlichen Studie der Universität Karlsruhe aus dem Jahr 2001. Kein Wunder, dass 20 bis 40 Prozent der Kinder heute übergewichtig sind. 17 Prozent der Berliner Grundschulkinder haben bereits Fettstoffwechselstörungen, 8 bis 12 Prozent zu hohen Blutdruck, jedes zweite zeigt Haltungsschwächen. Grundlegende motorische Fähigkeiten sind für Kinder von heute schon ein Problem: einen Ball auffangen, auf einen Baum klettern, auf einer Mauer balancieren.
Bei der Geburt verfügt der Mensch über mehr als 100 Milliarden Nervenzellen. Aber sie erfüllen ihre Funktion erst, wenn sie miteinander verknüpft werden. Denn das Gehirn arbeitet nicht von allein: In der frühen Kindheit werden durch Sinnestätigkeit und körperliche Aktivität die dazu notwendigen Reize geschaffen, Impulse, die die Verknüpfungen der Nervenzellen unterstützen. Die Rechnung ist einfach: Wer sich nicht bewegt, wer nicht zu eigenem Denken stimuliert wird, verkümmert – körperlich wie psychisch.

Abfüttern und zustopfen

In den USA sitzt jedes zweite Kind allein vor dem Fernseher und isst dabei seine Hauptmahlzeit – wodurch die Selbstwahrnehmung lahm gelegt wird: Wenn sie auf diese Weise abgelenkt sind, essen die Kinder 50 Prozent mehr, stellten amerikanische Forscher fest. Sie spüren nicht mehr, wann sie satt sind. Das wachsende Übergewicht führt zu noch weniger Bewegung, die körperliche Mattheit zu mehr Fernsehkonsum, das Sitzen zu Passivität und weiteren Pfunden – ein Teufelskreis, von dem die künftige Generation weltweit mit wenigen Ausnahmen betroffen ist. Zum ersten Mal in der Geschichte der Menschheit, erklärte das Washingtoner Worldwatch-Institut 2001, seien genauso viele Menschen von Übergewicht wie von Hunger bedroht: 1,1 Milliarden.

Reizüberflutung

Das »Abfüttern« unserer Gesellschaft findet auf vielen Ebenen statt. Das gemeinsame Mahl etwa macht dem »Grasen« Platz, wie das die Ernährungswissenschaftler nennen. Man isst nicht mehr zu festen Uhr-

Schon die Kinder bewegen sich zu wenig, essen unkontrolliert und alleine beim Fernsehen und lassen ihre Geschmackssinne leicht durch künstliche Aromen verführen. Die Folge: Übergewicht.

zeiten zusammen, sondern irgendwann einzeln, isoliert – wie eine Kuh, der mal dieses, mal jenes Gras ins Maul sticht. »Eat and run«, mit diesem Motto werben Fast-Food-Ketten. Man isst vor allem nicht mehr dann, wenn man Hunger hat, sondern wenn man Langeweile, Frust oder Ärger hat. Eigentlich immer und irgendwie: 20-mal am Tag, haben Schweizer Ernährungswissenschaftler errechnet, werden wir im Schnitt dem Anblick verführerischer Speisen ausgesetzt. Ein Milliarden-Werbeetat facht den Hunger nach der Befriedigung immer neuer Reize an.

Einfalt in der Vielfalt

Doch die scheinbare Vielfalt ist eintönig: Ob es um die Medien geht oder um Lebensmittel – die Rezepte sind simpel und scheinen gerade deshalb so großen Erfolg zu haben. Gleichzeitig sinkt die Reizschwelle: zunehmend mehr Brutalität im Film oder Videospiel, ständig neue Snacks und Moden auch im Supermarkt-Regal. Forschungen zeigen, dass künstliche Geschmacksstoffe zwar viel stärker verführen als natürliche Aromen, aber sie nutzen sich auch schneller ab. Neue Reize sind gefragt. Dabei verkümmern die Sinne: Kinder erkennen bereits von den fünf Grund-Geschmäckern nur noch zwei, klagt »Eurotoques«, eine Vereinigung von Spitzenköchen. Ein Aroma aus Holzabfällen, das in vielen Erdbeerjoghurts steckt, dem echten Geschmack vorzuziehen, ist nicht nebensächlich. Es zeigt, wie weit sich viele Menschen schon von der Natur entfernt haben.

Essen verändert uns

Welche Nahrung wir zu uns nehmen ist auch deshalb wichtig, weil sie nicht nur unsere Gesundheit, sondern auch unser Verhalten beeinträchtigen lassen. Neueste Forschungen zeigen, dass Nährstoffe großen Einfluss auf die Chemie der Botenstoffe haben, deren Kommunikation das Immunsystem und das Gehirn steuert. Besonders wichtig ist z. B. ein ausgewogener Vitamin-B-Haushalt: Ein Mangel an B1 etwa stört die Konzentration und macht reizbar, ausreichende Versorgung mit B3 und B5 lindert Spannungszustände, B6 hilft beim Aufbau wichtiger Botenstoffe, und B12 ist wichtig für die Verständigung der Nervenzellen untereinander. Wissenschaftler aus Oxford glauben, dass falsche bzw. unausgewogene Ernährung nicht nur Hyperaktivität bei Kindern auslösen, sondern auch zu kriminellem Verhalten führen kann. In einem Experiment verteilten sie 2002 täglich einen Cocktail aus Vitaminen, Spurenelementen und essenziellen Fettsäuren an jeden zweiten Insassen einer britischen Jugendstrafanstalt. Nach neun Monaten war die Gruppe mit der gesunden Zusatzdosis deutlich friedlicher gestimmt.

Macht Fast Food dumm?

Was wir essen, beeinflusst auch unsere intellektuelle Leistungsfähigkeit. Im Mai 2003 zeigte das eine Zwillingsstudie an der Universität Southhampton: Ein Fünfjähriger, der nur zwei Wochen lang keine Fertigprodukte mit Süßstoffen, Geschmacksverstärkern und Farbstoffen mehr bekam, schnitt in einem Intelligenztest plötzlich um 15 Prozent besser ab als sein sonst in der Entwicklung völlig identischer Bruder. Passivität, Übergewicht und falsche Ernährung bedingen einander: Sie sind mitverantwortlich für die schlechten Leistungen, mit denen Deutschland bei der internationalen Pisa-Studie abschnitt. Wer sich abfüttern lässt – mit Fast Food oder Videospielen –, denkt selbst nicht nach.

Falsche Ernährung beeinträchtigt nicht nur unsere Gesundheit, sondern auch unser Verhalten. Denn die Nährstoffe haben großen Einfluss auf die Chemie der Botenstoffe, deren Kommunikation das Immunsystem und das Gehirn steuert.

Gewalt als Hilfeschrei

In den USA haben bereits viele High Schools ein eigenes Nahrungsergänzungs-Programm (mit speziellen Zusatzstoffen) aufgebaut – allerdings nicht nur zur Steigerung der Intelligenz und Gesundheit ihrer Schüler, sondern vor allem auch, um die Zahl der Schlägereien und Sachbeschädigungen auf dem Campus zu verringern. Denn die Zahl der Gewalttaten und Amokläufe unter Kindern und Jugendlichen nimmt ständig weiter zu.

In Deutschland sind ähnliche Phänomene zu beobachten. Der Erfurter Amokläufer, der 2002 wegen mangelnder Leistungen von der Schule verwiesen wurde und aus Rache 18 Schüler und Lehrer erschoss, lebte in einer Welt künstlicher Reize. Statt sich mit Freunden zu treffen, Sport zu treiben oder für die Schule zu arbeiten, schloss er sich zu Hause in sein Zimmer ein und tauchte in eine virtuelle Welt ein: Videospiele, in denen man die Gegner ungestraft vernichten konnte.

Es muss mehr dahinter stecken als nur ein Stoffwechselproblem, wenn Kinder auf dem Schulhof von anderen genötigt und erpresst werden, wenn Jugendliche sogar Behinderte quälen, weil sie Spaß an deren

Schwäche haben, oder wenn sie sogar morden. Im Mai 2003 standen in Brandenburg drei rechtsradikale Halbwüchsige vor Gericht, die in unglaublicher Weise einen anderen Jugendlichen zu Tode gequält hatten, nur weil er als »Hiphopper« ein gänzlich anderes Outfit hatte als sie. Die Brutalität dieses Falls übertreffe alles, was bisher in der deutschen Rechtsgeschichte vorgekommen war, erklärte der Staatsanwalt. Was treibt diese jungen Menschen dazu, anderen Leid zuzufügen? Ich denke, auch wenn sie sich gerne als überlegen gerieren, fühlen sie sich überhaupt nicht so. In Wirklichkeit messen sie nicht einmal sich selbst Wert bei, und diese Beziehungslosigkeit lassen sie an anderen Jugendlichen aus. Niemand hat ihnen gezeigt, welche positive Kraft in ihnen steckt und was sie damit anfangen könnten. Keiner hat ihnen je das Gefühl gegeben, dass sie etwas lernen könnten, was ihnen helfen würde, ihr Leben zu ordnen, ihm Sinn zu geben und es letztlich zu lieben.

Angstkrankheiten nehmen in dramatischem Ausmaß zu. Besonders häufig sind davon Menschen in vergleichsweise prestigeträchtigen Berufszweigen betroffen.

Lähmende Angst

Ein anderes Extrem sind die angepassten Aufsteiger. Auf der Jagd nach Bestätigung, Karriere und Reichtum nehmen sie alles mit, was in unserer Gesellschaft wichtig zu sein scheint: einen Job, der nicht nur gut dotiert ist, sondern auch Prestige hat und Macht verleiht, ein schnelles Auto, eine Hypothek, Golfstunden und eine präsentable Freundin.
Doch dann kommt plötzlich die Angst, das unbestimmte Gefühl, für einen Augenblick die Kontrolle verloren zu haben. Das Herz hämmert auf einmal, kalter Schweiß bricht aus. Je mehr diese Menschen versuchen, rational dagegen anzukämpfen, je ruhiger sie bleiben wollen, desto stärker schlägt die Panik zu. Von da ist es manchmal nur noch ein kleiner Schritt, bis diese Menschen vor Angst krank werden, die Wohnung nicht mehr verlassen können oder ihren Job verlieren.
Angstkrankheiten nehmen in dramatischem Ausmaß zu, auch wenn die wenigsten Betroffenen darüber reden: Sie schämen sich oder glauben, den Verstand zu verlieren. Jeder sechste Deutsche erleidet mindestens einmal im Leben einen solchen Anfall, bei etwa einer Million Menschen kehren die Attacken immer wieder: Die Angst wird chronisch. Zu den Patienten gehören vor allem junge Angestellte und Selbstständige mit besonders dynamischen Karrieren in den Medien, im Finanzsektor oder in der New Economy. Eigentlich sollten sie den Höhepunkt

ihrer Karriere noch vor sich haben. Aber manche übernehmen schon mit Mitte oder Ende zwanzig Verantwortung, die keine Zeit hatte zu wachsen. Hinzu kommt permanente Überarbeitung: Wer sich nicht Tag und Nacht beweist, gilt als unmotiviert und als Schwächling. Bis der Absturz kommt. »Solche Menschen fühlen nichts mehr in sich, keine Wut, keinen Hass, nur beklemmende Leere«, sagt Anikó Löv, Psychotherapeutin aus München.

Das bleierne Gemüt

Depressionen sind längst eine Gesellschaftskrankheit geworden – verursacht hauptsächlich durch Stressfaktoren und ein erschöpftes Regelsystem des Körpers.

Auch Depressionen nehmen zu. Jeder sechste Europäer leidet daran, in Deutschland ist es sogar jeder Fünfte, der irgendwann im Laufe seines Lebens an einer leichteren oder schwereren, manchmal chronisch werdenden Depression erkrankt. Mehr als 11 000 Menschen nehmen sich hier pro Jahr das Leben. Das übersteigt die Zahl der Todesopfer durch Verkehrsunfälle, Gewalttaten, Drogen und Aids zusammen.

Die meisten Menschen glauben, Depressionen seien Veranlagung. Doch das stimmt so nicht. Richtig ist, dass Erbfaktoren eine Rolle spielen. Sie ist aber nicht so groß, wie allgemein angenommen. Angeboren ist höchstens die Bereitschaft, depressiv auf Ereignisse zu reagieren. Viel häufiger als genetische Ursachen sind Stressfaktoren für eine Depression verantwortlich – und ein erschöpftes Regelsystem des Körpers, der deshalb Belastungen nicht mehr adäquat verarbeiten kann. Ärger am Arbeitsplatz, Mobbing im Büro, eine Ehekrise oder ein tragischer Verlust – viele Faktoren tragen dazu bei, dass der Organismus irgendwann aufgibt, sich zu wehren, und sich zurückzieht: in eine bleierne Schreckstarre.

Meist wird die seelische Krise auch noch so lange wie möglich ignoriert. Oft merken die Betroffenen erst nach Jahren, dass sie psychische Probleme haben, einfach nicht mehr funktionieren. Die seelischen Batterien sind leer, es gibt scheinbar keine Kraftquellen mehr, um sie aufzuladen. Der ganz normale Alltag wird zur unüberwindbaren Hürde.

Trauer und Fette

Auch Depressionen, so ein ernst zu nehmender Verdacht von Neurowissenschaftlern, könnten mit einer grundlegend falschen Ernährungsweise zusammenhängen. Die Membranen der Nervenzellen im

Gehirn bestehen nämlich zu 20 Prozent aus wichtigen (essenziellen) Fettsäuren. Diese ernähren die Zellwände und halten sie flexibel – verhärten oder verkümmern die Membranen, funktioniert das Gehirn nicht mehr richtig. Fettsäuren wie die Omega-3-Fettsäuren aus Fischöl sind aber in der modernen Nahrung kaum mehr enthalten. Stattdessen verzehren wir zu viel der Omega-6-Fettsäuren aus Soja-, Mais- und Palmöl, die chemisch stabiler sind und deshalb bevorzugt für Fertigprodukte eingesetzt werden. Fischöl als Nahrungsergänzungsmittel bei psychisch Kranken brachte bei Versuchen in den USA, England und Israel beachtliche Erfolge.

Gesunde Ernährung und sportliche Aktivitäten sind ein wirksamer Schutz gegen Depressionen, die auch durch großen Stress ausgelöst sein können.

Sport fürs Gehirn

Welchen großen Einfluss Bewegung auf das Gehirn hat, zeigen Forschungen des amerikanischen Psychologen James Blumenthal. Nach vier Monaten sportivem Training hatte sich der Gemütszustand von über 150 depressiven Patienten deutlich gebessert. Nach weiteren 6 Monaten wurden nur 8 Prozent der Sport treibenden Patienten wieder rückfällig, verglichen mit 38 Prozent derer, die nur Medikamente einnahmen. Interessant ist dabei, dass die zusätzliche Einnahme von Medikamenten den Erfolg nicht noch verbesserte, sondern sogar umkehrte und das Ergebnis verschlechterte. Sport ohne Medikamente brachte also mehr als beides zusammen. Wozu, so vermuten die beteiligten Psychiater, neben der Anregung der Durchblutung und Ankurbelung der Hirnchemie vor allem das Erfolgserlebnis durch den Sport einen Beitrag geleistet hat: selbst etwas zu schaffen und dabei nicht von Medikamenten abhängig zu sein.

Die Stress-Falle

Der menschliche Organismus ist nicht dafür geschaffen, ständig unter Anspannung, Druck und Stress zu stehen. Denn die »Flieh-oder-Kämpfe«-Reaktion, die Walter B. Cannon und Hans Selye Anfang der 50er Jahre des vorigen Jahrhunderts als »Stress« auslösend identifizierten, ist in der Natur die Ausnahme. Nur in akut lebensbedrohlichen Situationen sollte sich unsere körperliche Reaktionsfähigkeit in Bruchteilen von Sekunden grundlegend ändern können: Dann laufen wir schneller, schlagen härter zu, hören und sehen besser, denken schärfer.

Es ist nicht schwer, sich vorzustellen, dass diese Intensität nicht lange anhalten kann, ohne dem Organismus Schaden zuzufügen. Viele von uns spüren die Anspannung aber nicht nur manchmal, sondern täglich. Sie verfolgt uns bis in unsere Träume, verkrampft Nackenmuskeln, zieht den Magen zusammen und lässt das Herz schneller schlagen. Der Blutdruck steigt. Es ist auch nachgewiesen, dass Stress Nerven im Gehirn schädigt. Viele kennen die kurzfristige Vergesslichkeit, die einen unter großem Druck befällt, langfristig kann die Überreizung der Nerven aber auch wichtige Synapsen im Gehirn zerstören. Stress kann sich natürlich auch negativ auf unser Gefühlsleben auswirken und ist, so wissen wir, an der Entstehung von Depressionen beteiligt.

Dauerüberlastung ohne Ruhepausen

Ein großes Problem in unserer Gesellschaft ist die ständige Verfügbarkeit. Rund um die Uhr sind viele von uns erreichbar: per Telefon, Fax, Handy, E-Mail oder Anrufbeantworter. 178-mal täglich, ermittelten die amerikanischen Autoren Larry Rosen und Michelle Weil, muss ein Angestellter einer großen amerikanischen Firma im Schnitt Nachrichten beantworten oder weiterleiten. »Datensmog«, schreiben Rosen und Weil, führt zu »Techno-Stress«, und empfehlen beispielsweise eine handyfreie Zeitzone für jeden Tag.

Nicht der kurze Stress, das Pauken für eine Diplomarbeit oder die Nervosität vor einer öffentlichen Rede machen das Immunsystem kaputt, sondern es sind die langwierigen, schleichenden Belastungen: permanente Überarbeitung, Mobbing im Büro, Geldsorgen, Überlastung im Haushalt oder bei der Pflege von Angehörigen. Sie schwächen den Organismus massiv und führen zu Krebs, Allergien oder Autoimmunkrankheiten wie Rheuma.

Schmerz als Volkskrankheit

Stress erhöht auch die Schmerzempfindlichkeit. Schon jeder fünfte Jugendliche in Deutschland leidet beispielsweise an Migräne oder chronischen Kopfschmerzen. »Schulischer Leistungsdruck und Freizeitstress«, nennt Peter Borusika, Neurologe und Kinderarzt an der Kinderklinik Wuppertal, als Auslöser. Bei Kindern und Jugendlichen scheint sich in zunehmendem Maße ein lockerer Umgang mit Schmerzmitteln zu etablieren. Unter Berliner Schülern nimmt jeder fünfte Zehntklässler (8 Prozent der Jungen und 32 Prozent der Mädchen) regelmäßig Medikamente ein, vor allem Kopfschmerztabletten. Auf Dauer führt das zu Abhängigkeit und neuen Schmerzen. Ohne richtige Behandlung, glaubt die Techniker-Krankenkasse, erwarte 60 Prozent der Kinder und Jugendlichen eine »lebenslange Patientenkarriere«.

Stress erhöht die Schmerzempfindlichkeit, was sich in einem deutlichen Anstieg des Verbrauchs von Schmerztabletten leider schon bei Jugendlichen niederschlägt.

Schwere Last auf Rücken und Seele

Erwachsene reagieren oft mit Rückenschmerzen auf psychische Belastungen. 44 Prozent der Deutschen leiden darunter. Rückenschmerzen sind mit 5 bis 10 Prozent die häufigste Ursache für Arbeitsunfähigkeit. Schmerzmittel, die meisten gibt es frei verkäuflich in den Apotheken, führen zu neuen Problemen: Über eine Viertelmillion Euro im Jahr kostet die Blutwäsche bei Patienten mit Nierenschädigung durch Schmerzmittel. Bis zu 15 Prozent aller Dialyse-Patienten werden durch solche Drogen abhängig von der künstlichen Niere.

Drogen auf Rezept

6 bis 8 Prozent aller verordneten Arzneimittel besitzen ein Missbrauchs- und Abhängigkeitspotenzial. Deshalb sind Arzneimittel mit psychoaktiven Substanzen wie Schlafmittel und Tranquilizer mit Benzodiazepin und Barbituraten, zentral wirkende Schmerzmittel, codeinhaltige Medikamente oder Psychostimulanzien rezeptpflichtig. Trotzdem müssen in Deutschland 1,4 Millionen Menschen (jeder zweite eine Frau) wegen Medikamentenabhängigkeit behandelt werden. Rund ein Drittel der Beruhigungs-, Schlaf- und Schmerzmittel wird nur verschrieben, um Entzugserscheinungen zu vermeiden. Nach Schätzungen von Pharmakologen kosten falsch eingenommene Medikamente jährlich etwa 10 000 Menschen in Deutschland das Leben.

Lust auf den Kick

Viele Menschen haben sich daran gewöhnt, mit einem schnellen Griff zur Substanz X oder Y ihre Probleme zu beseitigen. Vorläufig. Denn die ständigen Stimulanzien stumpfen ihre Sinne ab und machen sie leer sowie antriebslos. Das gilt nicht nur für die Konsumenten harter Drogen. Das sind immerhin 250 000 bis 300 000 Personen in Deutschland. Sie nehmen Heroin, andere Opiate, Kokain oder Amphetamine (Ecstasy mit eingerechnet). Etwa bei der Hälfte dieser breit gefassten Gruppe handelt es sich um Abhängige. Weitaus mehr Menschen greifen in Deutschland zu Alkohol, einem gesellschaftlich tolerierten Rauschmittel. 1,5 Millionen Menschen sind alkoholabhängig, davon zwei Drittel Frauen – was nicht nur auf ihre stärkere organische Empfindlichkeit gegenüber Alkohol verweist, sondern auch auf ihre starke psychische und soziale Belastung in unserer Gesellschaft. Eine erschreckende Zahl aber ist: Jeder vierte Deutsche über 18 und unter 60 Jahren konsumiert aus ärztlicher Sicht zu viel Alkohol.

Laut einer Studie des Bundesministeriums für Gesundheit sterben jährlich 42 000 Menschen an den direkten oder indirekten Folgen von übermäßigem Alkoholkonsum. Der volkswirtschaftliche Schaden durch Alkohol beläuft sich auf rund 20 Milliarden Euro pro Jahr. Besorgnis erregend ist dabei die steigende Zahl der Jugendlichen, die Alkohol konsumieren. Laut der Bundeszentrale für gesundheitliche Aufklärung in Köln trinken schon viele Zwölfjährige regelmäßig Alkohol. Andererseits ist ein erheblicher Teil der Jugendlichen beinahe völlig abstinent: 34 Prozent konsumieren selten oder nie Alkohol.

Mit Hilfe von gesellschaftlich tolerierten (z. B. Alkohol) oder illegalen Drogen sowie durch Schmerzmittel versuchen immer mehr Menschen, Stress oder gesundheitliche Probleme zu verdrängen.

Im blauen Dunstkreis

Jugendliche sind auch die am stärksten gefährdete Gruppe, was die Abhängigkeit von Nikotin angeht. Während der Tabakkonsum in der Bevölkerung insgesamt langsam zurückgeht, finden sich die meisten Raucher (45 Prozent) in der Altersgruppe der 18- bis 20-Jährigen, ein Drittel der 24- bis 25-Jährigen sind starke Raucher.

Immer noch rauchen 39 Prozent der deutschen Männer und 31 Prozent der Frauen, obwohl zwei von dreien es sich abgewöhnen möchten. Die Hälfte aller Raucher ist süchtig, denn Tabak ist eine der stärksten Drogen überhaupt. Der Wirkstoff Nikotin gelangt, an die winzigen Teerteilchen im Rauch gebunden, in die Lunge und von dort ins Blut. Da er die Blut-Hirn-Schranke überwinden kann, erreicht er schon sieben Sekunden nach einem Zug das Gehirn.

Dem Botenstoff Acetylcholin ähnlich kann Nikotin an die Nervenzellen andocken und eine breite Palette von Reaktionen auslösen. Dabei stimuliert es die Ausschüttung unterschiedlicher Neurotransmitter wie Dopamin, Serotonin, Noradrenalin und Endorphine. Hirnfunktionen wie Aufmerksamkeit, Gedächtnis und Lernen können durch Nikotin

Entgegen dem allgemeinen Trend ist der Tabakkonsum bei Jugendlichen weiter steigend. Die gesundheitlichen Folgeschäden wie Krebs werden von den Süchtigen dabei ignoriert.

kurzfristig verbessert werden. Raucher empfinden eine Zigarette als stressabbauend, gemessen an ihren Blutwerten stehen sie jedoch unter größerer Anspannung als Nichtraucher. Nikotin wirkt außerdem auf den Nucleus accumbens, eine Region des Gehirns, die entwicklungsgeschichtlich wichtige Handlungen wie Essen, Trinken oder Sexualität mit Lustgefühlen belohnt.
Zigaretten enthalten außerdem eine Reihe von Substanzen, die sich in ihrer Suchtwirkung potenzieren können, z. B. das bei der Verarbeitung zugesetzte Ammonium. Der im Tabakblatt enthaltene oder ebenfalls künstlich zugesetzte Zucker verbrennt beim Rauchen zum süchtig machenden Acetaldehyd. Dieser Stoff bewirkt eine Reduzierung des Enzyms MAO-B (Monoaminooxidase B), das im Gehirn Neurotransmitter wie Dopamin und Serotonin abbaut. Raucher haben bis zu 40 Prozent weniger MAO-B als Nichtraucher. Die hohe Dosis an Botenstoffen wird als angenehm empfunden und steigert das Suchtpotenzial.

Harter Entzug

Tabak reizt aber auch die Schleimhäute und kann chronische Bronchitis und Krebs des Atmungs- oder des oberen Verdauungstraktes, z. B. Mund, Zunge, Rachen, Speiseröhre oder Lunge, auslösen. Andere Folgeschäden sind Tumoren des Gebärmutterhalses, des Magens und der Nieren, koronare Herzkrankheit, periphere Durchblutungsstörungen und Schlaganfall sowie Katarakt (Trübung der Augenlinse; grüner Star) und Osteoporose (Knochenschwund).
Wird Nikotin entzogen, treten depressive Verstimmungen, Nervosität und Konzentrationsstörungen auf, die einige Wochen lang anhalten. Viel länger bleibt jedoch eine psychische Abhängigkeit bestehen. In Deutschland sterben jährlich etwa 111 000 Menschen an den Folgen des Rauchens: 43 000 durch Krebs, 37 000 durch Kreislauferkrankungen und 20 000 durch Atemwegserkrankungen. Der volkswirtschaftliche Schaden beträgt jährlich an die 16 Milliarden Euro.

Hipp statt high – Zeitbombe Ecstasy

Keine andere Droge hat sich in so kurzer Zeit so stark durchsetzen können wie Ecstasy, die Party-Droge. Laut Suchtbericht der Bundesregierung nehmen im Laufe eines Jahres 1,2 Millionen Menschen mindestens einmal die poppigen Pillen. Das in Ecstasy enthaltene Metamphetamin ähnelt in seinen Zusammensetzungen verschiedenen Botenstoffen, die im Körper Reize weiterleiten. Ursprünglich von der Firma E. Merck als Appetitzügler entwickelt und zum Patent angemeldet, wurden diese Substanzen in den 50er Jahren des 20. Jahrhunderts von den USA als »Psycho-Kampfstoff« und »Wahrheitsdroge« getestet. Ab den 70er Jahren tauchten sie dann als Straßendrogen in den USA auf. Die meist pulverförmigen Substanzen wurden früher geschnupft. Inzwischen haben sich die Ecstasy-Tabletten durchgesetzt.

Ecstasy ist die adäquate Droge für die Beschleunigungsgesellschaft. Es putscht auf, wirkt Müdigkeit und Erschöpfung entgegen, erhöht Selbstvertrauen sowie Risikobereitschaft. Außerdem steigert es das Mitteilungsbedürfnis und verbessert die Kontaktfähigkeit für diejenigen, die im normalen Alltag kaum den Mund aufbekommen. Weil Amphetamin das Hunger- und Durstgefühl unterdrückt, kommt es vor allem bei Party-Konsumenten nach durchtanzten Nächten zu Kreislaufzusammenbrüchen durch den Flüssigkeitsentzug. Der Schlaf bleibt häufig länger aus, weil der Schlafrhythmus durch die Einnahme der Droge gestört ist.

Ecstasy ist die adäquate Droge für die Beschleunigungsgesellschaft. Es putscht auf, wirkt Erschöpfung entgegen, erhöht Selbstvertrauen und Risikobereitschaft. Aber die Folgeschäden sind erheblich (bis hin zu irreparabler Schädigung des Gehirns).

Bedrohliche Nebenwirkung von MDMA

Eine bedrohliche Nebenwirkung von MDMA, dem Hauptinhaltsstoff von Ecstasy, ist ein massiver Anstieg der Körpertemperatur (»Hyperpyrexie«) auf über 40 Grad. Er wird begleitet von Muskelsteifheit, Muskelzerfall und Nierenversagen. Dazu kommt es, wenn der Flüssigkeitshaushalt durch den extremen Flüssigkeitsverlust und vermehrte Abbauprodukte im Stoffwechsel (z. B. beim ekzessiven Tanzen) entgleist. Besonders gefährdet sind Ecstasy-User, die an Herzkrankheiten, asthmatischen Krankheiten oder Epilepsien leiden.

Durch Abbauprodukte im Stoffwechsel (z. B. Myoglobin, das bei starker körperlicher Anstrengung freigesetzt wird) kann die Funktion der Nieren und der Leber erheblich beeinträchtigt oder geschädigt werden, bis hin zum Leber- oder Nierenversagen. Bei gleichzeitigem Konsum von Alkohol wird zwar die Amphetamin-Wirkung reduziert, doch die Nebenwirkungen nehmen stark zu. Weil Zusammensetzung, Reinheitsgehalt und Dosierung für den Konsumenten nicht zu überprüfen sind, werden Rauschdauer und Rauschintensität zu einem unkontrollierbaren Risiko.

Bei häufigem Gebrauch von Amphetaminen drohen schwere geistige Störungen, völlige Konfusion und blinde, unkontrollierte Aggressionen (z. B. Amokläufe). Häufig kommt es zu Schlaflosigkeit. Bereits wenige

Tabletten können zu irreparablen Schäden in Hirnregionen führen, die für Lernvermögen, Arbeits-, kurz- und mittelfristiges Gedächtnis zuständig sind. Die Droge stört den Glukosestoffwechsel im Gehirn und bewirkt eine Überproduktion des Botenstoffs Serotonin – als Folge degenerieren die Endfasern der Nerven. Das EEG weist bei Ecstasy-Konsumenten Muster auf, die denen von Demenzkranken ähneln. Es wird erwartet, dass diese Schäden erst nach Jahren deutlich werden.

Koffein ist eine der Substanzen, die in Energy-Drinks enthalten sind. Diese Drinks stimulieren, sind aber – in größeren Mengen konsumiert – gesundheitlich alles andere als unbedenklich.

Push-ups ohne Bewegung

Stimmungsaufheller sind ansonsten in Deutschland noch nicht so in Mode wie in den USA, wo schon Kleinkinder Prozac verschrieben bekommen, ein Mittel gegen Depressionen. Aber die Gier, ohne Anstrengung oder langes Vorspiel zum Ziel zu kommen, zeigt sich auch beim Erfolg der Potenzmittel Viagra und Levitra oder der Antifett-Pille Xenical. Das gilt auch und immer noch für den Sport, wo das Doping trotz strengerer Kontrollen nicht ausgerottet ist. Narkotika euphorisieren beim Golfspiel, mit Entwässerungsmitteln werden falsche Gewichtsklassen vorgetäuscht, Nahrungsergänzungsmittel enthalten hormonähnliche Substanzen, Epo soll den Sauerstofftransport verbessern. Ein fast legales Dopingmittel ist Koffein, für das ein Höchstwert von 12 Mikrogramm pro Milliliter Harn festgelegt wurde. Um diesen zu erreichen, muss man etwa 400 bis 600 Milligramm Koffein einnehmen.

Modische Energy-Drinks mit stimulierenden Substanzen

Koffein steckt auch in modischen Energy-Drinks. Auch andere Erfrischungsgetränke enthalten neben viel Farbe und künstlichen Geschmacksstoffen gewisse stimulierende Substanzen wie Guarana, Extrakte einer südamerikanischen Schlingpflanze, oder Taurin, ein natürliches Eiweiß, das angeblich die Leistung steigert.

Das Bundesinstitut für gesundheitlichen Verbraucherschutz und Veterinärmedizin in Berlin ist besorgt wegen möglicher Nebenwirkungen. Zwar hat der Wissenschaftliche Lenkungsausschuss der EU die coolen Drinks als unbedenklich eingestuft, aber dabei war man nur vom täglichen Konsum eines halben Liters ausgegangen. In Partylaune und bei durchtanzten Wochenenden können aber, so die Befürchtung, ganz andere Mengen zusammenkommen. So gibt es zur Zeit keinen gesicherten Grenzwert für Taurin oder die Substanz Gluconolacton, die ebenfalls in Energy-Drinks enthalten sein kann.

Ausgebrannt – das Burnout-Syndrom

Wer ständig unter Dampf steht, ist bald ausgebrannt. Das Burnout-Syndrom ist seit den 70er Jahren des vorigen Jahrhunderts bekannt und äußert sich in einem schweren, chronischen Erschöpfungszustand, der oft von Depressionen begleitet wird. Chronische Infekte, Immunfehlfunktionen oder Hormonstörungen können ebenfalls eine Rolle spielen. Aber auch Alltagsgifte wie chemische Belastungen der Luft, Elektrosmog oder Zusatzstoffe in der Nahrung können zur Verschlimmerung des Krankheitsbildes beitragen. 300 000 Menschen leiden in Deutschland unter dieser inneren Leere, die nur mühsam zu therapieren ist. Die Zahlen steigen.

Anspannung statt Entspannung

Die überreizten Sinne suchen auch in Zeiten, die früher dem Ausruhen galten, nach immer neuen Stimulanzien. Die Arbeitszeit ist deutlich geringer geworden, doch trotzdem hat die freie Zeit nicht wirklich zu-, sondern sogar abgenommen – auch eine Folge der Multioptions-Gesellschaft, die uns ständig die Wahl zwischen vielen Alternativen lässt. Wenn man Freizeit als autonome Zeit definiert, über die man selbst verfügen kann, dann ist bei vielen Menschen am Arbeitsplatz inzwischen mehr davon vorhanden als am Wochenende. Die Vielfalt von Freizeitangeboten und Konsumansprüchen bereitet immer mehr Probleme: Knapp drei Viertel aller Bundesbürger klagen darüber, dass ihnen das Gedrängel bei Freizeitveranstaltungen zunehmend auf die Nerven geht. Doch wenn sie die Möglichkeit haben, ganz für sich allein zu sein, kommen viele Menschen mit dieser ungewohnten Situation gar nicht mehr zurecht: Jeder dritte Bundesbürger geht sich inzwischen selbst auf die Nerven und kann es nicht ertragen, »in völliger Stille mit sich allein« zu sein.

Die meisten Menschen können sich nicht mehr richtig erholen. Auch im Privatleben überlasten sie sich mit Terminen, die auf den ersten Blick gar nicht so anstrengend aussehen: Jogging, Radfahren oder Tennis, das Treffen mit der Clique oder Freunden, Konzert oder Disco-Besuch. Neuere Studien zeigen, dass Stress im Beziehungsalltag einer der wichtigsten Risikofaktoren für eine Scheidung ist. Jedes dritte Paar klagt darüber, dass nicht genügend Zeit für den Partner oder die Partnerin bleibt.

Immer mehr Menschen leiden in Folge ständiger Überlastung und fehlender Entspannung unter einer inneren Leere, was heute auch als Burnout-Syndrom bezeichnet wird.

Die meisten Menschen können sich nicht mehr richtig erholen – weil sie verlernt haben, wie aktives Entspannen funktioniert und weil sie sich selbst in der Freizeit nicht von ihrem Stress frei machen können.

Eine Langzeituntersuchung über 5 Jahre ergab, dass diejenigen Paare besonders gefährdet waren, die auch in der Freizeit viel Stress erlebten. Wobei täglicher Kleinkram und chronische, sich ständig wiederholende Belastungen für die Gesundheit gefährlicher sind als die großen Schicksalsschläge im Leben. Beispielsweise der ständige Rollenzwang, fit, braungebrannt und aktiv sein zu müssen. Oder auch das subjektive Gefühl, immer zu spät zu kommen, seinen Pflichten gegenüber Freunden und Verwandten nicht richtig nachzukommen, oder die Angst, etwas zu verpassen.

Angeheizt wird diese Stress-Rallye und ewige Unzufriedenheit von den Zwängen der Konsumgesellschaft, die gesellschaftliches Prestige vor allem damit verbindet, dass man im Trend liegt. «Freizeit hat sich irgendwie pervertiert«, sagt z.B. Hansruedi Müller, Professor am Forschungsinstitut für Freizeit und Tourismus der Universität Bern. Das Überangebot an Unterhaltungsmöglichkeiten löse bei vielen Menschen das Gefühl aus, trotz aller Aktivität etwas zu verpassen. Sie machen das eine und sehnen sich bereits nach dem anderen.

Der Reiz des Extremen

Statt sich in ihrer Freizeit zu entspannen, suchen viele Menschen neue Adrenalinstöße in Extrem- und Risikosportarten. Sie stürzen sich an Gummiseilen von Fernsehtürmen oder lassen sich per Jetski auf 10 Meter hohe Wellen schleppen. Sie schwimmen auf Brettern Wildflüsse hinunter (Hydrospeed) oder klettern vereiste Wasserfälle hinauf. Sie fahren mit dem Snowboard auf Wüstensand oder mit Inlineskates steile Bergpässe hinab. Während Psychologen nach den Beweggründen forschen, hat die Freizeitbranche einen Millionenmarkt entdeckt. Die Flucht aus der Alltagsroutine ist zum Volkssport geworden. Dabei werden sportlich hinreichend extreme Wettbewerbe wie der »Ironman« noch dadurch pervertiert, dass die Distanzen beim Schwimmen, Radfahren und Laufen weiter ausgedehnt werden.

»Erotik des Rausches«, nennt der Berliner Philosoph Gunter Gebauer diese Sucht nach Abenteuern. Ein ständiger Wechsel der Außenreize ist nötig, um das bereits überhohe Aktivierungsniveau der Gesellschaft zu halten. Nur dann haben die Betroffenen noch das Gefühl, intensiv zu leben und zu fühlen. Andere bekämpfen unbestimmte Ängste, indem sie sich gezielt einer Gefahr aussetzen. Allen gemeinsam aber ist die Angst, in ihr Inneres zu hören.

Die Angst vor dem Alter

Viele Menschen stehen nicht mehr zu sich selbst. Nicht zu ihrem Aussehen, nicht zu ihrer Persönlichkeit, schon gar nicht zu ihrem Alter. Sie wollen um jeden Preis jung bleiben, als wäre es eine Schande zu reifen. Kein Wunder, dass das Schlagwort »Anti-Aging« – eine Mischung aus vorbeugendem Gesundheitsschutz, Grundlagenforschung zum Alterungsprozess und Lifestyle – seit etwa zehn Jahren die westliche Welt erobert. Einiges davon klingt viel versprechend, wenig ist bewiesen – aber der Markt ist da. Viele Zeitgenossen wollen ihre beruflichen Karrieren nicht durch nachlassende Energie im Alter beeinträchtigen lassen und suchen daher wie die Gesundheitsökonomen nach Rezepten gegen das Altern. Die amerikanische Regierung vergibt millionenschwere Forschungsaufträge mit dem Ziel, das Alter nicht nur hinauszuzögern, sondern zu »heilen«.

Vor allem Hormontherapien sollen den biologischen Prozess aufhalten. In den USA ist Anti-Aging geradezu modisch geworden: Edmund Chein, der im kalifornischen Palm Springs ein »Life Extension Institute« leitet, hat nach eigenen Angaben mehr als 3 500 Patienten auf das Hormonniveau von Jugendlichen eingestellt. Auf seiner Website wirbt er mit agilen 70-Jährigen, die im Laufschritt auf Gipfel stürmen.

Das Altern wird zunehmend nicht mehr als natürlicher Lebensprozess akzeptiert. Immer mehr Menschen versuchen, sich durch Hormontherapien ewige Jugend zu erkaufen.

Jungsein für Reiche

Bis zu 1 500 Euro im Monat müssen seine Patienten für die tägliche Spritze mit dem gentechnisch hergestellten Wachstumshormon HGH (Human Growth Hormone) ausgeben. Es soll knochenstärkend und stimmungsaufhellend wirken, Muskelmasse auf- und Fett abbauen sowie das Immunsystem stärken. Es strafft das Bindegewebe und verringert die Faltentiefe. Doch der Botenstoff kann unangenehme Nebenwirkungen mit sich bringen. Jugendliche, die aufgrund von Wachstumsstörungen mit HGH behandelt wurden, bekamen häufiger Leukämie. Und ältere männliche Patienten entwickeln bei regelmäßigen HGH-Gaben vermehrt Sehstörungen, Diabetes und vergrößerte Brüste. Völlig offen ist auch, ob HGH tatsächlich lebensverlängernd wirkt. Größere Menschen, die in der Regel einen hohen Pegel des Wachstumshormons haben, haben eine vergleichsweise geringere Lebenserwartung als kleinere Menschen. »Wachstumshormone«, heißt es deshalb im englischen Wissenschaftsmagazin »New Scientist«, »stellen

Vom wachsenden Jugendwahn profitiert die Hormon-Medizin, bei der die Trennlinie zwischen medizinischen und kosmetischen Anwendungen oft unscharf ist. Von möglichen Folgeschäden wie einem erhöhten Krebsrisiko ganz zu schweigen.

uns vielleicht nur vor die harte Entscheidung: jetzt prima aussehen oder morgen noch leben.« Ein weniger teurer Renner ist der Botenstoff DHEA (Dehydroepiandrosteron), der in der Nebennierenrinde produziert wird und als Vorläufersubstanz die Bildung von Geschlechtshormonen anregt: Bei Männern entsteht daraus überwiegend Östrogen, bei Frauen hingegen Testosteron.

Der Botenstoff DHEA soll wahre Wunder wirken: für eine positive Lebenseinstellung sorgen, die Libido stärken, das Immunsystem in Form bringen und die Knochen schützen. Nachgewiesenermaßen verringert er die Bildung des Stresshormons Cortisol und mindert so die körperlich nachteiligen Folgen von Stress. Doch Langzeitstudien fehlen, und generell wird mit DHEA viel zu freizügig umgegangen. In Deutschland ist die Substanz allerdings rezeptpflichtig.

Hormon-Medizin – nur Kosmetik?

Das Besondere und auch Gefährliche an der Hormon-Medizin ist, dass die Trennlinie zwischen medizinischen und kosmetischen Anwendungen oft unscharf ist. Manche Wellness-Kliniken werben gerade mit der angeblich perfekten Kombination von Gesundheit und Schönheit. So wird DHEA auch gegen männlichen Haarausfall angewendet. Oder es wird ein Testosteron-Gel auf den Bauch aufgetragen, das diesen in Kombination mit Fitness-Programmen schneller schwinden lassen soll. Ob es der Gesundheit und dem Wohlbefinden nutzt, wenn beispielsweise Männer im Alter von 65 Jahren den Hormonspiegel eines 30-Jährigen aufweisen, ist fraglich. Standardwerte gibt es bislang nicht: Der eine Mann lebt (und liebt) mit einem niedrigen Hormonspiegel sehr gut, der andere nicht. Auch über das Risiko für Prostatakrebs durch Hormongaben ist noch kein endgültiges Urteil gefällt. Langzeitstudien fehlen, weil das Geld dafür fehlt: Testosteron ist ein natürlicher Stoff, der sich nicht patentieren lässt und der Industrie nicht genügend Geld bringt. Bei Frauen hat sich inzwischen die Erkenntnis durchgesetzt, dass Östrogene auf jeden Fall das Krebsrisiko steigern und nur nach einer strengen Indikation (bei schweren Wechseljahrsbeschwerden oder Depressionen im Klimakterium) verschrieben werden sollten.

Warum belügen wir uns und unsere Umwelt über unser wahres Alter? Haben wir denn nicht jeden Tag gelebt und wollen diese Zeit nicht missen? Woher kommt dieser Jugendwahn? Wieso wird Frauen schon mit 30 eingeimpft, dass sie 20 Jahre später nicht wie 50 aussehen dürfen?

In der Kosmetikforschung vermessen Elektronenrastermikroskope die Haut bis auf 250 Tausendstel Millimeter und erstellen dreidimensionale Landkarten der Epidermis. Laserprofile und videogesteuerte Faltenmessgeräte kontrollieren jede Veränderung. Ein „Twistometer“ prüft die Spannkraft: Dabei wird die Haut einer Versuchsperson wie ein Möbelstück von IKEA unter Druck sowie Drehung belastet und danach die Deformation gemessen. Manche Wissenschaftler setzen sogar einen Teilchenbeschleuniger ein, um die Eigenschaften von Lipiden und Proteinen der Haut genauer kennen zu lernen.
Manchen Frauen reichen die Wunderrezepte der Kosmetikindustrie immer noch nicht. Sie besorgen sich von ihrem Frauenarzt Rezepte für hormonhaltige Vaginalcreme und tragen diese im Gesicht auf. Und auch die deutschen Männer wollen nicht länger hintanstehen: Immerhin mehr als eine halbe Milliarde Euro geben auch sie schon im Jahr für Kosmetik aus. Damit wir uns nicht falsch verstehen: Gegen Körperpflege ist überhaupt nichts zu sagen. Sie soll dem Körper gut tun und uns attraktiv halten. Aber sie sollte nichts vortäuschen. Denn wenn wir unsere Umwelt täuschen, betrügen wir nur uns selbst.

Wem die Wunderrezepte der Kosmetikindustrie nicht ausreichen, der begibt sich in die Hände eines Schönheitschirurgen, um die biologische Uhr ein kleines Stück zurückzudrehen.

Aufgespritzt und modelliert

Kennen Sie das Gefühl, dass Sie eine Schauspielerin im Fernsehen sehen, die eine entfernte Ähnlichkeit mit einer anderen hat? Sie überlegen und überlegen, bis Sie darauf kommen, dass es sich um ein und dieselbe Person handelt. Die Stimme ist dieselbe, der Körper, aber die Mimik ist schon ein wenig anders. Kein Wunder, wenn man bedenkt, dass der Schönheitschirurg die Gesichtshaut vom Schädel trennt und umklappt, um schwaches Bindegewebe zu entfernen sowie Muskeln zu verkürzen und anschließend die Stirnecken wieder festzunähen.
Nun gibt es Menschen, die es sich professionell nicht leisten können zu altern, und auch einige, die von der Natur wirklich ungerecht mit einer Knollennase oder einem fliehenden Kinn bedacht wurden. Die Unzufriedenheit mit der Nase beispielsweise ist schizophren: 60 Prozent der bereits operierten Patienten – als prominentes Beispiel Michael Jackson – lassen sich mehrfach an der Nase operieren, in die sie irgendwie ihre gesamte Persönlichkeit hineinprojizieren.
Müssen sich wirklich bereits 19-Jährige den Busen vergrößern lassen? Auch die Zahl der auf Schönheit bedachten Männer steigt, selbst wenn sie sich in Deutschland eher die Tränensäcke straffen als den Penis ver-

längern lassen wie in den USA. Interessant ist nur, dass die wenigsten Schönheitschirurgen an sich selbst Hand anlegen würden. Wollen wir wirklich Gesichter und Körper, die am Computer nach Idealwerten entworfen und anschließend chirurgisch verwirklicht wurden? Nicht zu vergessen die Folgeschäden solcher schönheitschirurgischen Eingriffe wie gerissene Gelkissen im Busen, Kreislaufzusammenbrüche nach der Fettabsaugung, Narbenverwachsungen und Allergien.

Die Alten – an die Wand geschoben

Unsere moderne Gesellschaft ist zunehmend auf Jugend fixiert – obwohl die Zahl der älteren Menschen stetig größer wird.

»Gebt uns unsere Ruinen zurück!«, polemisiert der holländische Autor Midas Dekkers und fordert, die Vergänglichkeit des Lebens zu akzeptieren. Alte Menschen, das seien einsame Gestalten auf dem Weg nach unten auf der Lebensleiter. Doch dieses Schicksal trifft jeden einmal: »Wenn man irgendwohin unterwegs ist, sollte man nicht überrascht sein, wenn man einmal dort ankommt.«

Beim Hinterherlaufen hinter der Jugend gehen alle Werte verloren, die früher eine Gesellschaft zusammengehalten haben: Solidarität, Hilfsbereitschaft und nicht zuletzt Zuneigung sowie Liebe. Denn wer sich selbst nicht akzeptiert, kann anderen auch nichts mehr geben. Irgendwann erhält man dann selbst auch keine Aufmerksamkeit mehr oder kann sie nur noch mit Mitteln der Macht – mit Geld, Hierarchie oder Einfluss – erzwingen.

Vor diesem Hintergrund wird vor allem die Generation zur Seite geschoben, die uns geboren und erzogen hat und in die wir alle einmal nachrücken werden. Warum wird die Erfahrung von Älteren abgeschrieben, wenn sie nicht mindestens einen Vorstandsposten ergattert haben? Wieso richtet sich das Fernsehen überwiegend an Zielgruppen bis Anfang 30, und alle übrigen werden mit Volksmusiksendungen abgespeist, als hätten sie keine sonstigen Interessen? Weshalb werden die Alten nur selten in der Werbung angesprochen, obwohl sie längst zur Hauptkonsumentengruppe geworden sind?

Eine dramatische, eine demütigende Situation – rund zwei Millionen älterer Menschen sind in Deutschland bereits auf öffentliche Hilfe angewiesen, weil sie sich selbst nicht mehr helfen können. Im Jahr 2020 werden es eine Million mehr sein – eine Zunahme um mehr als 50 Prozent. 2050 wird die Zahl 4,7 Millionen erreicht haben. Gut drei Viertel der Pflegebedürftigen werden dann 80 Jahre und älter sein, knapp jeder Dritte älter als 90 Jahre.

Die Pflegemaschinerie

Die steigende Lebenserwartung zählt zu den Glanzleistungen von Forschung und Wissenschaft. Doch das soziale Gegengewicht fehlt. Wohin mit den Menschen, die immer älter werden? Wer pflegt sie? Wie steht es um die Qualität der gewonnenen Lebensjahre?
Der Versorgungsbedarf älterer Menschen wird in den kommenden Jahren stark ansteigen. Der Pflegedienst gilt als boomender Arbeitsmarkt. Über 10 000 Anbieter gibt es allein in Deutschland. Doch in der Praxis ist das Angebot unübersichtlich und verwirrend. Die Wartezeiten sind lang, die Bürokratie ist groß. Hinzu kommt die psychische Belastung. Viele Angehörige fühlen sich überfordert. Noch wird über die Hälfte der Pflegebedürftigen zu Hause versorgt. 80 Prozent der Pflegenden sind Frauen. Frühere Kulturen haben dem Alter großen Sinn zugemessen. Rat und Lebenserfahrung der Alten waren wichtig für die folgenden Generationen. Heute sind sie nichts mehr »wert«.

Steigende Lebenserwartung und erhöhter Versorgungsbedarf haben den Pflegedienst zu einem derzeit boomenden Wirtschaftszweig gemacht.

Sehnsucht nach mehr Vitalität

Viele von uns spüren die innere Leere unserer Gesellschaft. Sie fühlen sich angeödet von der Konsumwelt, den schnellen Moden und kommerziellen Interessen, die sie bestimmen. Aber sie wissen nicht, was sie dagegen tun können. Sie fühlen sich zu kraftlos, um der Alltagshektik etwas entgegenzusetzen.
Bevor Sie jedoch daran verzweifeln und gleich die ganze Welt verändern wollen, fangen Sie damit an, ein wenig in sich hineinzuhorchen. Verdrängen Sie die Angst vor der Stille, die nur von Ihrem Herzklopfen oder dem Rhythmus Ihres Atems durchbrochen wird. Sie werden sich wundern, welche Schätze Sie in sich entdecken.

Wie Lebenskraft im Körper entsteht

Wie Lebenskraft im Körper entsteht

Am Beispiel der beiden langjährigen Tour-de-France-Konkurrenten Lance Armstrong und Jan Ullrich lässt sich ablesen, wie viele Faktoren Lebensenergie bestimmen.

Im Sommer 2003 fuhren der Deutsche Jan Ullrich und der Amerikaner Lance Armstrong ein atemberaubendes Kopf-an-Kopf-Rennen quer durch Frankreich. Nur noch 15 Sekunden trennten Armstrong zwischenzeitlich von seinem hartnäckigsten Verfolger. Bis sich auf dem Anstieg zum Tourmalet ein Beutel einer Zuschauerin im Bremshebel von Armstrong verfing und dieser dadurch schwer stürzte. Jan Ullrich konnte ausweichen, nahm aber Tempo heraus und hielt sogar Kollegen zurück, die angreifen wollten. Armstrong stieg wieder auf sein Fahrrad und stürzte einige Meter weiter fast ein zweites Mal. Doch plötzlich trat er so vehement in die Pedale, als ob ihm der Schock seines Missgeschickes Flügel verliehen hätte – und distanzierte noch alle Konkurrenten bis zum Ziel der Bergetappe.

Ullrich und Armstrong, zwei ungewöhnliche Schicksale. Der eine, der nach einer steilen Karriere im Telekom-Trikot den psychischen Belastungen des Rennsports plötzlich nicht mehr gewachsen schien: Doping-Verdacht, Teamwechsel, ständige Probleme mit Übergewicht etc. Plötzlich, im Sommer 2003, ist er wieder voll da! Und Armstrong, der Mann, der mit Hilfe seines Sports den Krebs besiegte und seither die Tour de France so klar dominiert wie nur ganz wenige Große des Radsports vor ihm (siehe Seite 88)

Das Beispiel zeigt, was Erfolg alles ausmachen kann. Hartnäckiges Training, richtige Berater, ein guter Trainerstab, optimale sportmedizinische Betreuung – all diese Faktoren stecken hinter einer außergewöhnlichen Leistung. Aber sicher auch Armstrongs Wille, der tödlichen Krankheit zu entkommen. Und Ullrichs Motivation durch das Baby, das seine Frau gerade bekommen hatte.

In diesem Buch kann ich Ihnen keine einfache Formel für Lebenskraft liefern, denn dahinter steckt nichts anderes als das Geheimnis des Lebens, das die Wissenschaft noch lange nicht aufgeklärt hat. Aber ich kann mit Ihnen gemeinsam versuchen, den biologischen Grundlagen von Vitalität auf die Spur zu kommen.

Jede einzelne Zelle

Unser Organismus besteht aus 60 Billionen Körperzellen und rund 100 Milliarden Gehirnzellen – das ist eine Riesenzahl winziger Kraftwerke, die unseren Stoffwechsel bewältigen und uns damit am Leben erhalten. Jede einzelne Zelle leistet dabei ihren eigenen Beitrag und alle sind wichtig.

Zellen können Stoffe aufnehmen, umbauen und wieder freigeben. Außerdem können die meisten wachsen und sich teilen und so auf Reize der Umwelt reagieren. Für die vielen verschiedenen Aufgaben innerhalb des Organismus haben sich die Zellen ausdifferenziert – sich auf verschiedene Aufgaben spezialisiert. Drüsenzellen z. B. bilden ver-

Wie eine Zelle aufgebaut ist:

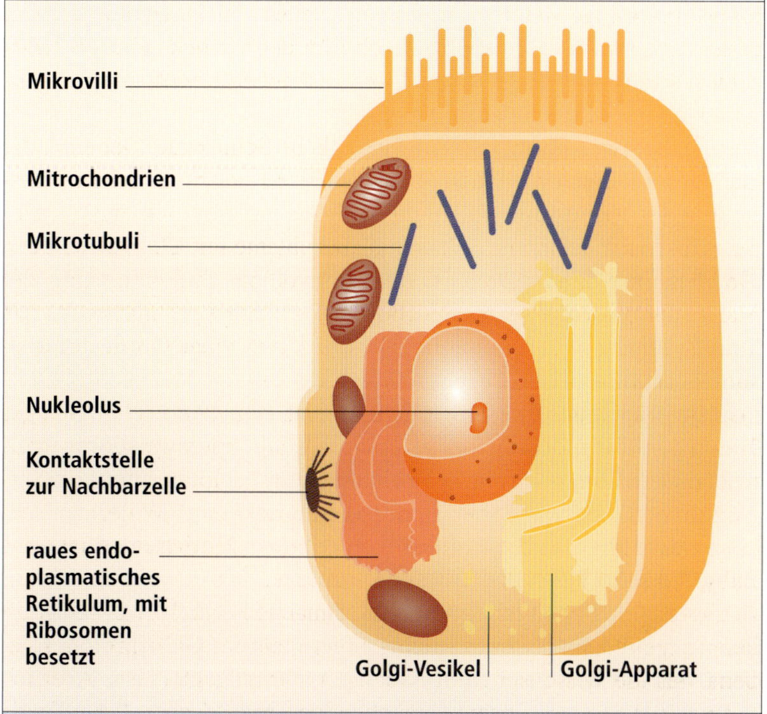

Die Mitochondrien sind die Kraftwerke der Zelle. Sie liefern den Brennstoff ATP.

schiedene Sekrete, den Schleim in der Lunge oder den Bauchspeichel. Muskelfasern können sich zusammenziehen. Herzmuskelfasern kontrahieren sich rhythmisch. Trotz dieser Unterschiede sind alle Zellen ähnlich aufgebaut: Sie bestehen aus dem Zellleib mit seiner Grundsubstanz, dem Zytoplasma, und dem Zellkern (Nukleus), der die Erbinformation in Form von Desoxyribonukleinsäure (DNS) enthält. Nur unter dem Elektronenmikroskop sind die Zellorganellen, die »Werkzeuge« der Zellen, sichtbar. Sie sind vom Zytosol umgeben, dem zähflüssigen Teil des Zellplasmas. Es besteht aus Wasser und den darin gelösten Molekülen, die die Zelle benötigt: Proteine, Fette, Kohlenhydrate und Ionen.

Jede Funktion der Zelle, egal ob es sich um Teilung, Wachstum, Reparaturvorgänge oder ihre Beweglichkeit und Erregbarkeit handelt, erfordert den Transport von Stoffen.

Transfer der Nährstoffe

Eine besondere Rolle spielt die Zellmembran. Obwohl sie »nur« die Haut der Zelle ist, entscheidet diese nur ein Millionstel Millimeter dicke Wand aus Fetten und Proteinen darüber, ob die Zelle ihre Aufgaben erfüllen kann. Denn sie enthält Rezeptoren, das sind Moleküle, deren Aufgabe es ist, Stoffe zu erkennen, Hormone oder andere Botenstoffe wie etwa Insulin. Diese können dann durch Öffnungen in der Zellwand in das Innere eingeschleust werden.

Die Zellmembran ist aber nur teilweise durchlässig: Sie erlaubt nur sehr kleinen Molekülen wie Wasser oder Sauerstoff oder auch fettlöslichen Substanzen wie Hormonen, in die Zelle einzudringen. Andere Stoffe, z. B. elektrisch geladene Teilchen (Salze), brauchen Türöffnungen in der Membran (Tunnelproteine) oder so genannte Trägermoleküle, die sich an der Außenseite z. B. mit Glukose verbinden und diese so in das Innere schleusen.

Jede Funktion der Zelle, egal ob es sich um Teilung, Wachstum, Reparaturvorgänge oder ihre Beweglichkeit und Erregbarkeit handelt, erfordert den Transport von Stoffen innerhalb des Organismus. Sauerstoff und Nährstoffe müssen zur Zelle hin und Stoffwechselprodukte wie etwa Kohlendioxid von ihr weg transportiert werden. Ver- und Entsorgung geschehen über das »Interstitium« (interstitielles Bindegewebe) – so heißt der mit Flüssigkeit gefüllte Raum, der alle Körperzellen wie ein dreidimensionales Kanalnetz umgibt. Diese Flüssigkeit, von der jeder Mensch etwa zehn Liter in seinem Körper trägt, steht in engem Austausch mit den feinsten Blutgefäßen, den Kapillaren, die z. B. Nährstoffe anliefern und Schlacken abtransportieren. Auch das lymphatische Gefäßsystem nimmt Stoffe aus dem Interstitium auf.

Einige der für den Stoffwechsel wichtigen Stoffe gelangen von allein durch die Zellwand und werden, vereinfacht gesprochen, mit dem Druckgefälle zwischen den Flüssigkeiten hin und her transportiert. Andere jedoch brauchen Energie für ein aktives Transportgefährt wie etwa die Natrium-Kalium-Pumpe: Tunnelproteine, die Türwächter der Zelle, schleusen ständig Kalium in das Innere und Natrium aus dem Inneren. Dabei wird ATP verbraucht, ein chemischer Energieträger, auf den wir gleich noch zu sprechen kommen.

Der Körper verwandelt also Nahrungsbausteine in Nährstoffe, um damit seinen Stoffwechsel zu ermöglichen.

Proteine am Fließband

Die eigentlichen Werkzeuge des menschlichen Organismus sind Proteine. Sie bilden nicht nur die Grundstrukturen der Zellen selbst, sondern regulieren auch in veränderter Form, als Enzyme, alle chemischen Reaktionen der Zelle. Denn dort werden ununterbrochen Proteine auf- und abgebaut – man kann sich das fast wie ein Fließband vorstellen, auf dem verschiedene Eiweiß-Werkstücke durch chemische Roboter bearbeitet werden, bis sie zum Schluss die Zelle wieder verlassen.
Um die für den Umbau notwendigen neuen Bindungen zwischen den Molekülen herzustellen, wird wieder ATP, also Energie, benötigt. ATP (Adenosintriphosphat) findet sich in allen Organismen auf der Erde, es ist der Motor des Lebens. Es besteht aus der stickstoffhaltigen Base Adenin, dem Zuckermolekül Ribose und drei Phosphatgruppen. Wird mit Hilfe von Wasser die dritte der Phosphatgruppen abgespalten, setzt das Energie frei, die von der Zelle verwendet werden kann. Danach muss sich das Molekül wieder regenerieren. Zu dieser »Verbrennung« werden Sauerstoff und energiereiche Nährstoffe wie etwa Zucker (Glukose) benötigt.

Die Verbrennung

Der Körper verwandelt also Nahrungsbausteine in Nährstoffe, um damit seinen Stoffwechsel zu ermöglichen (Katabolismus oder umgangssprachlich »Verbrennung« genannt). Und mit der daraus gewonnenen neuen Energie (ATP) kann er neue Organstrukturen schaffen: Moleküle aufbauen, Zellen konstruieren oder sogar einen neuen Menschen – den Embryo. Diesen Vorgang nennt man Anabolismus, Aufbau.
Da die für den Stoffwechsel besonders wichtigen organischen Kohlenstoffverbindungen träge sind und nur schwer reagieren, gibt es in jeder Zelle Instrumente zur Beschleunigung der chemischen Reaktions-

Die Enzyme, die aus einem Gerüst von Proteinen bestehen, sind Biokatalysatoren. Sie werden dabei von den Coenzymen unterstützt, die Beschleuniger der bei der Verbrennung ablaufenden chemischen Reaktionskette.

kette – die Enzyme. Diese Biokatalysatoren bestehen aus einem Gerüst von Proteinen. Die Art und Weise, wie das aus Eiweißen bestehende Molekül gefaltet ist, macht es zum Spezialisten für eine ganz bestimmte Aufgabe: Ein Enzym passt wie ein Schlüssel zu genau der Reaktion, für die es bestimmt ist. Damit es seine Arbeit ausführen kann, braucht es aber meist einen zusätzlichen Helfer – ein Coenzym. Coenzyme helfen zwar beim Umbau der Proteine, aber sie selbst haben im Gegensatz zu den Enzymen mit Eiweißen nichts gemein. Sie sind eher mit den Vitaminen verwandt. Wenn wir zu wenig Vitamine essen, schadet uns das vor allem deshalb, weil unser Organismus dann bestimmte Coenzyme nicht mehr herstellen kann: Die Folge sind Stoffwechselstörungen, die zu schweren Krankheiten führen können.

Energie aus der Nahrung

Die meisten Zellen des Körpers verwenden bevorzugt Glukose als Rohstoff zur Energiegewinnung. Glukose ist ein Einfachzucker, der bei der Verdauung von Kohlenhydraten entsteht. Im Darm werden die langkettigen Stärken zerlegt und in Glukose, Fruktose und Galaktose aufgespalten. Vom Dünndarm aus werden diese Zuckerarten dann in die Leber transportiert. Die Leber ist das einzige Organ, das über die notwendigen Enzyme verfügt, um auch noch die Fruktose und Galaktose in Glukose zu verwandeln. Der Botenstoff Insulin schleust dann die Glukose aus dem Blut durch die Membranen der einzelnen Zellen. Ist der Energiebedarf gering, wird die Glukose in der Leber oder in der Skelettmuskulatur als Glykogen gespeichert. Das ist jedoch nur in geringem Umfang möglich. Überschüssige Kohlenhydrate werden in Fett umgewandelt – sie machen dick.

Braucht eine Zelle Energie, dann oxidiert sie die zur Verfügung stehende Glukose. Ein Molekül Glukose liefert ihr 36 Moleküle ATP. Die Umwandlung findet in den Mitochondrien, den Kraftwerken der Zellen, statt. Dafür wird das Coenzym Q oder Q_{10} gebraucht (siehe auch Kapitel 4, Seite 136).

Kohlenhydrate können also als Glukose direkt in der Zelle vergoren werden und so Energie liefern. Es gibt aber noch einen anderen chemischen Weg: In den Mitochondrien werden ihre Moleküle zu NADH (Nikotinamid-Adenin-Dinukleotid). Diese Substanz ist wie das ATP ein wichtiger Energieträger und stellt für eine Vielzahl von Zellfunktionen die gespeicherte Energie wieder zur Verfügung.

Auch wenn alle Zellen Glukose verbrauchen, ist sie doch besonders wichtig für das Gehirn: Seine Nervenzellen beziehen ihre Energie nur aus Glukose. Deshalb kann eine Unterzuckerung die Konzentration beeinträchtigen oder bei Diabetes sogar zum Tode führen. Das Gehirn verbraucht etwa 120 Gramm Glukose pro Tag. Nur im Hungerzustand versucht es, sich mit Ketonkörpern aus Fett zu behelfen.

Die meisten Zellen des Körpers verwenden bevorzugt Glukose als Rohstoff für die Energiegewinnung. Die langkettigen Fettsäuren, der zweitwichtigste Rohstoff, können von den meisten Zellen nicht direkt abgebaut werden. Sie müssen zuerst in der Leber umgebaut werden.

Fette – zweitwichtigster Rohstoff

Ein Gramm Fett liefert mehr als doppelt so viel Energie wie ein Gramm Kohlenhydrate. Trotzdem bevorzugen die Zellen die glukosehaltige Stärke als Energielieferant, denn der Umbau des Fettes ist kompliziert. Die Triglyzeride (ein Trio aus tierischen Fettsäuren) müssen zunächst in Glyzerin und Fettsäuren aufgespalten werden.

Die langkettigen Fettsäuren können von den meisten Körperzellen nicht direkt abgebaut werden. Sie müssen zuerst in der Leber umgebaut werden. Dabei entsteht Acetyl-Coenzym A, das in der Leber teilweise wieder zu ATP umgewandelt wird. Ein weiterer Teil der Coenzym-Moleküle wird in so genannte Ketonkörper umgewandelt. Diese verlassen die Leberzellen und gelangen über den Blutkreislauf zu den übrigen Körperzellen, wo sie wie die Glukose zur Energiegewinnung dienen können. Der Herzmuskel und die Nierenrinde bevorzugen solche Ketonkörper als Energiequelle. Auch die Nervenzellen greifen bei Kohlenhydratmangel auf sie zurück.

Reserve-Energie aus Eiweiß

Eiweiße sind Proteine, die wiederum aus Aminosäuren bestehen. In seltenen Fällen können auch sie Energie für den Stoffwechsel liefern, nach längerer Hungerzeit oder wenn umgekehrt übermäßig viel Fleisch gegessen wird. Aminosäuren werden im Körper vor allem zum Aufbau körpereigener Proteine im Rahmen von Wachstums- und Reparaturvorgängen des Organismus verwendet. Das geschieht sehr individuell: Jede Zelle enthält in der DNS des Zellkerns verschlüsselt ihren eigenen Proteinbauplan – je nach Aufgabengebiet. Im Organismus werden ständig Proteine auf- und abgebaut. Die bei der Eiweißzerlegung frei-

In seltenen Fällen können auch die Eiweiße, das sind aus Aminosäuren zusammengesetzte Proteine, Energie für den Stoffwechsel liefern – etwa bei besonderen Ausdauerleistungen.

gesetzten Aminosäuren werden für neue Proteine, manchmal auch für andere Aminosäuren verwendet. Nur einige »essenzielle« Aminosäuren können nicht im Körper gebildet, sondern müssen über die Nahrung aufgenommen werden.

Aminosäuren kommen dann zum Einsatz, wenn Energie für besondere Ausdauerleistungen, z. B. einen Marathonlauf, gewonnen werden muss. Dann werden sie aus den Muskeln des Körpers freigesetzt und in der Leber mit Hilfe von Enzymen umgebaut. Dabei entsteht giftiges Ammoniak, das sofort in Harnstoff überführt und ausgeschieden wird. Die Stoffwechselprodukte der Aminosäuren können dann in Fett oder Glukose verwandelt werden. Sie tragen aber maximal 10 Prozent zur Energiebilanz des Körpers bei.

Rein rechnerisch würden die Fettreserven im Gewebe eines Menschen ausreichen, um ihn etwa 2 Monate lang mit Energie zu versorgen. Seine Proteinvorräte (etwa 3 Kilogramm) reichen tatsächlich aber nur etwa 2 Wochen. Dass Menschen, etwa in Notzeiten oder extremen Situationen, auch längere Hungerphasen überhaupt überleben können,

Wie sich die Verbrennung bei Hunger ändert:

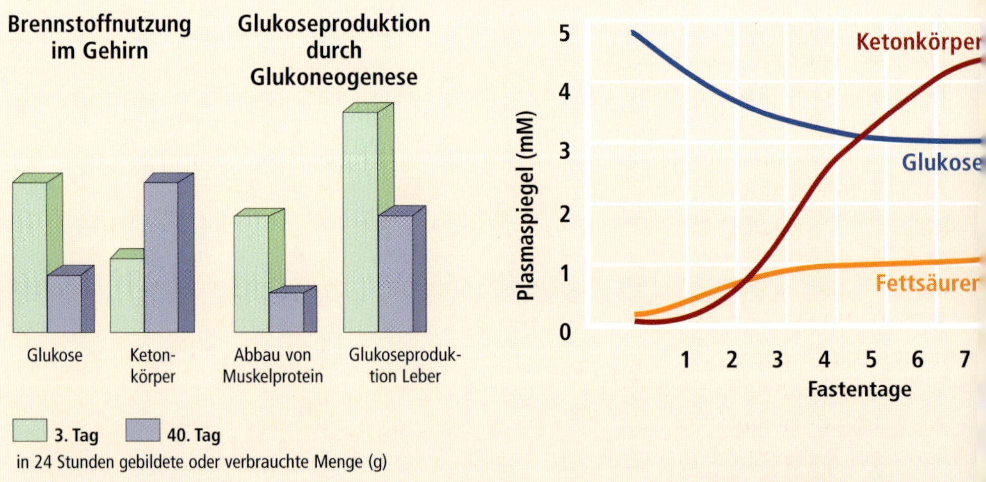

Wenn wir hungern, schickt die Leber die ihr zugelieferten Fettsäuren nicht mehr in das Gewebe, wo sie gespeichert werden, sondern verwandelt sie in Ketonkörper. Sie ersetzen im Gehirn die fehlende Glukose

liegt daran, dass der Stoffwechsel des Gehirns seinen Glukosebedarf zurückschraubt und das entstehende Energiedefizit mit den bereits erwähnten Ketonkörpern deckt. Lang anhaltender Hunger schädigt aber unweigerlich das Gehirn.

Mehrere Energiepfade

Kohlenhydrate, Fette und Eiweiße werden also im Organismus oxidiert und die frei werdende Energie auf das ATP bzw. das NADH übertragen. Wichtig dafür sind das Acetyl-Coenzym A und natürlich der Sauerstoff aus der Atemluft. Die menschliche Energiegewinnung läuft also immer über mehrere Energiepfade, die durch ineinander greifende Regulationsmechanismen gesteuert und begrenzt werden. Wichtigste Stellgröße ist dabei der Energieverbrauch: Enthält eine Zelle mehr Energie, als sie gerade benötigt, werden automatisch viele Enzyme des Energiestoffwechsels gehemmt.

Die innere Atmung der Zelle ist dabei an die äußere Atmung der Lunge gekoppelt: Verbrauchen wir zum Beispiel bei körperlicher Anstrengung viel Energie, müssen wir schneller atmen, um den benötigten Sauerstoff für ihre Herstellung anzuliefern. Irgendwann ist dann aber auch die Leistungsgrenze erreicht, und wir bekommen keine Luft mehr: Dann sind auch die Zellsysteme erschöpft.

Ist dieser Stoffwechsel im Gleichgewicht – wird also genau so viel Energie hergestellt wie verbraucht –, spricht man von einem aeroben (unter Luftzufuhr funktionierenden) Stoffwechsel. Bei großer körperlicher Anstrengung kann es jedoch dazu kommen, dass das Sauerstoffangebot für den gerade benötigten Energieumsatz nicht ausreicht. Die Folge ist, dass die zur Herstellung von ATP notwendigen Moleküle nicht mehr oxidiert werden können.

Kurzfristig kann sich der Körper dann dadurch helfen, dass er die halbfertigen ATP-Vorprodukte in Laktat (Milchsäure) umbaut. Dieser »anaerobe Stoffwechsel«, der uns z. B. einen Muskelkater bescheren kann, ist jedoch aus sportmedizinischer Sicht nicht erwünscht. Besser für den Organismus ist es, das Verhältnis von Atmung und Anstrengung in einem gesunden Rahmen zu halten. Durch regelmäßiges Training können Sie dazu beitragen, die Sauerstoffversorgung Ihres Organismus zu verbessern bzw. zu optimieren.

Die innere Atmung der Zelle ist an die äußere Atmung der Lunge gekoppelt. Wird viel Energie verbraucht, muss man schneller atmen, um den benötigten Sauerstoff für ihre Herstellung anzuliefern.

Vielfalt statt Einfalt

Den größten Teil des Essens sollten Kohlenhydrate ausmachen (mit 50 bis 60 Prozent), gefolgt von Fetten (höchstens 30 Prozent) und Eiweißen (15 bis 20 Prozent). Diese drei Nährstoffe haben einen unterschiedlichen Brennwert.

So vielfältig wie der Körper seinen Energienachschub organisiert, so vielfältig sollten auch die Nahrungsbausteine sein, die er dazu braucht. Den größten Teil des Essens sollten nach den Empfehlungen der Deutschen Gesellschaft für Ernährung (DGE) die Kohlenhydrate ausmachen – mit 50 bis 60 Prozent. Eiweiße sollten 15 bis 20 Prozent und Fett nicht mehr als 30 Prozent ausmachen. Viele Menschen in den Industrieländern nehmen jedoch doppelt so viel Fett zu sich.

Die Nährstoffe haben einen unterschiedlichen »Brennwert«: ein Gramm Fett liefert 9,3 Kilokalorien, ein Gramm Kohlenhydrate 4,1 und ein Gramm Eiweiß 4,25 Kilokalorien. Fette enthalten also mehr als doppelt so viel Kalorien wie Zucker, gemessen am Sauerstoffverbrauch liefern sie jedoch weniger Energie. Ein Marathonläufer kann also mehr Kraft aus seinen Glykogenreserven in den Muskeln aktivieren als aus seinen Fettdepots. Die Nährstoffe des Essens werden längst nicht einfach eins zu eins in ATP umgewandelt. Bis zu 9 Prozent sind nicht verdaulich (z. B. bei Ballaststoffen) und werden entweder ausgeschieden oder ernähren nur die Mikroflora des Darms. Ein weiterer Teil geht mit Schweiß oder Urin verloren. Von der verbleibenden Energie (dem »physiologischen Brennwert«) wird etwa die Hälfte direkt in Wärme umgesetzt. Bis zu 20 Prozent des Eiweißes, 10 Prozent der Kohlenhydrate und 4 Prozent des Fettes gehen auf diese Weise verloren. Nur rund 40 Prozent der Nahrung werden schließlich in ATP umgesetzt.

Wie viel ATP aus den einzelnen Nährstoffen wird:

Nährstoff	Bildung von ATP pro 100 g Nährstoff	physiolog. Brennwert pro 100 g Nährstoff	erforderl. Nährstoffenergie pro Mol ATP
Kohlenhydrate (Stärke)	23,5 Mol	410 kcal (1720 kJ)	17,4 kcal (73,2 kJ)
Fett (Tristearin)	51,4 Mol	930 kcal (3890 kJ)	18,1 kcal (75,7 kJ)
Eiweiß (Casein)	20,4 Mol	425 kcal (1780 kJ)	20,8 kcal (87,3 kJ)

Fett liefert mehr als doppelt so viel ATP wie Kohlenhydrate oder Eiweiß. Aber es ist schwerer umzuwandel

Der Grundumsatz

Wie wirkungsvoll unser Organismus die Nährstoffe verwerten kann, ist von Mensch zu Mensch verschieden. Wir nennen das den Grundumsatz – jener individuelle Energiebedarf, den der Körper in absoluter Ruhe hat. Er hängt von vielen Faktoren ab – Größe, Alter, Geschlecht und vor allem der Körperoberfläche. Im Schlaf sinkt der Grundumsatz um etwa 10 Prozent. Starke Kälte erhöht ihn um bis zu 5 Prozent. Hitze über 30 Grad bewirkt eine Zunahme von 0,5 Prozent pro Grad Temperaturanstieg. Weil Frauen mehr Fettgewebe besitzen, ist ihr Grundumsatz niedriger, weil sich Fett schlechter verstoffwechselt. Im Alter sinkt der Grundumsatz bei beiden Geschlechtern.

Was an Energie für die Zelle übrig bleibt:

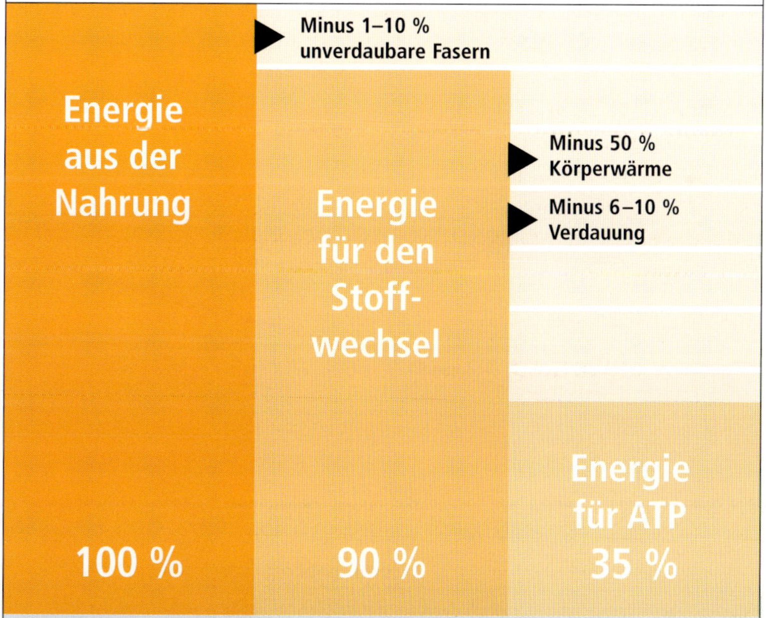

Nur rund 35 Prozent der Nahrung bleiben als Energie für den Stoffwechsel der Zellen erhalten.

Der individuelle Grundumsatz ist der Energiebedarf, den der Körper in Ruhe hat. Er hängt von verschiedenen Faktoren ab: Größe, Alter, Geschlecht und Körperoberfläche.

Während eines Lebens nimmt der Grundumsatz, bezogen auf das Körpergewicht, bis zum 5. Lebensjahr deutlich zu und sinkt danach langsam bis zum 25. Lebensjahr wieder. Nach einer relativ stabilen Phase verringert sich der Grundumsatz dann bei zunehmendem Alter mit dem Muskel- und Gewebeabbau. Wir verbrauchen weniger Energie und nehmen leichter an Gewicht zu. Die Gewichtszunahme beeinflusst den Energieverbrauch nicht wesentlich, weil sie vor allem durch das (chemisch träge) Fettgewebe verursacht wird.

Der Kalorienbedarf

Wir bezeichnen die Energie, die wir täglich aus der Nahrung zu uns nehmen, als Joule – gebräuchlicher ist immer noch der ältere Begriff der Kalorie. Eine Kilokalorie ist diejenige Wärmemenge, die notwendig ist, um einen Liter Wasser um ein Grad (von 14,5 auf 15,5 Grad Celsius) zu erwärmen.

Wie der Energieverbrauch vom Gewicht abhängt:

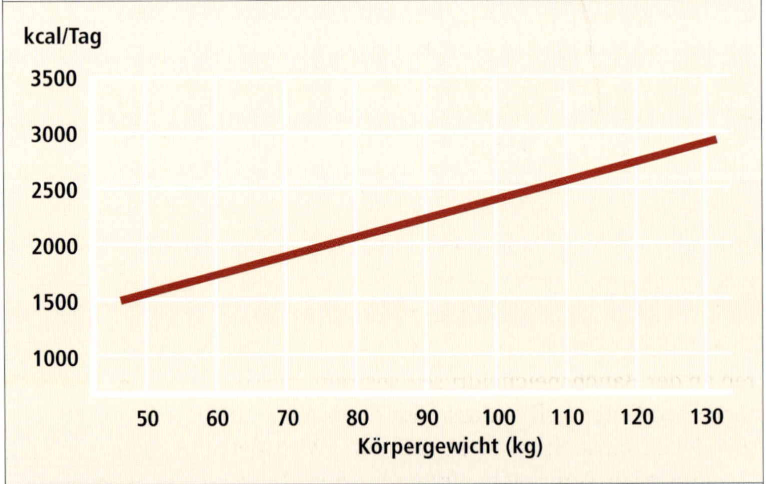

Der Energieverbrauch hängt vor allem vom Gewicht der fettfreien Körpermasse ab. Weil übergewichtige Menschen vor allem mehr Fett besitzen, verbrauchen sie nicht viel mehr Energie als Normalgewichtige.

Je nach Funktion seiner Zellverbände verbraucht der Körper unterschiedlich viel Energie: Magen und Darm, ständig aktiv, nutzen 22 Prozent der Vorräte, das Gehirn ein Fünftel. Die Muskeln benötigen 18, das Herz 14, die Haut nur 1 Prozent. Ein 50-jähriger Mann, der rund 80 Kilogramm wiegt, benötigt täglich an die 2200 Kilokalorien. Der Grundumsatz macht zwischen 60 und 75 Prozent aus, körperliche Aktivität beansprucht weitere 15 bis 30 Prozent. 6 bis 10 Prozent Energie wird bei der energieintensiven Verdauung verbraucht.
Körperliche Aktivität führt zu einem erhöhten Energieverbrauch, sie wird aber in ihrer Wirkung leicht überschätzt. Das haben Sie sicher selbst schon erlebt, wenn Sie nach einer kürzeren Phase der körperlichen Belastung auf eine Waage gestiegen sind. Erst langfristiges, regelmäßiges Training beeinflusst Ihren Stoffwechsel so, dass Ihr Grundumsatz ansteigt.

Wohin geht die Energie?

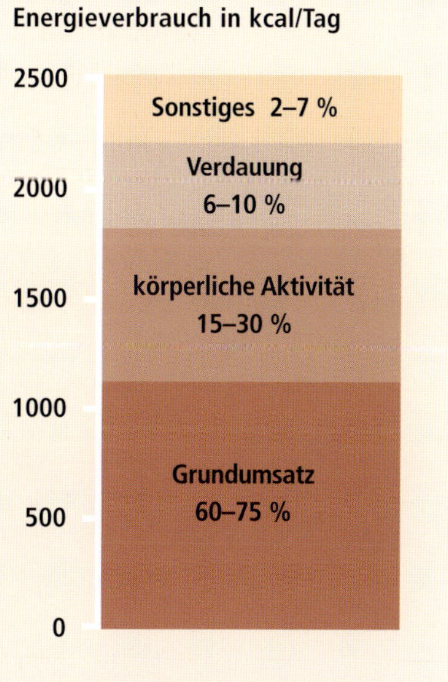

Bis zu drei Viertel der Energie wird für den Grundumsatz, in Ruhe, verbraucht. Das ist auch der Grund, warum wir so schwer abnehmen können.

Der Blutzuckerspiegel

Wenn Sie beispielsweise bei einer Bergwanderung auf dem Gipfel angekommen sind und nach dem anstrengenden Aufstieg ein Stück Traubenzucker essen, erhalten Sie einen sofortigen Energieschub: Die einfach gebauten Moleküle gelangen sofort ins Blut, ein Teil davon sogar schon im Magen. Und bei akutem Bedarf wird er gar nicht erst zu NADH umgebaut, sondern direkt in den Zellen vergoren.
Solche Einfachzucker eignen sich aber nicht, um z. B. einen anstrengenden Prüfungstag ohne Tiefs zu überstehen. Schuld daran ist der Blutzuckerspiegel. Sein schneller Anstieg wird von Rezeptoren an der Bauchspeicheldrüse registriert, die sofort einen Botenstoff entlässt, der den Zucker in die Zellen einschleusen soll: Insulin. Wird der Zucker rasch verbraucht, führt das zur Unterzuckerung, zu Konzentrationsstörungen und Hunger. Sind die Zellen aber auf die Schnelle gar nicht in der Lage, den Nährstoff aufzunehmen,

Der Blutzuckerspiegel wird von Rezeptoren an der Bauchspeicheldrüse registriert. Sie entlässt daraufhin einen Botenstoff, der den Zucker in die Zelle einschleusen soll: Insulin.

kursiert der Zucker weiter im Blut. Die Bauchspeicheldrüse wird dadurch irregeführt und produziert immer mehr Insulin. Langfristig kann sie durch den großzügigen Konsum von Zucker – und dazu zählen auch Honig oder Weißmehlprodukte, die rasch in Glukose verwandelt werden – erschöpfen. Das führt zur Zuckerkrankheit Typ II, dem so genannten Altersdiabetes. Besser sind komplexe Kohlenhydrate, wie sie etwa in einem Vollkornbrot enthalten sind. Der Organismus kann sie nur langsam aufspalten und verarbeiten, der Blutzuckerspiegel verändert sich nicht schlagartig, sondern bleibt relativ konstant.

Der glykämische Index

Die gleiche Menge an Kohlenhydraten führt also zu einem unterschiedlichen Anstieg des Blutzuckerspiegels. Wie stark ein Lebensmittel dazu beiträgt, wird im glykämischen Index zusammengefasst. Der Blut-Glukose-Spiegel eines gesunden Erwachsenen schwankt zwischen etwa 70 Milligramm pro Deziliter (nüchtern) und 120 Milligramm nach einem Essen. Ein Pegel von mehr als 140 Milligramm Zucker im Blut zeigt, dass die Aufnahmekapazität des Organismus erschöpft ist. Weniger als 70 Milligramm wirken sich bereits fühlbar auf das zentrale Nervensystem aus: Sie fühlen sich schwach und müde. Ein weiterer Abfall kann zu Krämpfen, einem Schock und sogar zum Tod

Kohlenhydrate sind unterschiedlich:

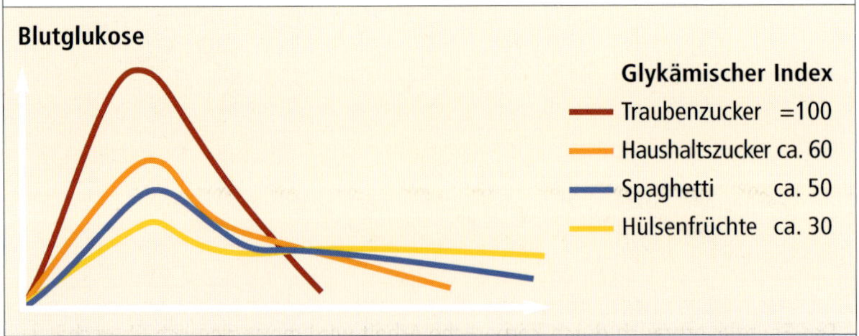

Traubenzucker gibt rasch Energie, aber der Blutzuckerspiegel fällt auch rasch wieder. Komplexe Kohlenhydrate hingegen halten länger vor.

führen. Um solche Krisen zu vermeiden, hat die Leber ein Depot von etwa 100 Gramm Glukose (als Glykogen) angelegt, mit dem sie Schwankungen des Blutzuckerspiegels ausgleichen kann. Eine gesunde Ernährung mit viel Ballaststoffen aus Vollkorn und Gemüse stabilisiert den Blutzucker und sorgt für gleichmäßige Belastbarkeit des Körpers.

Eine gesunde Ernährung mit Ballaststoffen aus Vollkorn und Gemüse stabilisiert den Blutzuckerspiegel und sorgt für gleichmäßige Belastbarkeit des Körpers.

Der Blutdruck

Wenn Sie sich schlapp und kraftlos fühlen, muss das nicht mit dem Blutzucker, es kann auch mit Ihrem Blutdruck zusammenhängen. Auch der wird von einem komplizierten Regelsystem aus Messfühlern an den Gefäßwänden und im Herzen gesteuert: Fällt der Blutdruck ab, wird das sympathische Nervensystem angeregt. Das führt einerseits dazu, dass das Herz mehr Blut in die Aorta pumpt und damit den Druck erhöht. Zusätzlich verengen sich die Gefäße in Haut, Niere und im Magen-Darm-Trakt. Die längerfristige Blutdrucksteuerung läuft über die

Nur Schwerstarbeit und Leistungssport zehren:

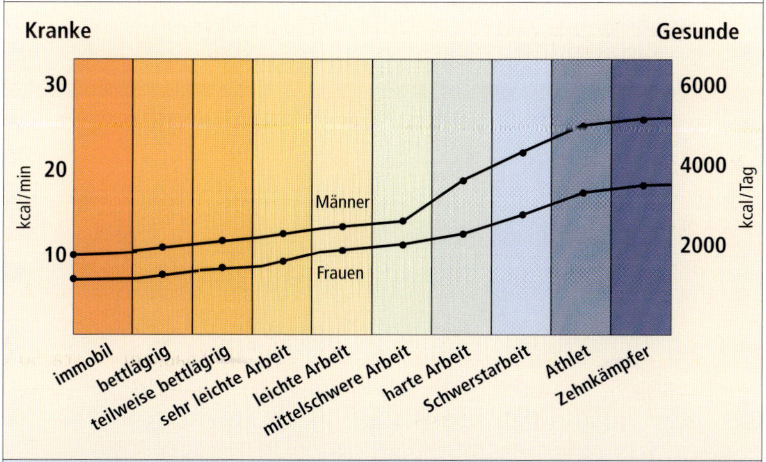

Der Energieverbrauch durch körperliche Arbeit wird meist ziemlich überschätzt. Außergewöhnlich energiezehrende Belastungen gibt es inzwischen fast nur noch im Hochleistungssport.

Die längerfristige Blutdrucksteuerung läuft über die Niere ab. Sie kurbelt die Urinproduktion an, um dem Druck entgegenzuwirken.

Niere. Sie kurbelt die Urinproduktion an, um dem Druck entgegenzuwirken. Die Niere wird dabei von mehreren hormonähnlichen Botenstoffen unterstützt.

Die verschiedenen Botenstoffe des Körpers spielen eine zentrale Rolle im Stoffwechsel. Ihr mehr oder weniger perfektes Zusammenspiel hat entscheidenden Einfluss auf die Frage, wie vital und gesund wir uns fühlen. Leben ist Bewegung, und nur wenn Sie aktiv bleiben, funktioniert der Energiehaushalt Ihres Körpers optimal. Sie können nicht durch Unbeweglichkeit und Ruhe Vitalität »ansparen«. Die Kunst ist also, sich im genau richtigen Maße zu belasten und sich dabei nicht zu überanstrengen.

Wie viel Energie wir durch Aktiv-Sein verbrauchen:

Körperliche Aktivität	Respirationsrate	Sauerstoffverbrauch (l/min)	Herzfrequenz (Schläge/min)	Kalorienverbrauch (kcal/min	kcal/kg/h)
sehr leicht Schlafen, Liegen, Sitzen, Fahren, Stehen, Bügeln	<10	<0,5	<80	<2,5 1,0–1,1 1,1–1,5	 1,3–1,5
leicht Laufen (5 km/h), Einkaufen, Tischtennis, Golf	10–20	0,5–1,0	80–100	2,5–5,0 2,5–3,0	 2,6–2,9
mäßig Laufen (6 km/h), Tanzen, Fahrradfahren, Tennis, Putzen	20–35	1,0–1,5	100–120	5,0–7,5	4,1–4,3
schwer Bepackt bergauf Laufen, Graben, Schwimmen (3 km/h), Basketball spielen	35–50	1,5–2,0	120–140	7,5–10,0	8,0–8,4
sehr schwer Rennen, Klettern	50–65	2,0–2,5	140–160	10,0–12,5	
ungewöhnlich schwer	65–85	2,5–3,0	160–180	12,5–15,0	
erschöpfend	>85	>3,0	>180	>15,0	

Für den Energieverbrauch entscheidend ist die Aktivität der Muskelfasern. Sie erhöht den Sauerstoffbedarf, die Atmungs- und Pulsfrequenz.

Stress hat zwei Seiten

Das zentrale Nervensystem reagiert auf jede Veränderung im sonst so austarierten Körperhaushalt: Auslöser für solchen »Stress« können physische Schmerzen oder Krankheitserreger genauso sein wie Gefühle: Angst, Ärger oder Freude. Sie setzen mit Hilfe von Botenstoffen zwei parallel verlaufende Reaktionsketten in Gang: Der Hirnstamm (Hypothalamus) produziert CRH (Corticotropin-Releasing-Hormon), das wiederum in der Hirnanhangsdrüse (Hypophyse) zur Freisetzung des Hormons ACTH (adrenocorticotropes Hormon) führt. ACTH stimuliert in der Nebennierenrinde den Ausstoß von Glukokortikoiden, die Sie womöglich von dem Medikament Cortison her kennen.
Glukokortikoide, auch »Stresshormone« genannt, steuern viele Stoffwechselvorgänge, indem sie Energieträger wie Glukose und Fettsäuren zur Verfügung stellen. Sie bauen auch das Eiweiß aus Muskeln, Haut und Fettgewebe ab und erhöhen den Blutzucker. Haben Sie über längere Zeit Stress, versucht der Stoffwechsel mehr Energie bereitzustellen: Er baut mehr Eiweiß aus den Muskeln ab, lässt den Blutzucker steigen und setzt Fettsäuren frei. Doch nicht nur die Nebennierenrinde wird stimuliert, auch das Nebennierenmark: Dort werden in Sekundenschnelle Katecholamine ausgeschüttet, die eigentlichen Stresshormone. Sie fungieren als Neurotransmitter, Botenstoffe zwischen den Nerven. Zu ihnen gehören Adrenalin und Noradrenalin.

Glukokortikoide, auch Stresshormone genannt, steuern viele Stoffwechselvorgänge, indem sie Energieträger wie Glukose und Fettsäuren zur Verfügung stellen.

Der Adrenalinschub

Wenn der Körper mit einem solchen Gemisch aus vier Fünfteln Adrenalin und einem Fünftel Noradrenalin überschwemmt wird (umgangssprachlich nennen wir das einen »Adrenalinschub«), dominieren die Katecholamine kurzfristig sämtliche Körperfunktionen, die zum Überleben gebraucht werden: Der Herzschlag wird schneller, seine Kraft nimmt zu, Lunge und Muskeln werden dadurch besser durchblutet. Die Bronchien weiten sich, um für die Muskelarbeit mehr Sauerstoff zur Verfügung zu stellen. Die Leber setzt mehr Glukose frei. Denkvorgänge werden blockiert, der Körper funktioniert überwiegend aufgrund von Reflexen. Sie kennen dieses Phänomen vielleicht, wenn Ihnen in einer belastenden Prüfung oder Situation plötzlich nichts mehr einfällt. Solche Mechanismen hat die Natur erfunden, um im Leben gegen Überraschungen gefeit zu sein: Flucht oder Kampf waren für unsere

Vorfahren beim Zusammentreffen mit Feinden oder wilden Tieren die einzige Alternative, und für beide Lösungen musste der Körper in Bruchteilen von Sekunden Energie bereitstellen.

Lärm, Zeitdruck, permanenter Ärger und das Gefühl, ständig überfordert zu werden, belasten den Organismus ungemein. Das Immunsystem wird unterdrückt, die Organe werden auf Dauer überfordert.

Das Negative an unserem heutigen Stress ist, dass der plötzlichen Anspannung nur selten die körperliche Reaktion folgt, mit der sich viele Stoffwechselvorgänge wieder ins Lot bringen lassen. Außerdem ist Stress heute meist chronisch: Lärm, Zeitdruck, permanenter Ärger und das Gefühl, ständig überfordert zu werden, belasten den Organismus ungemein. Das Immunsystem wird dabei unterdrückt, die Organsysteme werden auf Dauer überfordert. Das kann zu schwer wiegenden Krankheiten wie Herz-Kreislauf-Leiden oder auch Krebs führen. Die Glukokortikoide sind auch für viele Nebenwirkungen von Stress verantwortlich: Sie stören den Schlaf, beeinträchtigen die Lern- und Konzentrationsfähigkeit, führen zu Spannungskopfschmerzen und schwächen das Immunsystem.

Das Wachstumshormon

Aber auch andere Hormone beeinflussen den Energiehaushalt. Das Wachstumshormon beispielsweise, das auch STH (somatotropes Hormon) oder HGH (Human Growth Hormone) genannt wird, fördert Zellwachstum und -vermehrung und erhöht den Blutzuckerspiegel. Dieser Stoff wird vor allem im Kindes- und Jugendalter gebildet, ein Mangel führt in diesem Zeitraum zu Minderwuchs. Ab dem Alter von 20 Jahren etwa sinkt der HGH-Spiegel jedes Jahr um etwa 14 Prozent. Ab dem 60. Lebensjahr versiegt die Produktion meist ganz.

Wachstumshormone sind ein wichtiger Bestandteil der so genannten Anti-Aging-Medizin, einer Mischung aus Wellness und Hormonmedizin, die ein längeres und vitaleres Leben verspricht. Sie bauen neue Muskelsubstanz auf, machen die Haut glatter und faltenfreier, aktivieren die Fettverbrennung und wirken stimmungsaufhellend. Ich persönlich halte dennoch nichts von HGH-Kuren, nicht zuletzt, weil gesicherte langfristige Daten über deren Nebenwirkungen fehlen. So ist z. B. nicht geklärt, ob zusätzlich verabreichte Wachstumshormone nicht vielleicht ein Krebsrisiko darstellen. Das muss erst noch durch klinische Studien untersucht werden. In Deutschland sind Wachstumshormone deshalb im Gegensatz zu den USA rezeptpflichtig.

Testosteron heizt an

Warum sind Inder und Pakistani im Cricket besser als die Engländer, die den Sport dort eingeführt haben? Ist das der Sieg über ihre ehemaligen Kolonialherren? Und warum ist gerade Kuba so gut im Baseball? Die Rache am nur wenige Kilometer entfernten Klassenfeind? Ein bisschen Raubeinigkeit gehört zum Fußball, sagt Bayern-Trainer Ottmar Hitzfeld, wenn einer seiner Spieler nicht gerade sanft mit dem Gegner umgeht. »Das heizt an!«

Was da anheizt, ist in der Regel Testosteron, das männliche Geschlechtshormon. Es ist chemisch mit den weiblichen Sexualhormonen Östrogen und Progesteron verwandt. Testosteron, von dem übrigens auch Frauen etwas in sich tragen (etwa ein Fünftel der Menge wie beim Mann), regt die Libido an und gilt als eine der Quellen für Aggression und die typisch männliche Variante von Konkurrenzverhalten – den (Wett-)Kampf.

Lust und Leistung sind bei Männern stärker aneinander gekoppelt als bei Frauen. Aber auch bei Letzteren können zusätzliche Dosen an Testosteron die Leistung steigern – dieses Doping führt bei Sportlerinnen allerdings zur Vermännlichung. Frauen hilft gegen Stress das beruhigende Hormon Oxytocin. Bei Männern wird dessen Wirkung durch das Testosteron überlagert. Männer, die im Wettkampf oder in Konkurrenzsituationen siegen, haben einen höheren Testosteronspiegel als ihre Gegner. Das gilt für Tennis-Matches genauso wie für Schachturniere. Selbst bei männlichen Fußballfans vor dem Fernseher, deren Mannschaft gerade gewonnen hatte, wurden mehr Sexualhormone gemessen als bei dem Publikum der Verlierer.

Lust und Leistung sind bei Männern stärker miteinander verknüpft als bei Frauen. Ihr Testosteron gilt als Quelle für die typisch männliche Variante von Konkurrenzverhalten – den Wettkampf.

DHEA – die Modedroge

Und noch ein weiteres Hormon darf nicht fehlen, wenn es um Leistung geht: Dehydroepiandrosteron (DHEA). Es ist eine wichtige Vorläufersubstanz für männliche wie weibliche Sexualhormone. Seine Produktion nimmt im Alter ab. Weil sich im Tierversuch altersbedingte Beschwerden mit DHEA zurückbildeten, ist auch dieser Stoff zur Modedroge des Anti-Aging avanciert. Sie soll das Immunsystem positiv beeinflussen und einen überhöhten Cholesterinspiegel senken, außerdem auch Haarausfall entgegenwirken. Als Neurosteroid greift DHEA in den Stoffwechsel der Nerven im Gehirn ein: Es erhöht die Anzahl der Rezeptoren. Dadurch kann Kalzium schneller in die Zellen hineinfließen – die Reaktionen werden beschleunigt. DHEA greift in den Fett-, Zucker- und Eiweißstoffwechsel ein, es baut Körperfett ab und lässt die Muskelmasse ansteigen. Sinnvoller als DHEA-Spritzen ist das »Dinner Cancelling«, das von dem österreichischen Hormonexperten Johannes Huber empfohlen wird. Wer nach 17 Uhr nichts mehr isst (und auch keinen Alkohol trinkt), erhöht die natürliche DHEA-Produktion und seinen Melatoninspiegel während der Nachtstunden.

Richtige Ernährung und Training können dem Vitalitätsverlust im Alter entgegensteuern.

Die Wende zum Alter

Die nachlassende Produktion der Geschlechtshormone (die Östrogene versiegen innerhalb von ein bis zwei Jahren, das Testosteron sinkt langsamer und stetiger bis ins hohe Alter) verändert bei Mann wie Frau das Energieniveau. Mit zunehmenden Jahren sind wir schneller erschöpft und müssen besser mit unseren Kräften haushalten. Aber gerade hier lässt sich mit richtiger Ernährung und körperlichem Training entgegensteuern. Auch ohne zusätzliche Hormone können Sie so dem gefürchteten Klimakterium entgegenwirken, das als »Andropause« auch Männer betrifft.

Das Immunsystem

Mit zunehmendem Alter wird unser Immunsystem schwächer, auch Stress kann es deutlich spürbar unterdrücken. Das liegt vor allem an den unter Anspannung freigesetzten Glukokortikoiden, die auch als Medikament (Cortison) eingesetzt werden, um Reaktionen des Immunsystems wie Allergien zu bekämpfen.

Muss das Immunsystem in Aktion treten, spüren wir das sofort an einem deutlichen Leistungsabfall – eine Erkältung beispielsweise oder eine Grippe kündigt sich mit den klassischen Symptomen an: Abgeschlagenheit, manchmal bleierne Müdigkeit, Schwäche. Der Körper zieht die Notbremse: Er will, dass wir uns nicht mehr als nötig belasten, denn er braucht seine gesamte Kraft, um Erreger abzuwehren, die Körpertemperatur zu erhöhen und organische Schäden zu reparieren. Eine besondere Rolle spielen dabei die Interleukine, Botenstoffe, die von den Immunzellen abgegeben werden, um die verschiedenen Abwehrreaktionen zu koordinieren, und zu deren Bildung der Organismus viel Energie braucht. Regelmäßige sportliche Aktivität bietet dem Körper Reize, die man auch als »positiven Stress« bezeichnen kann. Wenn Sie sich dabei nämlich nicht überlasten, wirkt sich diese Portion Anstrengung positiv aus: Sie reguliert das Immunsystem, Wachstums- und Stresshormone.

Abwehr und Psyche

Dass das Immunsystem nicht nur von Erregern und Abwehrzellen bestimmt, sondern ganz wesentlich von psychischen Faktoren beeinflusst wird, war in der Wissenschaft lange Zeit umstritten. Dabei kannten Ärzte und Patienten schon immer den heilsamen Effekt von Zuwendung, Freude oder Lachen. Und sie wussten, wie vernichtend sich Hoffnungslosigkeit oder Depression auf die Heilung auswirken kann. Inzwischen ist die Psychoneuroimmunologie, wie die Wissenschaft von dem Zusammenhang von Psyche, Gehirn und Abwehrsystem heißt, endlich anerkannt – nicht zuletzt deshalb, weil die Molekularbiologie inzwischen in der Lage ist, viele der dabei entstehenden physiologischen Reaktionen zu messen oder sogar mit Hilfe bildgebender Verfahren optisch darzustellen. So wurde in den USA eine eigene Forschungseinheit an den National Institutes of Health gegründet.

Psychische Faktoren können nicht nur Energie blockieren, sondern auch die Vitalität des Abwehrsystems.

Das Gehirn – komplexes Gebäude

Warum verschießen so viele Torjäger im Fußball einen Elfmeter, obwohl sie sonst im Schlaf treffen? Weshalb ist der Siegeswille so wichtig im Sport? Um zu verstehen, welchen Energieschub psychische Faktoren bewirken, aber auch, welche Blockaden sie auslösen können, müssen wir uns das Gehirn etwas näher ansehen.

Das Gehirn ist ein Produkt der Evolution. Sie können es sich wie ein Haus vorstellen, das im Laufe des Lebens ständig umgebaut wurde. Ursprünglich für eine eher kleine Familie gebaut, musste dieses Gebäude im Laufe der Evolution ständig erweitert werden. Ein Teil der ursprünglichen Konstruktion ist erhalten geblieben, ein anderer wurde verlegt, neue Anbauten kamen hinzu – alles in allem ein sehr chaotischer Aufbau, der sich im Alltag aber sehr gut bewährt.

Zahlenspiele

Das Gehirn selbst ist ein Organ von gelatineartiger Konsistenz, nicht viel größer als ein Kopfsalat, und wiegt etwa 1500 Gramm. Diese relativ kleine Masse reicht aber aus, um darin 100 Milliarden Nervenzellen unterzubringen – so viele Sterne besitzt die Milchstraße. Jede davon ist nur 1/200 000 Meter groß, rechnet man die spezialisierten Fortsätze der Neuronen, die Axone, nicht mit.

Der Hirnstamm am oberen Ende des Rückenmarks reguliert unsere Atmung und unseren Herzschlag – er hält uns am Leben.

Die besondere Stärke des menschlichen Gehirns liegt jedoch nicht in der Menge seiner Zellen, sondern in ihren komplexen Verbindungen. 100 bis 10 000 Verknüpfungen (Synapsen) weist eine einzige Nervenzelle auf, 10 000 Milliarden sind das insgesamt. Die Nervenzellen sind außerdem von zehnmal mehr Stütz- und Ernährungszellen umgeben (Gliazellen genannt). Der Energieverbrauch des Gehirns ist gigantisch: Er beträgt zum Zeitpunkt der Geburt 50 Prozent der gesamten Stoffwechselenergie, obwohl das Gehirn nur ein Zehntel des Geburtsgewichts ausmacht. Bei einem Erwachsenen benötigt das Gehirn immer noch bis zu 25 Prozent der Körperenergie, obwohl es dann nur noch 2 Prozent des Gewichts ausmacht.

Grundriss des Gehirns

Der entwicklungsgeschichtlich älteste Teil des Gehirns ist der Hirnstamm am oberen Ende des Rückenmarks. Darauf sitzt das Kleinhirn (Cerebellum): Es dient der Feinkoordinierung der Bewegung und steuert den Gleichgewichtssinn. Auch einfache Formen des motorischen Lernens werden hier vermutlich abgespeichert. Das jüngere Mittelhirn enthält bereits für unser Gefühlsleben wichtige Strukturen. Und es ist die Umschaltstelle zum Großhirn (Synonyme: Cerebrum, Telencephalon, Endhirn). Die stark gefurchte Oberfläche des Großhirns ist in zwei Hälften aufgeteilt, die Hemisphären.

Der blaue Kern

Der Hirnstamm ist hauptsächlich damit beschäftigt, uns am Leben zu erhalten. Er reguliert unsere Atmung und unseren Herzschlag. In seinem Zentrum liegt das retikuläre Aufmerksamkeitssystem (RAS), ein Komplex aus mehreren Kernen. Wichtig ist hier der blaue Kern (Locus coeruleus), dessen Fasern den Botenstoff Noradrenalin produzieren, und der über viele Nervenbahnen mit weiten Bereichen des Großhirns verbunden ist. Er macht es auf ankommende Signale aufmerksam und

Wie Kopf und Körper Stress erzeugen:

Stressreaktionen werden durch das Zusammenwirken mehrerer Hirnbereiche, z. B. von Mandelkern, Hypothalamus und der präfrontalen Hirnrinde, erzeugt. Der Hypothalamus entlässt das Freisetzungshormon CRH (Corticotropin-Releasing-Hormon), daraufhin produziert die Hirnanhangsdrüse das so genannte ACTH (adrenocorticotropes Hormon oder Corticotropin). Dieses gelangt u. a. in die Nebennierenrinde, die sofort das Stresshormon Cortisol freisetzt. Adrenalin wird durch elektrische Nervenimpulse vom Nebennierenmark ausgeschüttet. Es steigert die Durchblutung von Herz, Gehirn und Muskulatur. Cortisol kann auf Dauer das Gehirn schädigen (etwa die Gedächtnisfunktionen), das Immunsystem (z. B. die Blut bildenden Zellen im Knochenmark) sowie Blutgefäße in Herz und Lunge.

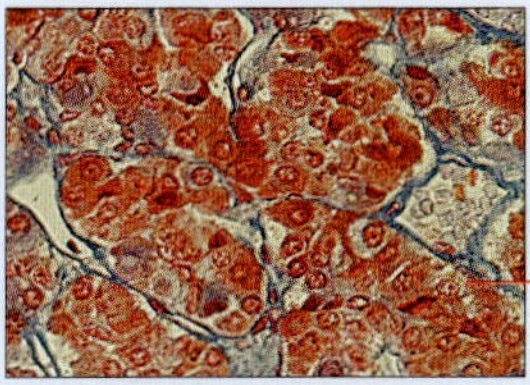

CRH bewirkt im Hypophysenvorderlappen eine ACTH-Freisetzung.

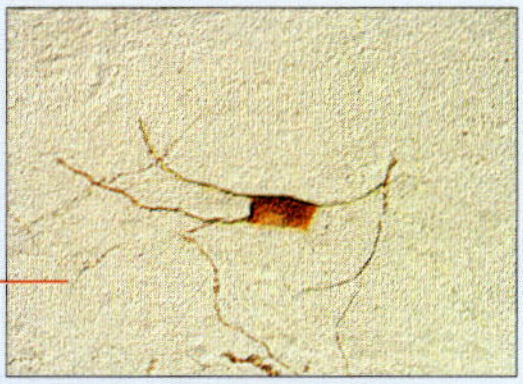

Nervenzellen im Hypothalamus setzen CRH frei.

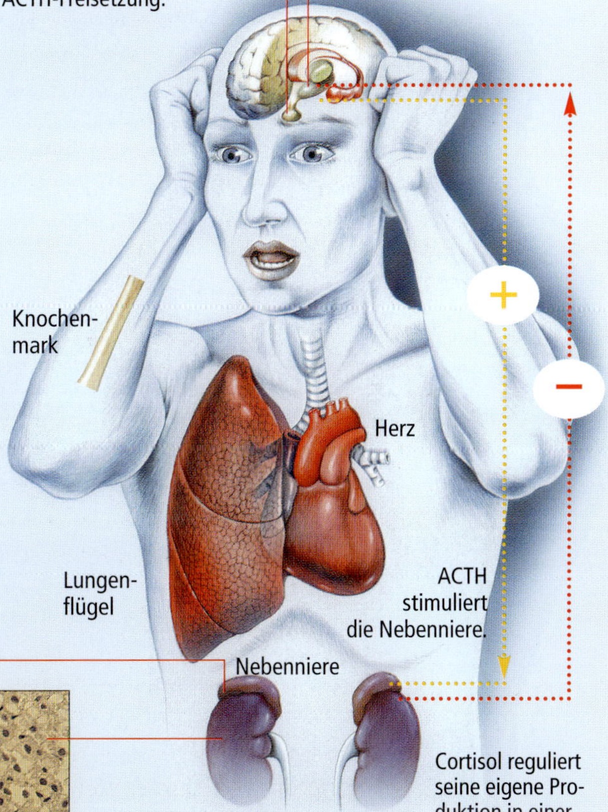

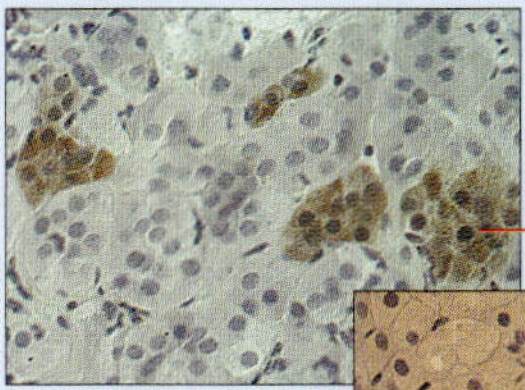

Adrenalin wird im Nebennierenmark durch vegetative Nervenimpulse freigesetzt.

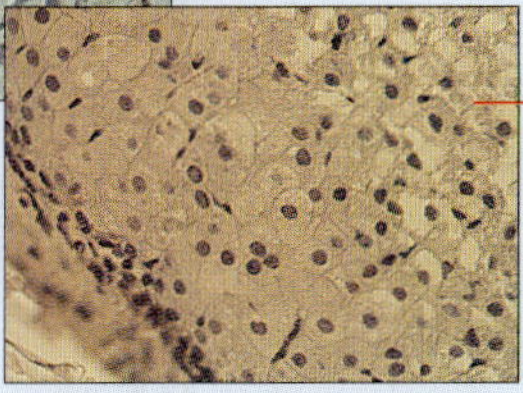

ACTH aktiviert in der Nebennierenrinde die Cortisolausschüttung.

Cortisol reguliert seine eigene Produktion in einer negativen Rückkoppelungsschleife.

erhöht seine Wachsamkeit. Der blaue Kern wählt aus, welcher den vielen Wahrnehmungen, mit denen wir ständig konfrontiert sind, wir besondere Beachtung schenken.

Amygdala – Eingangsportal der Gefühle

Unterhalb der Großhirnrinde liegen ringförmig mehrere Gehirnareale, das limbische System, das für Gefühle zuständig ist. Es wird durch die Gene strukturiert, die jeder mitbekommen hat – sie machen das Temperament aus. Aber auch äußere Einflüsse wirken darauf ein. Eine wichtige Schaltstelle für unsere Emotionen ist dabei die Amygdala, der »Mandelkern«. Alle Gefühlsäußerungen, die spontan erfolgen und bei allen Menschen gleich sind, werden hier gesteuert: Herzrasen, Gesichtsmimik, die weichen Knie, eben alle körperlichen Reaktionen auf Leidenschaft, Furcht, Angst und Euphorie.

Bei Gefahr oder Furcht aktiviert die Amygdala, der Mandelkern, den Hypothalamus und weitere Teile des Gehirns, indem sie verschiedene Botenstoffe aussendet, die unsere Sinne schärfen.

Dagegen ist der limbische Kortex, der überwiegend in der Mitte der Großhirnhälften liegt, für die bewusste emotionale Erfahrung verantwortlich, auch für die Kontrolle von Gefühlen. Nachdem die Amygdala Gefühle erzeugt hat, werden diese hier wahrgenommen und kontrolliert. Hier lernt man mit seinen Emotionen umzugehen: Durch mentales Training kann die Reaktion der Amygdala, also die Wirkung unserer Gefühle, abgeschwächt werden. Bei Gefahr und Furcht aktiviert die Amygdala den Hypothalamus und weitere Teile des Gehirns, indem sie verschiedene Botenstoffe aussendet: Acetylcholin, Dopamin und Noradrenalin. Sie dienen dazu, unsere Sinne zu schärfen.

Hypothalamus – eine Art zweites Gehirn en miniature

Im Hypothalamus, einem »Untergeschoss« des Gehirns, paaren sich Gefühle mit willensgesteuerten Reaktionen. Außerdem erhält er Informationen aus den verschiedenen Körperorganen, verteilt aber auch Aufträge. Dieser winzige Bereich, der nicht größer oder schwerer ist als eine Erbse, übernimmt trotzdem eine besonders wichtige Funktion: Er ist eine Art zweites Gehirn, nämlich das des inneren Milieus. Er reguliert den Appetit und unseren Durst, den Energiehaushalt, den Schlaf und vor allem das Aufwachen, die Körpertemperatur, den Herzschlag und den Blutdruck, unseren Hormonhaushalt und unser sexuelles Verhalten sowie einen Teil unserer Gefühle. Er übernimmt also viele wichtige Funktionen, die für den Energiehaushalt nötig sind, und sorgt insgesamt dafür, dass unser Körper im Gleichgewicht (Homöostase) bleibt.

Mit chemischen und elektrischen Signalen steuert der Hypothalamus außerdem die einzige Drüse des Gehirns, die Hirnanhangsdrüse (Hypophyse). Deren Signale sagen dem Körper, ob er zu wachsen hat, welche Hauttönung er annehmen soll, ob und wann bei der Frau ein Eisprung stattfinden wird, wie viel Testosteron im Hoden produziert werden soll und welche Körpertemperatur erwünscht ist.
Der Hypothalamus fungiert als Schaltstelle zwischen Gehirn und Körper: Er übersetzt die Sprache der Nervenzellen in die Sprache der Hormone, die sich dann in unserem Körper verteilen. Ob es um Leistungsbereitschaft, Wille oder Motivation geht, es ist immer der Hypothalamus, der diese »Befehle« an den Körper weitergibt.

Hypothalamus – Kaskade der Botenstoffe

Der Hypothalamus entlässt so genannte Releasing-Hormone (RH), die über das Pfortadersystem zu einem Teil der Hypophyse gelangen. Einige dieser Hormone haben eine direkte Funktion, andere wirken auf weitere Hormonfabriken, wie die Nebennierenrinde, die Keimdrüsen (Hoden und Eierstöcke) oder die Schilddrüse. Signalisiert die Amygdala Gefahr, setzt der Hypothalamus eine gewaltige Hormonkaskade in Gang, die eine »Kampf oder Flucht«-Reaktion organisiert. Das Herz fängt an zu rasen, der Blutdruck steigt, die Haut wird blass, wir fangen an zu schwitzen, die Pupillen weiten sich. Diese Reaktionen erreicht der Hypothalamus, indem er das sympathische Nervensystem (Sympathikus) beeinflusst, das dann seinerseits aus dem Nebennierenmark Adrenalin freisetzt. Parallel setzt die Hypophyse direkt das Corticotropin-Releasing-Hormon (CRH) frei. CRH bewirkt, dass die Hypophyse Corticotropin (adrenocorticotropes Hormon, ACTH) ausschüttet, das die Freisetzung von Cortisol in der Nebennierenrinde veranlasst.
Diese Kaskaden von Botenstoffen versetzen den Organismus in Bruchteilen von Sekunden in Verteidigungsbereitschaft: Sofort wird den Muskeln mehr Energie zur Verfügung gestellt. Dauerstress führt allerdings zu einer lang anhaltenden Freisetzung von Cortisol, was negative Effekte für das Immunsystem hat – es wird unterdrückt. Die Überschwemmung des Gehirns mit Cortisol und anderen Botenstoffen führt außerdem langfristig zu einer Schädigung von Nervenzellen, vor allem im Langzeitgedächtnis. Das Gehirn ist also nicht nur der Wächter unserer Gedanken, Emotionen und Motivationen, es ist auch die oberste Hormondrüse, die unsere Antriebsenergie steuert.

Kaskaden von Botenstoffen versetzen den Körper in Bruchteilen von Sekunden in Verteidigungsbereitschaft.

Großhirnrinde – die Exekutive

Mit der Großhirnrinde, der evolutionär jüngsten Entwicklungsstufe unseres Gehirns, treffen wir unsere Entscheidungen, speichern unser Gedächtnis, hören Musik, verstehen Sprache und produzieren Bilder. Unser gesamtes mentales Leben findet hier statt. Das Großhirn ist Kontroll- und Exekutivorgan in einem. Es erhält von allen Sinnesorganen Informationen, analysiert diese, vergleicht sie mit vorherigen Erfahrungen, unserem Wissen und allen anderen Informationen, fällt dann eine Entscheidung und schickt seine Befehle weiter.

Der Stirnlappen ist der Motor unserer geistigen Antriebskraft. Er enthält die Nervenareale, die die motorischen Abläufe planen und auch kontrollieren.

Dabei ist die Großhirnrinde kaum drei Millimeter dick, ihre vielen Furchen und Ausstülpungen verhelfen ihr jedoch zu einer riesigen Oberfläche, die insgesamt etwa 70 Prozent des Gehirnvolumens ausmacht. Jede ihrer Hälften, die Hemisphären genannt werden, ist so verschaltet, dass sie die Informationen von der jeweils anderen Körperseite verarbeitet. Trotzdem haben die beiden Teile weitere Schwerpunkte in ihrer Arbeit: Die linke Seite verarbeitet vor allem Sprache, die rechte Seite dreidimensionales Vorstellungsvermögen und Musikalität. Auch die Emotionen haben ihren »Stammplatz«: In der vorderen rechten Großhirnhälfte werden vor allem negative Gefühle erzeugt, die linke Hirnhälfte ist eher in glücklichen Momenten aktiv.

Der Stirnlappen – der Motivator

Jede der Hirnhälften ist durch sichtbar tiefere Furchen in vier verschiedene Quadranten geteilt: Stirn-, Scheitel-, Schläfen- und Hinterhauptslappen. Für unseren Willen und unsere Motivation wohl am wichtigsten ist der Stirnlappen. Er ist der größte der vier Großhirnlappen und nimmt etwa 40 Prozent des Großhirns ein. Er kontrolliert viele Hirnfunktionen und hat auch die stärksten Verbindungen zum limbischen System, dessen Eingänge er überwacht und dessen Reaktionen er abschwächen oder verstärken kann. Hier lernen wir, uns über Gefühle hinweg auf logische Aufgaben zu konzentrieren.

Der Stirnlappen enthält Nervenareale, die motorische Abläufe planen und kontrollieren. Er organisiert den Sprechvorgang und strukturiert unsere Gedanken. Er ist quasi unser neuronaler Terminkalender: Mit ihm entwickeln wir Strategien, beobachten den Gang der Ereignisse und ändern, wenn nötig, unsere Vorgehensweise. Vor allem aber ist der Stirnlappen Motor, unsere geistige Antriebskraft. Seine wichtige Rolle für unsere Vitalität zeigt sich erst, wenn er verletzt wird, vom Rest des

Das Gehirn kann Energie freisetzen:

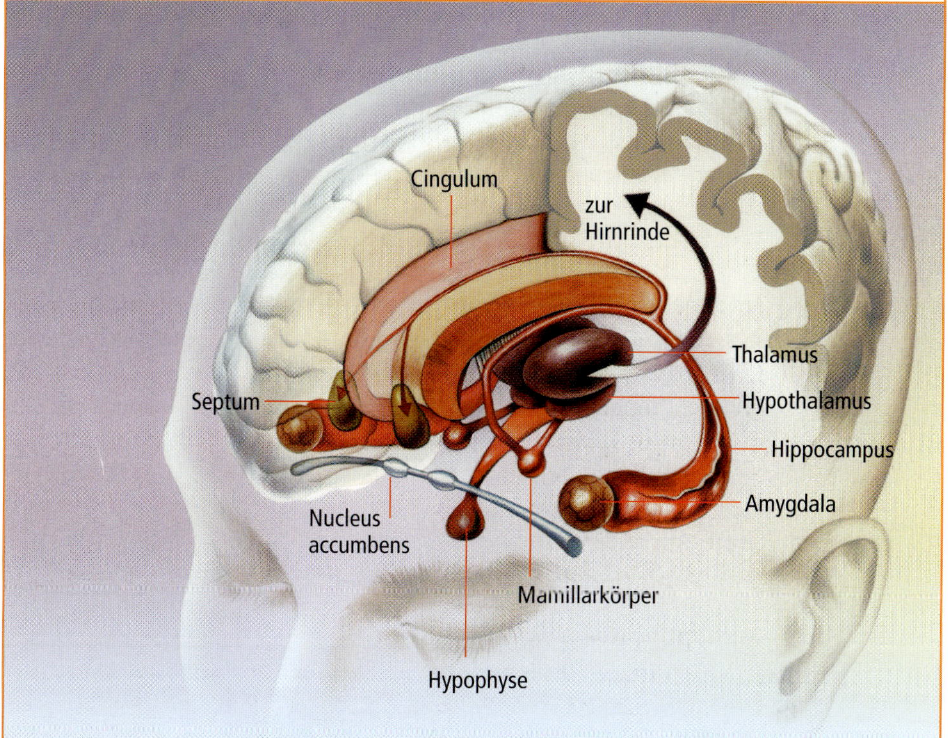

Das limbische System (siehe Bild) ist Sitz unserer Gefühle und deshalb zentral für die Fähigkeit des Gehirns, Energie freizusetzen oder zu blockieren. Die Amygdala, der »Mandelkern«, ist eine der ältesten Strukturen des Gehirns. Hier entstehen reflexartige Gefühle wie Panik, Erregung und Wut. Das Septum und der Nucleus accumbens sind Relaisstationen zwischen Bewegungen und Gefühlen: Wenn man beispielsweise jemanden vor Freude an sich drückt, sind sie involviert. Der Hippocampus erhält viele Impulse aus dem Riechhirn, von der Amygdala, den Mamillarkörpern und auch aus der Großhirnrinde. Er verbindet Sinneseindrücke mit dem Gedächtnis. In der Hirnrinde werden uns Emotionen bewusst. Auch der Hypothalamus als oberste Hormonschaltzentrale erhält Informationen vom Hippocampus und kann daraufhin die Produktion von Hormonen ankurbeln oder drosseln. Er ist durch ein dichtes Nerven- und Gefäßnetz mit der Hirnanhangsdrüse (Hypophyse) verbunden, die ihrerseits Hormone speichern und abgeben kann. Durch diese komplizierten Wechselwirkungen gelangen stimulierende Substanzen aus dem Gehirn in den ganzen Körper.

Gehirns abgetrennt oder unterversorgt ist. Dann haben wir nicht einmal mehr die Kraft, den kleinen Finger zu heben, auch wenn die Muskelversorgung selbst funktioniert.

Motivation durch Dopamin und Depression

Dopamin bringt die Nervenzellen dazu, sich besonders positive Erfahrungen einzuprägen – ein wichtiger Bestandteil der Kraftquelle Motivation.

Motivation kann ungeahnte Kräfte freisetzen, aber was ist ihre Quelle? Welche Funktion haben die Gefühle, die uns dazu bringen, etwas zu wollen? Gefühle bestimmen spontanes Handeln genauso wie langfristiges Verhalten. Wichtiger Botenstoff dabei ist das Dopamin, eine Art Brennstoff des Geistes. Dopamin kann euphorisch stimmen und »belohnt«. Substanzen wie Alkohol oder Nikotin wirken deshalb so positiv, weil sie dazu führen, dass das Gehirn diesen Botenstoff ausschüttet. Dopamin bringt die Nervenzellen dazu, sich besonders positive Erfahrungen einzuprägen. Es fördert also das Lernen. Außerdem schürt es Erwartungen, es löst Spannung und Vorfreude aus. Dopamin wird vor allem im Zwischenhirn und dort besonders in der Substantia nigra (dem schwarzen Kern) produziert. Diese Struktur ist in unserem Gehirn ein Detektor für Neues und »Besseres« und damit ein wichtiger Motivator unseres Handelns.

Auf der anderen Seite der Medaille steht die Depression. Rein chemisch gesehen steckt dahinter ein Defekt des Belohnungssystems unseres Gehirns. Der Botenstoff-Cocktail aus Dopamin, Noradrenalin und Serotonin ist bei depressiven Menschen gestört. Weil das zu Lustlosigkeit führt, bekommt das Gehirn immer weniger positive Rückmeldungen, was den Effekt zusätzlich verstärkt. Auch bewegen sich die Betroffenen kaum noch – dabei wären gerade Aktivitäten wie Laufen, Wandern, Radfahren oder Schwimmen eine wichtige Möglichkeit, das Belohnungssystem zu aktivieren.

Bewegung und Psyche

Aber nicht nur Dopamin wird beim Laufen ausgeschüttet. Aktivität bewirkt auch die Ausschüttung von so genannten Wachstumsfaktoren: Sie führen dazu, dass die Nervenzellen im Gehirn besser miteinander verschaltet werden. Es können sogar neue Nervenzellen entstehen, was man lange Zeit für unmöglich gehalten hatte. Wer sich körperlich betätigt, tut also in vieler Hinsicht auch etwas für seinen Geist: Er baut Stress ab, aktiviert das Belohnungssystem des Gehirns und erhöht die Chance, dass sich neue Nervenzellen bilden.

Endorphine und Schmerz

Der unerwartete Glückszustand, in den man beim Training – wenn auch selten – geraten kann, hängt mit Substanzen zusammen, die wohl dazu gedacht waren, die Schmerzbahnen von der Haut über das Rückenmark in das Gehirn zu blockieren. Wer vor einem Löwen flüchtete, sollte nicht den Schmerz eines Dorns im Fuß spüren. Diese körpereigenen Schmerzkiller sind so genannte Endorphine und mit Morphium und Opiat verwandt. Übertreffen wir unsere eigenen Erwartungen, wird Dopamin ausgeschüttet, das dann im Hypothalamus und dem Nucleus accumbens zur Ausschüttung der Endorphine führt. Letzterer sitzt im vorderen Teil des Gehirns und steuert unser Suchtverhalten. Wenn wir für etwas belohnt wurden, wird das dort gespeichert. Wir sind dann das nächste Mal bereit, große Anstrengungen auf uns zu nehmen, weil wir die Erfahrung gemacht haben, dass wir es schaffen können. Aber der Nucleus accumbens ist auch der Ort im Gehirn, der uns nach zerstörerischen Drogen wie Kokain oder Heroin süchtig werden lässt.

Erfolg kann süchtig machen: Lokalisiert ist dieses Gefühl im Nucleus accumbens.

Wozu Schlaf?

Der Körper braucht Ruhe, doch das Gehirn braucht Schlaf. Der ist nämlich, wie jüngste Forschungen zeigen, vor allem für den Kopf nötig: Fehlender Schlaf verursacht auf Dauer schwere psychische Schäden. Ob und wie sich Schlafmangel sonst auf den Körper auswirkt, ist noch nicht endgültig erforscht. Warum schlafen wir überhaupt? Professor Göran Hajak von der Universität Regensburg, einer der führenden Schlafforscher Deutschlands, vermutet, dass der Schlaf vor allem die Funktion hat, Energie zu sparen. Wenn wir schlafen, vermindert der Körper seinen Energiebedarf um die Hälfte. Unser Schlaf wird im Hypothalamus geregelt. Dort treffen visuelle Informationen von der Netzhaut mit hormonellen Signalen über den inneren Zustand des Organismus zusammen. Dunkelheit lässt das Gehirn in einen veränderten Zustand gleiten und beeinflusst unseren Hormonhaushalt.

Nachtarbeiter – die Amygdala

Nach dem Einschlafen sinkt der Körper in die tiefsten Schichten des Schlafes ab: Atem und Puls verlangsamen sich. Viele Bereiche des Gehirns schalten auf Sparflamme. Der Schläfer reagiert kaum mehr auf

Geräusche oder Bewegungen um ihn herum. Dann zucken die Augen plötzlich unter den geschlossenen Lidern. Etwa alle 90 Minuten kommt es zu solchen kurzen REM-Phasen, in denen das Gehirn seine Arbeit wieder aufnimmt und – so scheinen Aufnahmen der Hirnaktivität zu bestätigen – unerledigte Aufgaben bearbeitet, Fragen beantwortet, Tätigkeiten einübt oder Eindrücke des Tages sortiert. In der REM-Phase finden auch die fantastischen Träume statt, deren Rolle rätselhaft bleibt. Sicher ist nur, dass die Amygdala – derjenige Bereich, der vor allem für Gefühle zuständig ist – nachts aktiv ist. Bereiche, die nüchterne Kontrollfunktionen haben, bleiben unberührt.

Was tun bei Schlaflosigkeit?

Fünf bis zehn Millionen Deutsche können nicht gut schlafen, manche Forscher schätzen, dass jeder Zweite mit seiner Nachtruhe Probleme hat. Da die Symptome sehr vielfältig sind, müssen besonders hartnäckige Fälle in speziellen Schlaflabors behandelt werden.

Schlaf ist wichtig, um neue Kraft zu schöpfen. Aber die wenigsten Menschen können gut schlafen. Schuld sein können Alkohol, Fernsehen und ein falsches Schlafumfeld.

Sie können aber selbst einiges tun, um sich die dringend benötigte Erholung des Schlafes zu verschaffen. Achten Sie vor allem auf Ihre Schlaf-Umwelt: Sie brauchen eine gute Matratze, frische Luft, Ruhe und Dunkelheit. Licht regt Ihre Hormonproduktion an, auch wenn Ihre Augen geschlossen sind. In jüngster Zeit wurden sogar Vermutungen über einen Zusammenhang zwischen Brustkrebs und zu hellem Schlafumfeld getätigt. Scheuen Sie sich nicht, eine Schlafbrille aufzusetzen, wenn Sie Ihr Zimmer nicht richtig verdunkeln können. Verbannen Sie elektrische Geräte aus Ihrem Schlafzimmer und schlafen Sie nicht in einem Raum mit einem Fernseher. Abgesehen davon, dass Fernsehen Ihre Nerven reizt und Sie schwerer zur Ruhe kommen lässt, hat der Schirm eine starke elektromagnetische Strahlung, die noch Stunden nach dem Abschalten nachwirkt. Solche Magnetfelder, die sich negativ auf Ihren Organismus auswirken, können auch durch Wasseradern erzeugt werden. Lassen Sie Ihr Schlafzimmer im Zweifel von einem Rutengänger vermessen.

Es hilft natürlich, wenn Sie abends keine schweren Mahlzeiten mehr zu sich nehmen. Alkohol stört langfristig die Entspannung, die er kurzfristig auslöst: Wenn sich der Alkoholspiegel im Blut wieder abbaut, kommt es zu einem Weckimpuls. Trinken Sie lieber ein Glas lauwarme Milch oder Kakao vor dem Einschlafen. Halten Sie sich, wann immer Sie können, an eine regelmäßige Zubettgeh-Zeit. Rituale helfen. Und wälzen Sie keine Probleme: Wenn Sie nicht abschalten können, versuchen Sie sich auf eine Geschichte oder ein bestimmtes Bild zu konzentrieren. Das wirkt wie eine Entspannungsübung und hilft.

Aus meiner Praxis

Fußballer als Langschläfer

Am Beispiel von Fußballern lässt sich ablesen, wie wichtig Schlaf als Erholungsfaktor ist. Sie schlafen 12 bis 14 Stunden täglich und brauchen das auch. Sie legen sich nachmittags zwei Stunden hin und schlafen nachts im Schnitt 12 Stunden. Am Vorabend eines Spiels gehen die Fußballer gegen 22 Uhr zu Bett und kommen um 10.30 Uhr zum Frühstück. Ihr Körper ruft diese Ruhephasen automatisch ab.

Leib und Seele

Wohlbefinden und Ausgeglichenheit sind ganz entscheidend für die Frage, ob Sie sich dem Leben gewachsen fühlen. Der Schlaf ist nur ein Beispiel dafür, wie stark dabei körperliche und psychische Faktoren ineinander greifen. Es ist deshalb auch nicht leicht zu sagen, wo das Energiezentrum unseres Körpers sitzt. Im Kopf, wo die Schaltzentralen des Gehirns Kontrolle über unser Tun ausüben? Oder im Bauch, wo das vegetative Nervensystem Gefühle wie Angst, Gefahr, Glück oder Liebe speichert und weiterleitet? Jede einzelne Zelle ist ein kleines Kraftwerk, das durch ein ausgewogenes Versorgungssystem am Leben erhalten wird. Aber schon ein einziger Gedanke kann ausreichen, um dieses diffizile Gleichgewicht zu stören, um mit Verspannungen und Blockaden den Energiefluss des Körpers zu unterbrechen. Diese Energie schlägt sich zwar in messbaren Mengen an Botenstoffen und anderen Stoffwechselwerten nieder. Aber sie ist weitgehend unabhängig von Energie, die wir von außen zuführen. Körper und Geist sind nur Vektoren einer Kraft, die wir Seele nennen, egal, ob Sie das nun theologisch oder psychoanalytisch verstehen wollen.

Der Mensch ist eine auf der Welt einzigartige Verbindung aus genetischer Bestimmtheit – den Instinkten, die er über die Jahrtausende der Evolution gerettet hat – und seiner Umwelt, die ihn prägt. Alles gemeinsam kann er dank seines komplexen Gehirns reflektieren, wenn auch nicht vollständig begreifen. Er kann seine Umwelt mehr als alle anderen Lebewesen mit Hilfe seiner Logik verändern, aber er bleibt dabei nie frei von Gefühlen. Im Gegenteil: Leidenschaft, aber auch Hass, Liebe oder Verzweiflung können in uns ungeahnte Energien freisetzen.

Was ist Lebenskraft?

In seinem Buch »Was ist Medizin?« analysiert der Münchner Sinologe und Medizinhistoriker Paul Unschuld Heilkunden quer durch die Jahrtausende und Kulturen und kommt zu dem Schluss, dass sie bis heute letztlich alle auf derselben Formel beruhen: »Leben ist ein Körper, vermehrt um X.« Die große Unbekannte erhält nur verschiedene Namen, mal heißt sie Ch'i und mal Ätherleib, mal wird sie mit Gottes Gnade erklärt oder dem Placebo-Effekt.

Was verbirgt sich hinter dieser geheimnisvollen Lebenskraft? Seele? Geist? Psyche? Aus dem Zweiten Weltkrieg stammen Berichte, nach denen Kinder in Waisenhäusern nicht wuchsen, obwohl sie gut ernährt wurden. Technisch gesehen steckte ein Mangel des Wachstumshormons Somatotropin dahinter, praktisch aber die unerfüllte Sehnsucht nach Liebe. Als einige Kinder Zuwendung erhielten, entwickelten sie sich wieder normal. Noch heute reagieren Kinder auf Vereinsamung mit Wachstumsstörungen, bestätigen Pädiater der Universität Tübingen.

Unerfüllte Sehnsucht wirkt sich nicht nur auf die Psyche aus, sondern auf den ganzen Körper.

Viele Menschen kennen die Erfahrung, dass eine Infektion erst dann ausbricht, wenn eine wichtige Arbeit abgeschlossen oder eine Prüfung vorbei ist. Todkranke halten oft so lange durch, bis sie sich von einem geliebten Menschen verabschiedet haben. Selbst wichtige Festtage, zeigen epidemiologische Studien, verdrängen den Tod: bei Chinesen ist es das traditionelle Frühlingsfest, bei jüdischen Männern das rituelle Passahfest, bei Prominenten ihr vielbeachteter Geburtstag. Erst nach diesen symbolträchtigen Höhepunkten pendeln sich die Todesraten wieder auf den statistischen Durchschnitt ein.

Die Lebensgeister

Traditionen können die Lebensgeister genauso stärken wie angeborene Bedürfnisse. Dazu zählt die Liebe zur Natur, ist der Harvard-Biologe Edward O. Wilson überzeugt. Ein Zimmer mit Aussicht auf einen grünen Park beschleunigte die Heilung von Patienten, denen die Gallenblase entfernt worden war. Auch wenn diese Studie bereits 20 Jahre alt ist – sie wird durch viele Beobachtungen bestätigt. Die Architektur eines Krankenhauses kann genauso wohltuend auf die Patienten wirken wie seine Ausstattung mit Farben, Meditationsbildern oder Musik. Die Psyche hat jedoch auch umgekehrt ungeheure Kraft: Schon ein Türknarren, das früher vielleicht die Ankunft des strengen Vaters angekündigt hatte, kann noch Jahrzehnte danach dazu führen, dass sich der Magen zusammenzieht oder die Nackenmuskulatur verkrampft. Dramatische Folgen können beispielsweise Schockerlebnisse haben.

Voodoo und Hexerei

Manchmal reicht auch pure Suggestion. Sie ist die Basis des »Voodoo«, der Magie der Ureinwohner Australiens, Neuseelands und Polynesiens. Als »Hexerei« funktioniert sie auch in anderen Kulturkreisen: Larry Dossey, prominenter amerikanischer Ganzheitsmediziner, berichtete von einem Mann, der im Sterben lag, obwohl er kerngesund war. »Dagegen sind Sie machtlos«, tröstete der Patient den ratlosen Arzt, »das ist Hexerei!« Seine Frau habe ihm eine Haarlocke abgeschnitten und zur Nachbarin getragen, die den »bösen Blick« habe. Dossey und ein Kollege, damals noch junge Assistenzärzte in einer Klinik, beschlossen einen Gegenzauber: Um Mitternacht brachten sie den Patienten in ein leeres Büro. Dann schnitten sie ihm feierlich mit einer OP-Schere eine zweite Haarlocke ab und verbrannten diese in einer Schale im blauen Licht einer brennbaren Bluthochdrucktablette. Der Patient wurde zur Verschwiegenheit verpflichtet und bald darauf als geheilt entlassen. »Damals«, so Dossey, »begann ich, über Medizin anders nachzudenken!«

Der amerikanische Physiologe Walter B. Cannon, der in den 30er-Jahren des 20. Jahrhunderts gemeinsam mit Hans Selye den Stress als »Kampf oder Flucht«-Reaktion interpretiert hatte, erklärte die Wirkung des Zaubers als Entgleisung der vom unbewussten Nervensystem gesteuerten Botenstoffe. Der eigentliche Hebel des Voodoo, glauben Medizinanthropologen, ist jedoch die soziale Isolation.

Hoffnung und Verzweiflung

Menschen geben auf, wenn sie aufgegeben werden, ist die Erfahrung vieler Ärzte. Hoffnungslosigkeit, sagt Herbert Benson, Professor an der Harvard Medical School, ist schlimmer als Angst. Das soziale Umfeld spielt dabei eine wichtige Rolle: Personen, die beispielweise gemobbt werden, bekommen leichter eine Erkältung. Und Einsamkeit führt zu

Bluthochdruck. Umgekehrt zeigt sich, dass eine positive Einstellung die Heilung beschleunigt. Dabei ist nicht nur die Haltung des Patienten, sondern auch die des Arztes wichtig: »Ein Enthusiast erzielte fast doppelt so viele Heilungen wie ein Skeptiker«, hatte der amerikanische Placebo-Pionier Henry K. Beecher über ein unter Chirurgen umstrittenes Operationsverfahren berichtet.

Enthusiasmus führt zu doppelt so vielen Heilerfolgen. Eine optimistische Lebenshaltung verbessert die Chancen für Krebspatienten.

Bewiesen ist auch, dass Krebspatienten mit optimistischer Lebenshaltung bessere Chancen haben. Bei Kranken, die sich in einer Gesprächstherapie mit ihrem Leiden auseinander setzen, steigt die Zahl der Killerzellen, die den Tumor bekämpfen. Und Unfallpatienten, die an ihre Heilung glauben, bleiben nur halb so lang im Krankenhaus und sind viel schneller wieder arbeitsfähig, fand Dieter Frey heraus, Sozialpsychologe an der Münchner Ludwig-Maximilians-Universität: Wunden wachsen schneller zu, Thrombosen bilden sich seltener und Herzrhythmusstörungen bleiben aus.

Es ist deshalb besonders wichtig für einen Arzt, nicht nur den Körper, sondern auch die Seele seines Patienten zu unterstützen, ihm Zuversicht und Hoffnung zu geben.

Spiritualität hilft

Mehr als 65 »Wunderheilungen« hat ein unabhängig besetztes Medizinergremium bisher in Lourdes bestätigt, wo eine Marienerscheinung eine heilkräftige Quelle enthüllt haben soll. Das Mysterium der Heilung kann aber nur eintreten, wenn sich die Kranken Gott und seinen Rätseln überantworten, glaubt Anne Harrington. Eine detaillierte physiologische Erklärung, wie das Wunder zu verlaufen habe, verhindere es sogar. Ihre Behauptung, dass Glauben gut für die Gesundheit sei, wird empirisch gestützt: Wer regelmäßig zur Kirche geht, wird seltener krank und lebt länger.

Hilfreich sind alle spirituellen Praktiken. 1970 führte der Harvard-Kardiologe Herbert Benson als Erster Meditation gegen Stress ein. Sein Kollege Jon Kabat-Zinn reduzierte die Konzentrationsübungen auf das richtige Atmen, mit dem Ziel, das Immunsystem positiv zu beeinflussen. Der kalifornische Ganzheitsmediziner Dean Ornish verwendet eine Kombination aus Yoga, Psychologie und Diät, um Rhythmusstörungen zu beheben oder verkalkte Arterien wieder zu weiten.

Verblüffend ist auch, welche Kraft beispielsweise in der Visualisierung steckt: Ornishs Patienten stellen sich ihre Schmerzen als Feuerball vor, um sie dann aus dem Körper zu fegen, oder sprechen mit imaginären Weisen, die ihnen den Weg aus ihren Problemen zeigen sollen. Ähnliche Verfahren nutzt auch die Simonton-Schule der Krebstherapie: Wer sich die Krebszellen als weich und anfällig vorstellt und in seinem Kopf stolze Truppen dagegen aufziehen lässt – z. B. unbesiegbare Ritter –, unterstützt den realen Kampf seines Immunsystems.

Solche Phänomene sind das Ergebnis eines hochkomplizierten Zusammenspiels zwischen Immun-, Nerven- und Hormonsystem. Schaltstellen der Regelkreise sind das Gehirn mit der Hirnanhangsdrüse (Hypophyse), die Nebennieren und die Immunzellen. Beispielsweise sendet das Immunsystem Botenstoffe aus, um das Gehirn über Erreger zu informieren und zu entsprechenden Reaktionen zu veranlassen. Diese wiederum haben vielfältige Folgen: Sie können die emotionale Befindlichkeit einer Person verändern, durch körpereigene Opiate Schmerzen verringern oder die Herztätigkeit und auch den gesamten Stoffwechsel verändern.

Diese Informationswege zwischen Nervensystem und Immunsystem können durch den Einfluss von Gedanken, Vorstellungen und Gefühlen gesteuert und für die Heilung benutzt werden. Neuropeptide etwa, Botenstoffe des Gehirns, können an die Fresszellen des Immunsystems andocken und deren Geschwindigkeit und Bewegung beeinflussen.

Aus meiner Praxis

Beispiel Stresshormone

Es ist unglaublich, was der menschliche Körper leisten kann. Im Sport sehe ich das immer wieder: Der Däne Brian Laudrup war bei einem Fußballspiel des FC Bayern in Dresden mit einem Spieler der gegnerischen Mannschaft heftig zusammengestoßen. Er blieb auf dem Platz, da er scheinbar unverletzt war. Erst am nächsten Tag sagte er mir, dass er starke Knieschmerzen habe. Da stellte sich heraus, dass ein Kreuzband gerissen war. In der aufgeheizten Atmosphäre des Spiels hatte sein Körper das aber derart mit Stresshormonen überdeckt, dass er keinerlei Schmerzen verspürt hatte.

Lothar Matthäus hatte sich bei einem Spiel um den Europacup ein Innenband gerissen. Ich sah das und nahm ihn vom Platz. Anschließend mussten wir um das ganze Spielfeld gehen, um zum Eingang der Mannschaftskabinen zu gelangen. Ich stützte Lothar, aber sobald wir an der Trainerbank angekommen waren, riss er sich los, stürmte auf Trainer Udo Lattek los und wollte weiterspielen, weil ihm nichts fehle. Etwas Ähnliches erlebte ich auch mit Olaf Thon, dem ein Außenband gerissen war. Wir mussten ihn festhalten, weil er nicht einsehen wollte, dass er schwer verletzt war. Die Muskulatur steht in solchen Momenten so unter Hochspannung, dass sie die Gließmaßen hält, auch wenn Funktionsstörungen vorliegen.

Konfusion im Kopf

Tour de France 2003 – oder: Was geschah am Tourmalet in Ullrichs Kopf?

Tour de France 2003: Trotz eines schweren Sturzes kurz vor dem Ziel startet der Amerikaner Lance Armstrong völlig unerwartet für seinen Rivalen Jan Ullrich zu einer fulminanten Attacke – und siegt. Trotz des Sturzes? Vielleicht konnte der Amerikaner den Sieg gerade deshalb erringen, weil er zuvor einen Schock erlitten hatte.

Siegen spielt sich im Kopf ab

Dieses Beispiel zeigt besonders gut, dass Siegen und Verlieren sich genauso stark im Kopf abspielen wie im Körper: Jan Ullrich wusste nämlich schon, dass er es schaffen könnte, seinen ewigen Widersacher Armstrong diesmal zu besiegen. Er konzentrierte sich deshalb voll darauf, Armstrong nicht ausreißen zu lassen, und blieb ständig an seiner Seite.

Im Gehirn äußerte sich diese Zielvorgabe durch die Aktivierung der Substantia nigra, einer dunkelgrauen Zellschicht. Indem sie den Botenstoff Dopamin ausschüttet, kommuniziert die Substantia nigra mit anderen Teilen des Gehirns, zum Beispiel mit jenen, welche die Bewegung koordinieren. Alle Regionen sind nur auf ein einziges Ziel konzentriert: den Kontakt zum Champion nicht zu verlieren.

Sehnsucht nach Belohnung

Eine Zeit lang funktioniert das wunderbar: Ullrichs Hirn spurt genauso wie sein Körper, weil nach der Anstrengung die Belohnung winkt: die Siegerrunde in Paris. Einen Versuch von Armstrong auszureißen kann Ullrich wunderbar parieren: mit dem Hypothalamus, der die Hormonausschüttung in Gehirn und Körper steuert und so Blutzucker, Adrenalin und Noradrenalin reguliert, und mit den Basalganglien, den Bewegungszentren im Kopf, die verantwortlich sind für Muskelspannung, Gleichgewicht und Kraftumsetzung.

Chaos und Cortisol

Doch dann stürzte Armstrong und Ullrichs bislang streng auf den Sieg ausgerichtete Hierarchien im Kopf stürzten ins Chaos: Sollte er weiterfahren oder warten? Die kurze Zeit, in der Ullrich den Sieg aus den Augen und dem Kopf verlor, reichte, um sein hoch spezialisiertes Belohnungssystem kollabieren zu lassen. Die Hypophyse gab keine Befehle mehr zur Adrenalinausschüttung an das Nebennierenmark – der Motor zur Freisetzung von Glukose und der Sauerstoffversorgung der Muskeln geriet durcheinander. Einige Sekunden nur, dann hatte der Teil der Großhirnrinde, der für die emotionale Bewertung von Situationen zuständig ist, die Hierarchien wieder ins Lot gebracht. Doch bis Adrenalin und Cortisol im Körper wieder hochgefahren wurden, hatte Armstrong schon eine Minute Vorsprung herausgefahren.

Mentales Training

Im Sport werden solche Techniken nicht nur zur Entspannung eingesetzt, sondern auch, um die Leistung im Wettkampf zu verbessern. Bewegungen zeichnen sich im Gehirn als neuronale Muster ab. Man kann z. B. den Aufschlag beim Tennis im Geiste verbessern und ständig wiederholen, dann verschieben sich die Knotenpunkte der Synapse. Mentales Training eignet sich sogar dazu, ruhig gestellte Gliedmaßen während einer Verletzung aktiv zu halten, und hilft beispielsweise Schlaganfall-Patienten, wieder gehen zu lernen.
Um das verinnerlichte Bewegungsmuster abzurufen, gibt der Sportler den virtuellen Eckpunkten einen Namen: »Ams-ter-dam« war das Mantra Boris Beckers bei jedem Aufschlag. Thomas Müller, Oberstdorfer Skilangläufer und -springer, ist überzeugt, dass er den Olympiasieg 1988 in Calgary in der Nordischen Kombination nur folgendem Tatbestand verdankte: »Es war genauso wie im mentalen Training: Als ich den Atem meiner Verfolger hinter mir hörte, drückte ich einen bestimmten Punkt an meiner Hand und sprintete davon. Woher ich die Energie dazu nahm, weiß ich wirklich nicht.«

Erkenntnisse eines Doping-Experten

Mein Gespräch mit Prof. Dr. Wilhelm Schänzer

Prof. Dr. Wilhelm Schänzer ist Leiter des Instituts für Biochemie an der Deutschen Sporthochschule Köln und international anerkannter Doping-Experte. Ich schätze seine Arbeit sehr und kontaktiere ihn seit seinem Amtsantritt regelmäßig bei allen Fällen, die mit dem Bereich Biochemie zu tun haben. Schließlich leitet er eines der wenigen vom IOC akkreditierten Doping-Kontrollinstitute weltweit. Schänzer ist selbst begeisterter Sportler, er war früher Zehnkämpfer und fährt heute in jeder freien Minute Rad.

Was ist das Geheimnis einer sportliche Leistung?

▶ Leistung, das ist ein sehr komplexes Zusammenspiel vieler Faktoren: das Training, die individuelle Konstitution, die Psyche, das Wetter … Wir können uns keine 100-prozentige Leistung antrainieren. Nehmen Sie den legendären Zehnkampf von Frank Busemann, als er bei den Olympischen Spielen 1996 in Atlanta völlig unerwartet die Silbermedaille gewann. Da gibt es Tage, da stimmt plötzlich alles.

Was kann denn das Training leisten?

▶ Ein gutes Training sorgt dafür, dass der Körper in optimaler Verfassung ist. Außerdem prägt es neue Nervenverbindungen im Kopf, damit sich ein Bewegungsablauf – wie z. B. beim Speerwerfen – automatisiert. Aber das gewährleistet noch lange nicht, dass sich nicht plötzlich der Kopf dazwischen schaltet und alles durcheinander bringt.

Wie stark lässt sich körperliche Leistungsfähigkeit durch Training steigern?

▶ Das ist individuell sehr verschieden. Sport ist Adaption, Training ist ein Reiz. Warum dieser Reiz die Leistung letztlich steigert, wissen wir nicht. Der Reiz muss da sein, aber er darf nicht zu stark sein, sonst kommen wir in den Bereich der Überlastung. Und wir brauchen Ruhephasen. In denen erholt sich der Körper und es kommt zur Anpassung der Leistungsverbesserung. Es gibt Sportler, die haben drei Wochen vor dem Wettkampf nichts mehr gemacht und siegen plötzlich.

Wie erholt man sich am besten?

- Schlaf ist ganz wichtig. Man sollte nachts alle störenden Faktoren wie Licht oder Lärm ausschalten. Und alle Möglichkeiten der Entspannung nutzen.

Wie lange kann man Leistung steigern?

- Das geht am Anfang ganz toll: Wenn Sie mit einer Sportart beginnen, können Sie sehr rasch Erfolge erzielen. Der Spitzensportler kommt aber bald in eine Region, wo es für ihn sehr schwer wird, besser zu werden, wo er sehr darum kämpfen muss. Das sind dann die Momente, wo manche zum Doping greifen.

Wie wichtig sind psychische Effekte – der »Wille zum Sieg«?

- Konkurrenzverhalten ist uns angeboren: Sobald einer neben uns läuft, wollen wir schneller sein, das ist ein enormer psychischer Anreiz. Beim Mannschaftssport ist das noch viel komplizierter, da kommt noch der Gruppenzusammenhalt gegen die gegnerische Mannschaft dazu, den der Trainer stärken muss – eine seiner wichtigsten Aufgaben.

Spielen die Pakistani deshalb besseres Cricket als die Engländer, weil sie ihre ehemaligen Kolonialherren übertrumpfen wollen, die diesen Sport dorthin brachten?

- Rivalität ist auf jeden Fall ein Anreiz.

Kathy Freeman feierte bei der Olympiade 2000 in Sidney einen sensationellen Erfolg im 400-Meter-Lauf. Diese Leistung konnte sie nie wiederholen. Half ihr der Ehrgeiz, als farbige Ureinwohnerin Australiens ihr Land zu vertreten?

- Erwartungen von außen, auch der kulturelle Hintergrund, spielen natürlich eine große Rolle.

Kann ein älterer Sportler körperliche Schwächen durch Erfahrung kompensieren?

- Zum Teil, er kann sein Training systematischer angehen, weil er seinen Körper besser kennt. Das hilft ihm auch psychisch. Aber es kommt natürlich auf die Sportart an.

Warum hat bei der Tour de France 2003 Lance Armstrong gewonnen, obwohl er kurz vor der Zieletappe gestürzt war?

- Der Sturz hat ihm vermutlich geholfen: In Augenblicken des Schocks schüttet die Nebenniere Katecholamine aus, das sind Botenstoffe, zu denen auch das Stresshormon Adrenalin gehört. Das kurbelt die Herzfrequenz an, die Energiebereitstellung aus Glykogen, Zuckern und Fettsäuren wird verbessert. Die Bronchien erweitern sich und können mehr Sauerstoff aufnehmen. Das hat eine ähnliche Wirkung wie beim Doping mit Stimulanzien vom Amphetamin-Typ.

Und was ist mit den Endorphinen, den so genannten Glückshormonen? Gibt es das »Runner's High« wirklich, das Glücksgefühl, das sich etwa beim Laufen einstellen soll?

- Bei Stress entlässt die Hypophyse das Hormon ACTH, was wiederum dazu führt, dass vermehrt Endorphine gebildet werden. Man weiß, dass diese eine ähnliche Wirkung wie Morphine haben, sie unterbinden die Schmerzweiterleitung. Das kann zu rauschähnlichen Zuständen und zu einer Art Sucht führen. Aber in Wirklichkeit wissen wir wenig mehr über diesen Stoff. Es gibt sicher noch viele andere Faktoren oder Hormone, die da eine Rolle spielen. Wenn ich in Korsika im Urlaub Rad fahre und dann oben auf dem Bergpass stehe, habe ich auch ein Glücksgefühl, weil ich den tollen Ausblick auf das Meer und die Landschaft genieße. Aber sind das dann die Endorphine? Sport ist mehr als nur Biochemie.

Gibt es eine Biochemie des Erfolgs?

- Erfolg ist wichtig, er schlägt sich auch biochemisch im Gehirn nieder. Wenn man regelmäßig Sport betreibt, dann führt das auch zu Befriedigung, aber nur, wenn man sich nicht quälen muss. Deshalb ist es schon wichtig, sich eine Sportart auszusuchen, die man gerne macht und durchhält.

Wie spielen Psyche und Körper zusammen?

- Wir kennen nur einige Faktoren dieses Zusammenspiels. Die Freisetzung der vielen verschiedenen Botenstoffe, z. B. des Katecholamins Noradrenalin als Überträgerstoff im vegetativen Nervensystem, das im Zusammenspiel mit dem Zentralnervensystem die verschiedenen Organe aktivieren kann. Aber welche Hormone werden sonst noch ausgeschüttet, welche neurophysiologischen Vorgänge spielen sich ab, wenn mehrere tausend Zuschauer jubeln und den Athleten anfeuern und dieser dann plötzlich Flügel bekommt?

Welche Rolle spielt der sprichwörtliche »Adrenalinstoß«?

- Die Nebenniere wird über die Nervenbahnen dazu angeregt, Adrenalin auszuschütten. Adrenalin kurbelt neben Noradrenalin die Energiebereitstellung im Körper enorm an. Aber wenn der Körper übererregt ist, wenn die Adrenalinfreisetzung zu stark ist, kann das die Leistung auch bremsen. Wenn Sportler ein hohes Verhältnis von Adrenalin zu Noradrenalin haben, schwächt sie das bei Disziplinen, die viel Konzentration benötigen, wie etwa Judo. In anderen Sportarten kann es helfen, wie das Beispiel Armstrong zeigt.

Kann man die Ausschüttung dieser Botenstoffe steuern?

▶ Nein, nicht wirklich, weil die Freisetzung über das unbewusste Nervensystem erfolgt. Es gibt eine Ausnahme – im Behindertensport. Personen mit Verletzungen im Hals- oder Brustwirbelbereich können eine spezifische Nervenreaktion aufweisen, die »vegetativer Dysreflex« heißt und zur spontanen Ausschüttung von Stresshormonen führt. Die Symptome sind schneller Blutdruckanstieg, Kopfschmerz, Schweißausbrüche usw. Durch eine volle Blase kann dieser Reflex bewusst ausgelöst werden – wenn das erkannt wird, werden die Sportler vom Wettkampf ausgeschlossen.

Was ist Doping?

▶ Hinter Doping steckt nichts anderes als beim vorigen Beispiel aus dem Behindertensport: Amphetamine beispielsweise bewirken, dass die Stresshormone, die Katecholamine, länger an den Rezeptoren der Zellen verbleiben, diese sind länger aktiviert. Ermüdung wird dadurch verzögert.

Warum ist es so schwer, sich zum Sport zu motivieren? Was macht den »inneren Schweinehund« aus?

▶ Man sollte so früh wie möglich mit Sport beginnen, damit man die positiven Effekte schon spielerisch kennen lernt und sich gar nicht mehr zur Bewegung zwingen muss. Am besten wäre es, wenn die Kinder in der Schule schon eine Stunde täglich Sport betreiben würden. Ansonsten ist Erfahrung die beste Motivation: Wenn Sie regelmäßig Sport betreiben, können Sie sehr gut Stress abbauen.

Lebenskraft aus **der Nahrung**

Lebenskraft aus der Nahrung

Die Nahrungssuche ist ein Urinstinkt. Sie war die wichtige Triebkraft der Evolution. Die vielen verschiedenen Tier- und Pflanzenarten auf dieser Erde entwickelten sich nur dadurch, dass sie immer neue ökologische Nischen für sich eroberten und ihre Organismen sich den veränderten Lebensräumen anpassten. Dazu gehörte vor allem die Nahrung, aus der sie ihre notwendige Energie bezogen.

Ohne eine ganz bestimmte Ernährung wäre auch die Spezies Mensch nie entstanden. Die ersten Säugetiere besiedelten die Bäume, vermutlich weil sie dorthin Insekten verfolgten. Sie entdeckten die Laubkronen als reichen Lebensraum und entwickelten in vielen Generationen einen immer beweglicheren Körper und starke Greifarme, um sich von Ast zu Ast zu schwingen. Sie wurden zu Affen. Beim Sammeln der Früchte, von denen sie sich nun ernährten, lernten ihre Augen, Entfernungen einzuschätzen und Farben zu unterscheiden. Die Hirnrinde entwickelte sich, um all diese Sinneseindrücke zu verarbeiten.

Fett für die Evolution des Gehirns

Als die Wälder durch einen vorzeitlichen Klimawandel schwanden und durch offene Savanne ersetzt wurden, verließen einige der Primaten die Bäume und lernten, aufrecht auf zwei Beinen zu gehen. Das war von Vorteil, weil sie so besser den Tieren nachstellen konnten, die inzwischen überwiegend ihre Nahrung ausmachten. Besonders der Fisch mit seinen energiereichen ungesättigten Fettsäuren lieferte Zellwandbausteine, die eine Entwicklung des Großhirns hin zu komplexeren Verarbeitungsmustern ermöglichten.

Nervenzellen verschlingen 16-mal mehr Energie als das Muskelgewebe: Allein mit dem Denken verbraucht ein moderner Mensch 20 bis 25 Prozent seiner gesamten Kalorien. Und seit sich das Gehirn zu einer komplizierten Steuerzentrale des Organismus entwickelt hat, spielt sich auch der Energiehaushalt immer auf zwei eng miteinander verknüpften Ebenen ab: die eine Ebene regelt den Brennstoffbedarf der

Zellen, den diese zur Aufrechterhaltung ihrer Funktionen benötigt. Die andere wird über Botenstoffe, Hormone, geregelt, die zu wesentlichen Teilen vom Gehirn aus gesteuert werden. Bei drohender Gefahr kann das Muskelgewebe Energiereserven sehr schnell freisetzen. Hormone können aber auch zu viel fordern – z.B. bei Dauerstress – und dadurch das Gewebe erschöpfen und auslaugen (siehe Kapitel 3).

Der menschliche Energiehaushalt spielt sich auf zwei eng miteinander verknüpften Ebenen ab: Die eine Ebene regelt den Brennstoffbedarf der Zellen. Die andere Ebene wird zu wesentlichen Teilen vom Gehirn gesteuert und durch Botenstoffe oder Hormone geregelt, die mit der Leib-Seele-Einheit eng verbunden sind.

Sonnenlicht und Muskelkraft

„Iss, damit du groß und stark wirst!«, haben wir schon als Kinder gehört oder predigen es auch noch unserem eigenen Nachwuchs. Doch wie kommt es eigentlich dazu, dass das, was beispielsweise in einer Kartoffel oder einem Getreidekorn mit Hilfe von Wasser und Sonnenlicht entstanden ist, sich in unserem Körper zu einer neuen Form von Energie umwandelt?

In der unbelebten Welt folgen Energieumwandlungen den Gesetzen der Thermodynamik: Beim Übergang eines Energiezustandes in einen anderen wird Wärme frei und Unordnung macht sich breit – so wie das Brennholz eines Feuers zu Asche zerfällt, die sich nicht wieder einfach zu einem Baum zusammensetzen lässt.

In der belebten Welt und damit auch in unserem Körper ist das anders. Die Energie, die er zum Beispiel für seine Muskeln gewinnt, ist nicht ein Produkt der Zerstörung, sondern des Wandels: Zuerst wird seine Nahrung, die mit Sauerstoff, Erde, Sonne und Wasser heranreifen konnte und voller Pflanzenenergie steckt, im Magen und Darm in einzelne Bausteine aufgespalten: in Fette, Kohlenhydrate und Eiweiße, Vitamine, Mineralstoffe, Spurenelemente und Wasser.

Diese Bausteine werden dann aber nicht einfach (wie beispielsweise bei einem Holzfeuer) aufgebraucht und zerstört. An die 40 Prozent werden stattdessen in energiereiche Verbindungen umgebaut, die zum Erhalt und Aufbau unserer Säugetier-Körperzellen notwendig sind. Pflanzenenergie wird gewandelt in tierische und menschliche Energie.

Luft zum Leben

Der Brennstoff für diese Umwandlung ist der Sauerstoff aus der Atemluft. Die Lungen nehmen ihn auf und führen ihn über ins Blut. Die Zellen holen ihn aus dem Blut und verbrennen den Kohlenstoff der Nahrung mittels ihrer Atmungskette zu Kohlendioxid. Das ist die innere Atmung. Das Kohlendioxid erreicht – wieder über das Blut – die Lunge und entweicht mit jedem sichtbaren Atemzug. Das ist die äußere Atmung. Die innere Atmung ist also an die äußere Atmung der Lungen gekoppelt. Wir spüren diesen Zusammenhang, wenn wir uns anstrengen und schneller atmen müssen. Wenn wir uns überanstrengen, wird die Luft knapp. Sind die Muskeln gut trainiert, die innere Atmung also optimal geregelt, gelingt es uns leichter, körperlich aktiv zu sein, ohne gleich nach Luft ringen zu müssen.

Energiegewinnung bedeutet in unserem Körper vor allem Wandel. Wobei Nahrungsenergie in Körperenergie umgewandelt wird – mit Hilfe von Sauerstoff als dem nötigen Brennstoff.

Verdauen heißt spalten

Wie aber kommt die Energie, die die Nahrung enthält, zu den Zellen? Die Nahrung wird durch den Speichel und das Kauen im Mund und dann weiter durch die Magensäure aufgeweicht. Gallensäuren und verschiedene Enzyme der Bauchspeicheldrüse sorgen dafür, dass dieser Nahrungsbrei in Fett, Kohlenhydrate und Eiweiße zerlegt wird. Danach werden sie in immer kleinere Bestandteile gespalten: Aus Eiweißen entstehen die Aminosäuren, aus Fett einzelne Fettsäuren, aus Stärke die verschiedenen Zucker.

Durch die Darmwand, die reich mit Blutgefäßen versorgt ist, treten diese Moleküle ihren Weg durch den Körper an. Die Bausteine haben verschiedenste Ziele und Aufgaben: Fettsäuren sind besonders wichtig für Aufbau und Funktion der Zellwände sowie die Energieversorgung des Herzens. Eiweiße bauen z. B. Muskeln auf, und Kohlenhydrate bilden Kraftreserven für den sofortigen oder späteren Verbrauch. Werden dem Körper zu viele Kohlenhydrate zugeführt, werden diese Reserven als Fett im Gewebe abgelagert.

ATP – chemische Energie

In den 60 Billionen Zellen unseres Organismus werden die Nährstoffe zu neuer Energie umgebaut. Fett- und Aminosäuren werden in den Mitochondrien, den »Kraftwerken« der Zellen, in eine Substanz verwandelt, die nahezu alle Stoffwechselvorgänge am Laufen hält: Adenosintriphosphat (ATP). Von dieser Substanz produziert unser Körper täglich bis zu 75 Kilogramm – ungefähr so viel, wie ein Mensch durchschnittlich wiegt. Das fällt aber nicht weiter auf, denn ein Großteil dieser Menge wird sofort wieder umgesetzt, um den Organismus am Leben zu erhalten. Er unterliegt nämlich, ohne dass uns das bewusst wird, einem ständigen Auf- und Abbauprozess. Wir nehmen nur die Restprodukte wie Wasser und Kohlendioxid wahr, die über Nieren und Lungen ausgeschieden werden.

Der dritte Nährstoff, Kohlenhydrate aus vielgliedrigen Zuckermolekülen, wandelt sich in den Mitochondrien zu einem zweiten wichtigen Energieträger um, dem NADH (Nikotinamid-Adenin-Dinukleotid). Diese Substanz fügt sich zwischen die Molekülgitter des ATP: Es entstehen konzentrierte Energiebündel (siehe Seite 58.).

ATP und NADH können nur gebildet werden, wenn genügend Coenzym Q_{10} zur Verfügung steht. Gleichzeitig schützt es – gemeinsam mit den Vitaminen E und C – die Mitochondrien vor den so genannten

Über die Zellen gelangen die Nährstoffe – Fette und Aminosäuren – in die Mitochondrien, in denen die Umwandlung in den wichtigsten Energieträger abläuft: ATP (Adenosintriphosphat).

Wie innere und äußere Atmung zusammenhängen

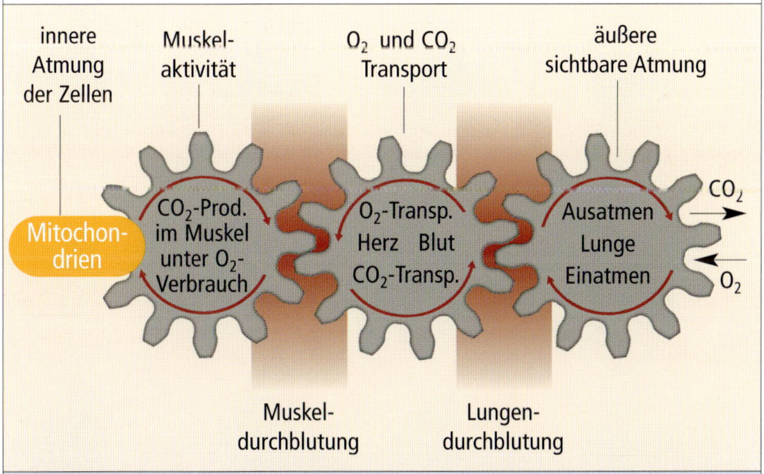

Sauerstoff ist der Motor der Energie: Die Lungen nehmen ihn aus der Atemluft auf, Herz und Kreislauf transportieren ihn zur Zelle, und diese verbrennt ihn zu Kohlendioxid. Dieses Gas gelangt auf demselben Weg zur Lunge und wird ausgeatmet. Verbrauchen wir viel Energie, etwa durch eine Kraftanstrengung, benötigen wir mehr Luft und atmen schneller.

freien Radikalen – aggressiven Sauerstoffverbindungen. Eine weitere Quelle für ATP ist das Kreatin, eine Kombination aus Aminosäuren (aus dem Eiweiß), die gekoppelt an Phosphat kleine Energiespeicher bilden. Bei extremer Anstrengung, z. B. bei einem Sprint, reichen die ATP-Vor-

Wie die Energieakkus ATP und NADH entstehen

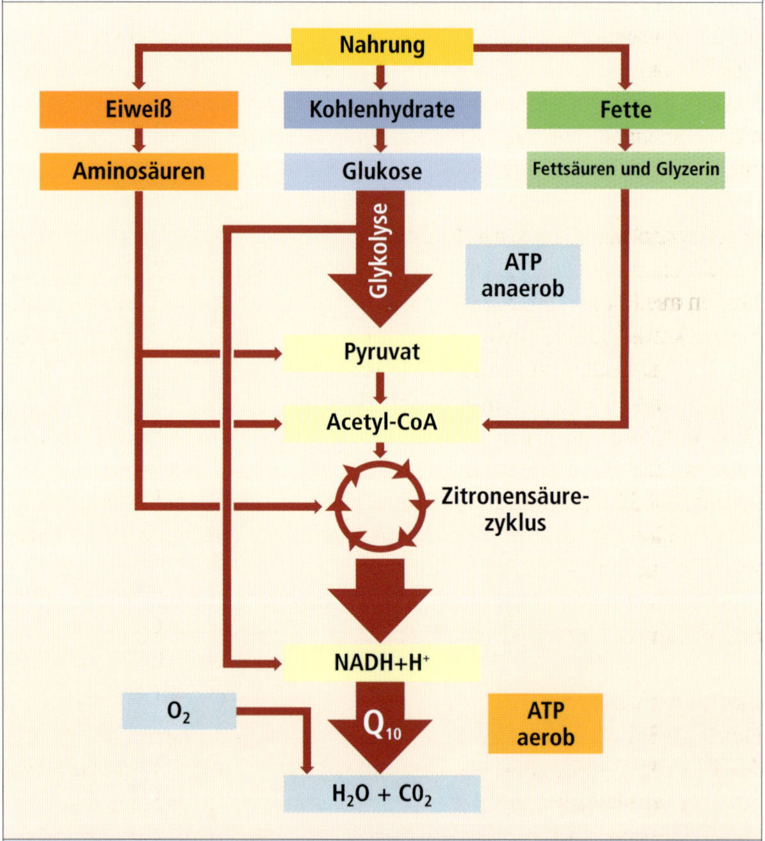

Die Bausteine der Nahrung werden im Darm in ihre Bestandteile aufgespalten und wandern mit Blut und Lymphflüssigkeit zu den Zellen. Dort werden sie in den Mitochondrien mit Sauerstoff verbrannt: Aus Aminosäuren und Fettsäuren wird ATP, aus Zucker werden NADH und ATP. Das Coenzym Q_{10} kontrolliert die Energiegewinnung. Aus Nahrungsenergie wird Energie für den Stoffwechsel.

räte nur für zehn bis zwanzig Sekunden. Außerdem entsteht ATP auch durch den Abbau des Muskelglykogens. Dabei entsteht jedoch Milchsäure, die die Zelle übersäuert.

Kohlenhydrate – der schnelle Push

Stärke sind Kohlenhydrate und die bestehen aus Zucker, der zu verschieden langen Molekülketten verbunden ist. Der Organismus muss diese Ketten spalten. Je kürzer die Zuckerketten sind, desto schneller können sie aufgenommen, transportiert und verbrannt werden. Zu solchen niedermolekularen Zuckern zählen Traubenzucker, Haushaltszucker, Malzzucker, Honig und Fruchtzucker.

Traubenzucker – der direkte Energieschub

Besonders rasch ins Blut gelangt Traubenzucker, ein Teil bereits vom Magen aus. Bei Anspannung oder körperlicher Belastung kann Traubenzucker deshalb Schwäche rasch beheben. Denn die Zellen können aus Traubenzucker direkt ATP herstellen.

Besonders schnelle Energie liefert Traubenzucker, weil er ohne die Hilfe von Sauerstoff in der Zelle umgesetzt werden kann. Mehr Zeit benötigt die Energiegewinnung, wenn Sauerstoff zur Verbrennung benötigt wird. In den ersten Minuten intensiver sportlicher oder auch körperlicher Betätigung liefern schnelle (anaerobe) und weniger schnelle (aerobe) Zuckerverbrennung jeweils 50 Prozent der Energie. Je besser der Mensch trainiert ist und je länger er sich anstrengt, desto mehr nimmt der Anteil der aeroben Zuckerverbrennung zu.

Kohlenhydrate, die aus vielgliedrigen Zuckermolekülen bestehen, wandeln sich in den Mitochondrien zu einem zweiten wichtigen Energieträger: NADH (Nikotinamid-Adenin-Dinukleotid).

Blutzucker und Insulin

Der schnelle Energieschub durch niedermolekulare Zucker wurde von der Evolution nur als Notaggregat eingeplant. Denn er führt zu Übergewicht und Krankheiten. Er führt zu einem raschen Anstieg des Blutzuckerspiegels und damit zu einer verstärkten Insulinausschüttung. (siehe glykämischer Index, Seite 66 f.). Das Hormon Insulin wird in der Bauchspeicheldrüse gebildet und sorgt dafür, dass der Zucker in die Zellen eingeschleust wird, um dort verbrannt zu werden. Nach dem rasanten Anstieg fällt der Blutzuckerspiegel rasch wieder. Bei hohem Zuckerkonsum können die Zellen den Zucker nicht ausreichend verarbeiten, er kursiert weiter im Blut. Die Bauchspeicheldrüse wird dadurch angeregt, immer mehr Insulin zu produzieren. Irgendwann ist sie erschöpft und kommt nicht mehr nach – es entsteht die Insulinmangelkrankheit Diabetes mellitus. Die vielen leicht aufzuschließenden Kohlenhydrate in Süßigkeiten, Snacks und Pizzas sind der Grund, dass bereits Jugendliche unter Vorstufen dieser Zuckerkrankheit leiden.

Niedermolekulare Kohlenhydrate wie Traubenzucker gelangen rasch ins Blut und können von den Zellen ohne Sauerstoffverbrennung in ATP umgewandelt werden. Dabei schießt allerdings der Blutzuckerspiegel in die Höhe, was eine verstärkte Insulinausschüttung zur Folge hat.

Der »Sugar Blues«

Kinder, die statt eines Vollkornbrotes einen Milchsnack in die Schule mitnehmen, tanken damit in der Pause zwar neue Energie, die aber auch ganz schnell wieder verpufft. Ihr Blutzuckerspiegel sinkt schon nach kurzer Zeit ab, und der Organismus schaltet auf Sparflamme, um die verbliebenen Glukosereserven zu schonen. Jetzt verlangt der Körper instinktiv nach neuem Zucker, um das Blut – und damit Gehirn und Nerven – wieder mit Glukose zu versorgen. Man wird hungrig. und greift in der nächsten Pause zum zweiten Energieriegel, der im Grunde aus nichts anderem als Fett und Zucker besteht. Die Amerikaner prägten für das Phänomen der Folge-Unterzuckerung den Begriff »Sugar Blues«. Die Symptome kennen wir alle: Sie reichen von Müdigkeit über Schweißausbrüche, Schwindelgefühle und Schwäche bis zu Herzklopfen und Muskelkrämpfen. Auch plötzliche Kopfschmerzen, Heißhunger, Schlafstörungen und Konzentrationsstörungen können von einem unkontrollierten Abfall des Blutzuckerspiegels herrühren.

Wer zu viel Süßes isst, dem fehlen in der Regel auch die Nährstoffe, die zur Stabilisierung des Blutzuckerspiegels notwendig sind. Dazu gehört z. B. das Spurenelement Chrom, das den Glykosespiegel stabilisiert. Ebenso wichtig sind Zink, Vitamin B_6, Magnesium und die Aminosäuren Glutaminsäure, Glyzin und Cystein. Die Verbraucherzentrale in Baden-Württemberg hat ausgerechnet, dass Kinder drei Milchschnitten essen müssten, um den notwendigen Energiebedarf für die Schule zu decken. Damit nähmen sie aber viel mehr Fett und Kalorien zu sich, als beispielsweise ein Vollkornbrot enthält, das ausreichend Energie für einen Vormittag bietet.

Erhält die Zelle mehr Energie, als sie momentan braucht, wandelt sie den ihr angebotenen Zucker in Glykogen um, der in den Muskeln als Energiereserve abgelegt wird. Davon können Sportler profitieren, die wenige Tage vor dem Wettkampf besonders viel Nudeln, Kartoffeln oder Reis zu sich nehmen.

Vollkorn – der Langzeit-Energiespender

Schon Zweifachzucker wie Milchzucker oder die Fruktose aus einem Apfel bzw. einer Banane halten deutlich länger vor als Traubenzucker, weil sie im Körper zunächst aufgespalten werden müssen. Die besten Energiespender sind jedoch Mehrfachzucker aus komplexen Kohlenhydraten wie Vollkorn oder andere pflanzliche Stärken in Kartoffeln oder Hülsenfrüchten. Das Zerkleinern der langen Ketten fängt schon mit den Enzymen des Speichels im Mund an, die die Stärke des Brotes in kleinere Zuckermoleküle zerlegen, deshalb schmeckt ein Brot plötzlich süßlich, wenn wir es lange genug kauen.

Gemüse, Obst und Getreide enthalten neben den Kohlenhydraten aus Stärken wertvolle Stütz- und Strukturelemente wie Fasern und Schalen – so genannte Ballaststoffe. Diese unterstützen nicht nur die Darmtätigkeit und binden Schadstoffe, sondern viele von ihnen enthalten auch noch Spuren von Wirkstoffen, die Krebs vorbeugend, immunstärkend und antioxidativ wirken: sekundäre Pflanzeninhaltsstoffe.

Weitaus bessere Energiespender (da deutlich länger vorhaltend) als etwa der Traubenzucker sind die Mehrfachzucker aus komplexen Kohlenhydraten: z. B. Vollkorn.

Fette sind Energiebomben

Fette enthalten mehr als doppelt so viel Kalorien wie Zucker. Gemessen am Sauerstoffverbrauch liefern sie jedoch weniger Energie. Ein Marathonläufer kann also verhältnismäßig mehr Kraft aus seinen Glykogenreserven in den Muskeln und der Leber beziehen als aus seinen Fettdepots. Gleichzeitig erhöht aber regelmäßiges Ausdauertraining die Fähigkeit des Körpers, Fette zu spalten und zu zerlegen. Deshalb nehmen gut trainierte Menschen weniger leicht zu als andere.

Fette haben zu Unrecht ein Negativ-Image: Sie sind nicht nur Ausgangssubstanz zur Energiegewinnung (ATP), sie helfen auch, fettlösliche Vitamine (A, D, E und K) aufzunehmen, bilden die Grundbausteine der Zellwände sowie körpereigener Vitamine und Hormone (Cholesterin, Cortisol). Als Fettpolster bieten sie dem Körper Schutz vor äußeren Einwirkungen und Temperaturschwankungen.

Wie das Fett zur Energiegewinnung in die Zellen gelangt

Es gibt pflanzliche und tierische Fette. Tierische Fette bestehen aus Triglyzeriden (tri, drei, meint, dass drei Fettsäuren zusammenhängen), dem Cholesterin und anderen Fettsäuren. Verdaut werden Fette mit

Gute und schlechte Energiespender

Schlecht:

Kaffee

Eine gute Tasse Kaffee oder ein Espresso machen munter: Sie entkrampfen, weiten die Gefäße und regen so den Kreislauf an. Das Gehirn bekommt allerdings nur dann Energie, wenn der Kaffee leicht gezuckert wird. Zu viel Koffein kann jedoch genau das Gegenteil bewirken: Es löst Konzentrationsschwäche und Nervosität aus. Das gilt auch für Guarana, den in Mode gekommenen Extrakt einer südamerikanischen Schlingpflanze), der Koffein enthält. Koffein entwässert außerdem, das ist schlecht für die Nieren und entzieht dem Organismus das Transportmedium für seinen Stoffwechsel.

Gut:

Apfelsaftschorle

Die Apfelsaftschorle ist der ideale Fitmacher: Sie ähnelt in ihrer Zusammensetzung dem durch Anstrengung verlorenen Schweiß. Der Obstsaftanteil enthält alle wichtigen Mineralstoffe sowie viel Vitamin C. Durch die Verdünnung mit Mineralwasser wird die darin enthaltene Säure gemildert. Der Anteil von etwa 5 Prozent Kohlenhydraten (Fruchtzucker) reicht aus, den Hunger zu stillen, er macht den Kopf frei. Ein Liter Apfelsaftschorle enthält ca. 250 Kilokalorien. Vorsicht: In den im Handel erhältlichen Getränken ist oft nur Apfelaroma enthalten. Außerdem sind sie stärker gesüßt. Lieber selber machen: im Mischverhältnis eins zu eins.

Schlecht:

Milchsnacks

Besonders bei Kindern beliebt sind die als Energielieferanten angepriesenen Milchsnacks. In Wahrheit handelt es sich bei diesen Riegeln vor allem um Süßigkeiten. Auch der angebliche Zusatzgewinn an Kalzium täuscht: Ein großes Glas Milch enthält bis zu sechsmal mehr davon als einer dieser Snacks. Ein neunjähriges Kind, so eine Rechnung der Arbeiterkammer Wien, müsste etwa 17 Milchschnitten essen, um seinen täglichen Kalziumbedarf zu decken, würde damit aber umgerechnet auch 40 Stück Würfelzucker und 125 Gramm Butter zu sich nehmen.

▶ Gut:

Banane

Bananen haben ein unglaublich reiches Sortiment an Inhaltsstoffen: Zum Beispiel enthalten sie sämtliche lebenswichtigen Aminosäuren. Der Eiweiß-Baustein Tryptophan ist nicht unwichtig für ein ausgeglichenes Zusammenspiel der Nervenbotenstoffe. Bananen sind reine Hirnnahrung, machen sofort gute Laune und eignen sich besonders gut als Zwischenmahlzeit, für die Schule oder alle Tätigkeiten, die besondere Konzentration erfordern. Eine Banane enthält neben Wasser und Eiweiß auch etwa 25 Gramm Kohlenhydrate – das liefert Energie für etwa zehn Minuten Volleyball. Auch die Vitamine A, B_1, B_2, B_3, B_6, C und E stecken in ihr, neben den Mineralstoffen Natrium, Kalzium, Phosphor, Magnesium, Eisen und Fluor. Der hohe Anteil an Kalium stärkt Nerven und Muskeln. Schleimbildende Inhaltsstoffe schützen vor Gastritis. Bananen sind auch ein idealer Gefäßschutz.

▶ Schlecht:

Traubenzucker

Traubenzucker gilt als idealer Energielieferant – aber das kann man nicht so generell sagen. Wahr ist, dass Traubenzucker sofort ins Blut geht und sich schon nach Sekunden bemerkbar macht: Das Gehirn wird frei, die Müdigkeit ist wie weggeblasen. Doch der Energieschub hält nur kurz an. Weil ein Teil des Zuckers schon durch die Mundschleimhaut in die Blutbahn übergeht, werden Sensoren irregeleitet, die dem Gehirn einen drastisch erhöhten Blutzuckerspiegel melden. Das führt dazu, dass der Körper vermehrt das Hormon Insulin produziert, um die Zuckermengen in die Zellen zu leiten. Die Folge: Der durch den Traubenzucker stark erhöhte Blutzuckerspiegel sinkt rasch wieder, oft sogar unter das frühere Niveau. Er hilft jedoch kurzfristig bei körperlicher Anstrengung oder Erschöpfung.

▶ Gut:

Trockenfrüchte

Es geht natürlich nichts über frisches Obst, das wir mehrmals am Tag essen sollten. Aber auch Trockenfrüchte haben es in sich: Ihr Wassergehalt ist auf weniger als 20 Prozent gesunken, dadurch verderben sie weniger leicht, haben aber mit der Flüssigkeit auch einen Gutteil ihres Vitamin C verloren. Alle anderen Vitamine – allen voran die B-Gruppe – bleiben allerdings erhalten, genauso wie die wertvollen Mineralstoffe. Ein kleiner Anteil an Traubenzucker gepaart mit viel Fruchtzucker (zwischen 60 und 70 Prozent) liefert rasch Energie und Geschmack. Der ebenfalls süß schmeckende Ballaststoff Sorbit fördert die Verdauung. Trockenfrüchte (z. B. Aprikosen oder Dörrpflaumen) wirken stark belebend, sie sind Nervennahrung und unterstützen den Zellstoffwechsel. Wie frisches Obst sind auch Trockenfrüchte basisch, weil sie Kalium, Natrium, Magnesium, Eisen, Kupfer und Mangan enthalten. Sie gleichen dadurch den Säureüberschuss aus den Milchprodukten aus. Kalium entwässert zudem den Organismus.

Schlecht:

Fitness-Drinks

Fitness-Drinks werden millionenfach in Europa verkauft. Sie bestehen zum größten Teil aus kohlensäurehaltigem Wasser, das mit pflanzlichen Extrakten oder tierischen Rohstoffen versetzt wurde. Die meisten enthalten außerdem Zucker oder Süßstoff, Farbe und künstliche Aromen. Diese so genannten Fitmacher sind mit Vorsicht zu genießen: Aufputschende Substanzen wie Koffein oder Taurin sollten nicht bei körperlicher Belastung getrunken werden. Zu dem Inhaltsstoff Gluconolacton gibt es wenig verlässliche Daten. Das Bundesamt für gesundheitlichen Verbraucherschutz und Veterinärmedizin ist besorgt, weil es bei höherem Konsum schon zu Kreislaufkomplikationen gekommen ist.

Gut:

Molke

Molke ist ein Nebenprodukt der Käseherstellung, sie ist der flüssige Anteil der Milch und ein ideales Elektrolyt-Getränk: Sie liefert dem Körper leicht verwertbare Mineralstoffe und belastet ihn nicht. Mit ihrem leicht sauren Aroma eignet sie sich besonders gut dazu, Durst zu stillen. Molke besteht zu 95 Prozent aus Wasser. Der restliche Anteil setzt sich aus Milchzucker, rechtsdrehender Milchsäure, Molke-Eiweiß, den Vitaminen B, C und E sowie den Mineralien Zink, Kupfer, Eisen, Magnesium, Kalzium und Kalium zusammen. Molke liefert nicht nur Energie, sie stärkt auch die Darmflora und das Immunsystem. Sie wirkt Verstopfung entgegen, kräftigt die Nerven und unterstützt die Leber. Dadurch kann sie z. B. auch erhöhtes Cholesterin senken.

Schlecht:

Nudeln

Kohlenhydrate liefern, gemessen am Sauerstoffverbrauch, mehr Energie als Fette. Je mehr wir uns anstrengen, desto größer ist der Kraftanteil, den wir aus Kohlenhydraten beziehen. Deshalb werden etwa als Vorbereitung auf einen Marathonlauf Nudeln empfohlen. In der Leber und Muskulatur werden Kohlenhydrate als Glykogen gespeichert. Das Leber-Glykogen reguliert den Blutzucker, falls dieser zwischen den Mahlzeiten abfällt. Das Muskel-Glykogen wird als Energielieferant ausschließlich im Muskel verwertet. Ein erwachsener Mensch verfügt über 1 bis 3 Gramm je 100 Gramm Muskelgewebe, das entspricht im Durchschnitt einem Energiedepot von etwa 400 Gramm Glykogen. Leicht aufschließbare Kohlenhydrate aus Weißmehl (Nudeln, Weißgebäck, Weißbrot) eignen sich als Energielieferant nur direkt vor einer körperlichen Anstrengung. Sie enthalten nur kurzfristige Energie aus Glukose. Daher sind komplexe Kohlenhydrate aus Vollkorn als Energiespeicher weitaus vorzuziehen. Ansonsten: Maßhalten mit Weißmehl.

Gut:

Haferflocken

Hafer belastet den Körper kaum, hat einen hohen Anteil an Ballaststoffen (11 Prozent) und wertvollen schleimbildenden Substanzen. Hafer stabilisiert mit seiner Stärke (Kohlenhydrate) den Blutzuckerspiegel und stellt einen konstanten Vorrat an Energie bereit. Er enthält mehr und biologisch wertvolleres Eiweiß als andere Getreidesorten. In Verbindung mit Milch und Milchprodukten werden sämtliche Eiweißbausteine zur Verfügung gestellt, die für den Muskelaufbau notwendig sind. Daneben ist Hafer reich an B-Vitaminen, die steuernd in den Energie- und Nervenstoffwechsel eingreifen. Vitamin E wirkt als Radikalfänger, Magnesium, Kalium und Kalzium unterstützen die Arbeit der Muskeln. Auch das für den Eiweißstoffwechsel und die Abwehrkraft zuständige Spurenelement Zink ist reichlich vorhanden. Hafer enthält auch Eisen – gemeinsam mit Vitamin-C-reichem Obst, das die Verfügbarkeit dieses Metalls erhöht, bildet er eine wichtige Eisenquelle für Vegetarier. Hafer kann Bestandteil eines Müslis sein bzw. als Porridge (Haferschleim) mit Wasser gekocht werden. Anschließend kann Milch oder ein wenig Sahne hinzugegeben werden wie an anderer Stelle besprochen (siehe S. 116).

Hilfe der Gallenflüssigkeit. Sie werden in den Mitochondrien als wichtigster Energielieferant verbrannt. Besonders wichtig ist Fett für den Herzmuskel (siehe Seite 59). Fett kann aber auch im Gewebe als Reserve (Fettpolster) abgelegt werden.

Fette enthalten mehr als doppelt so viel Kalorien wie Zucker. Daher hängt ihnen ein Negativ-Image an. Zu Unrecht, denn sie sind Ausgangssubstanz zur Energiegewinnung, bilden die Grundbausteine der Zellwände sowie körpereigener Vitamine und Hormone und helfen zudem, fettlösliche Vitamine aufzunehmen.

Das Acetyl-Coenzym A

Für den komplexen Wechsel von Ab- und Aufbau, Depotbildung und Aktivierung der als Fett gespeicherten Energie sind chemische Helfer notwendig. Fehlen sie, werden nicht nur einzelne Verbindungen blockiert, sondern ganze Kettenreaktionen im Organismus verhindert. Eine besondere Rolle spielt dabei das Acetyl-Coenzym A. Es setzt sich aus Vitamin B_5 und den Aminosäuren Alanin und Cystein zusammen. Acetyl-Coenzym A hilft bei der Aktivierung von Fettsäuren und bei der Produktion von Cholesterin, auch große Bereiche des Zellstoffwechsels hängen davon ab. Nur die durch Coenzym A aktivierten Fettsäuren können sich im Organismus an Carnitin (siehe Seite 126) binden, das als Lotse dient, um sie bei Bedarf in die Mitochondrien einzuschleusen.

Cholesterin – gut oder böse?

Das Cholesterin ist eine fettähnliche Substanz, die in Fleisch, Wurst, Milch und Eiern enthalten ist. Zwei Drittel unseres Cholesterins werden jedoch vom Organismus selbst gebildet. Cholesterin wird nicht in Energie umgewandelt, sondern stabilisiert die Zellwände und ist einer der Ausgangsstoffe für die Geschlechtshormone. Ohne Cholesterin könnten Leber und Galle nicht funktionieren, auch die Tätigkeit der Nebenniere und vieler Botenstoffe hängt davon ab. Transportiert wird das Cholesterin im Körper durch Eiweißmoleküle im Blut. Ein bestimmter Eiweiß-Typ, das LDL (Low Density Lipoprotein), erhöht, in Verbindung mit freien Radikalen, das Risiko für eine Thrombose oder einen Herzinfarkt. Es lagert sich leichter an die Gefäßwände an als das verwandte HDL (High Density Lipoprotein) und kann zu einer Verhärtung oder gar einer Verstopfung der Blutgefäße führen. Gefährlich wird Cholesterin bei einem Wert von über 240 Milligramm im Blut.

Statine – ja, aber ...

Viele Ärzte empfehlen, einen überhöhten Cholesterinspiegel durch den Einsatz von Statinen zu senken. Das aber bremst nicht nur die Produktion neuer Cholesterin-Moleküle, sondern auch die Bildung des körpereigenen Coenzyms Q_{10}, das für den Energiestoffwechsel besonders wichtig ist. Das erklärt auch die häufigen Nebenwirkungen dieser Medikamente: Schweregefühl oder Schmerzen in den Muskeln. Falls Sie ein solches Medikament nehmen wollen oder müssen, sollten Sie gleichzeitig Coenzym Q_{10} als Nahrungsergänzung nehmen, um diesen Nebenwirkungen vorzubeugen.

Pflanzen und Kaltwasserfische liefern essenzielle Fettsäuren

Die zweite Quelle der Fette sind Pflanzen und Fische. Man unterscheidet je nach ihrer Molekülstruktur einfach ungesättigte Fettsäuren (z. B. in Raps- oder Olivenöl) oder mehrfach ungesättigte Fettsäuren. Sie sind »essenziell« (lebenswichtig) und müssen aus der Nahrung gewonnen werden. Dazu zählen die Omega-3-Fettsäuren aus Kaltwasserfischen – bekannt z. B. als »Lachsöl« – und die Omega-6-Fettsäuren aus Borretschsamen, Nachtkerze und Schwarzkümmel.

Besonders wichtig sind ungesättigte Fettsäuren für unser Gehirn, das zu 60 Prozent aus Fett besteht. Von dem richtigen Verhältnis zwischen gesättigten und ungesättigten Fettsäuren hängt es u. a. ab, wie beweglich die Wände der Nervenzellen sind und wie leicht Impulse zwischen deren Kontaktstellen übertragen werden können. Je mehr ungesättigte Fettsäuren die Zellwände aufweisen, desto vitaler ist das Gehirn. Fettsäuren, so zeigen jüngste Versuche, erzielten auch viel versprechende Erfolge bei der Behandlung von Nervenleiden wie Depressionen oder Demenz. Ungesättigte Fettsäuren steuern den Stoffwechsel, während gesättigte Fettsäuren als Energiespender fungieren. Ein Zuviel an tierischen Fetten macht uns krank, lässt uns verschlacken und früher altern.

Ohne chemische Helfer wie das Acetyl-Coenzym A ist Depotbildung oder Aktivierung der als Fett gespeicherten Energie nicht möglich. Wichtig ist auch das Cholesterin, das die Zellwände stabilisiert und einer der Ausgangsstoffe für die Geschlechtshormone ist.

Omega-3-Fettsäuren – die Basis der Intelligenz?

Man geht heute davon aus, dass die entscheidende Entwicklung vom Affen zum denkenden Menschen damit zusammenhing, dass dem Gehirn veränderte Fettsäuren zugeführt wurden – als die Vorläufer der Menschen die Küsten Afrikas besiedelten und begannen, Fisch zu essen. Dessen ungesättigte Fettsäuren brachten Bewegung ins Hirn und ermöglichten immer komplexere Verschaltungen – die Basis für intellektuelle Leistungen. Omega-3-Fettsäuren sind aber auch besonders wichtig für das Bindegewebe, die Zellmembranen und viele Zellfunktionen. Beispielsweise werden mit ihrer Hilfe Botenstoffe gebildet, die die Durchblutung fördern und Entzündungen hemmen. Zweimal pro

Woche sollten Sie mindestens Fisch essen, vor allem auch Wildlachs (nicht die handelsübliche Billigware aus den Zuchtfarmen, die vorbeugend mit Antibiotika gegen mögliche Krankheiten behandelt worden ist), Hering oder Makrele.

Ohne Eiweiße keine Lebenskraft

Neben den essenziellen Fettsäuren, z. B. den Omega-3-Fettsäuren, sind die Eiweiße eine weitere wichtige Kraftquelle unseres Körpers. Sie werden in den Mitochondrien in ATP umgewandelt, ermöglichen aber auch als Enzyme den Stoffwechsel, bewirken die Muskelbewegung oder lassen das Blut gerinnen.

Eine weitere Kraftquelle unseres Körpers sind die Eiweiße. Mehr als 1000 verschiedene Eiweiße übernehmen unterschiedliche Aufgaben im Stoffwechsel: Als Kollagen geben sie dem Gewebe eine feste Struktur, als Enzyme ermöglichen sie den Stoffwechsel, als Aktin und Myosin bewirken sie die Muskelbewegung und als Fibrin lassen sie das Blut gerinnen. Außerdem wehren sie als Antikörper Infektionen ab, übertragen als Hormone Signale bzw. erkennen als Rezeptoren Signale oder dienen als Transportmoleküle. Und natürlich werden auch Eiweiße in den Mitochondrien zu ATP umgebaut. Der größte Eiweißanteil des Organismus befindet sich in den Muskeln.

Bausteine der Eiweiße sind 20 Aminosäuren, die sich zu verschiedensten Formierungen gruppieren können. Von diesen kann der Körper allerdings nur zwölf selbst herstellen. Die restlichen acht muss er aus der Nahrung beziehen.

Bereits im Magen beginnt die Aufspaltung der Eiweiße aus der Nahrung – mit Hilfe des Enzyms Pepsin, das selbst ein Eiweiß ist. Weitere Zerlege-Enzyme werden später von der Bauchspeicheldrüse in den Darm abgegeben. Über die Darmschleimhaut und das Blut gelangen die zu Aminosäuren zerlegten Eiweiße schließlich zum Filterorgan Leber, die sie für die verschiedensten Funktionen benötigt. Nur ganz wenige Aminosäuren können dieses immens wichtige Filter- und Fettstoffwechselorgan passieren und erreichen so andere Bereiche unseres Körpers, z. B. das Gehirn.

Aminosäuren für die Ausdauer

Aminosäuren benötigen wir für extreme Ausdauerleistungen. Erst dann werden Eiweiße als zusätzliche Reserven abgebaut. Der Anteil trägt jedoch nie mehr als 10 Prozent zur Energiebilanz bei. Um das Durchhalten zu erleichtern, gewinnt der Körper Aminosäuren über den Abbau von Muskelfasern: z. B. Valin, Leucin oder Isoleucin.

Das gilt aber nicht nur für muskuläre, sondern auch für geistige Anstrengungen. Um Aminosäuren optimal umzusetzen, benötigt der Körper ausreichend Magnesium und Spurenelemente, die Vitamine B_6, B_{12}, Biotin, C und E sowie Folsäure. Ohnehin sollten dem Körper nicht ohne Not zu viel tierische Eiweiße zugeführt werden, da sie das Bindegewebe übersäuern und die Gelenke belasten, z.B. zu Gicht führen können. Pflanzliche Eiweiße sind gesünder: Zwar werden sie vom Körper schlechter verwertet als die tierischen, liefern aber gleichzeitig wertvolle Kohlenhydrate, Ballast- und sekundäre Pflanzeninhaltsstoffe. Ihr Anteil an der Nahrung sollte daher überwiegen.

Nährstoffzufuhr der wichtigsten Organe

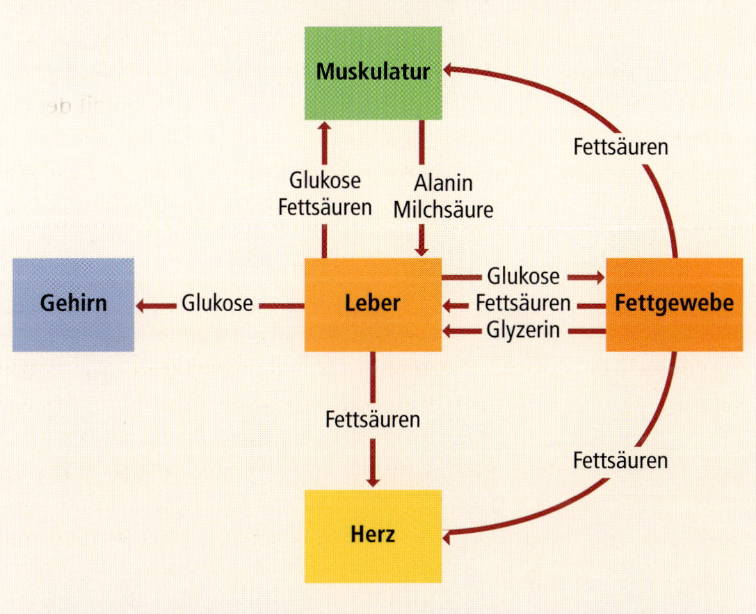

Unter Ruhebedingungen tragen Zucker und Fette zu gleichen Teilen zur Energiegewinnung bei. Wird schnell viel Energie benötigt, setzt die Zelle ganz auf die Verarbeitung der Zucker, die sie in Form von Glykogen gespeichert hat. Bei lang dauernden Anforderungen tragen die Fette die Hauptlast. Erst bei extremen Belastungen werden Eiweiße und Aminosäuren herangezogen. Das Fettgewebe und die Glykogenspeicher in Muskeln und Leber dienen als Reserve.

Nährstoffbedarf der wichtigsten Organe

Wie es um unsere Energie bestellt ist, hängt auch davon ab, welcher Teil des Organismus gerade besonders beansprucht wird. Dabei spielen auch Tageszeit und Biorhythmus eine Rolle, denn jedes Organ hat seinen eigenen Zeitplan. Wie intensiv die Organe arbeiten, zeigt sich an ihrem Sauerstoffverbrauch: Der Magen-Darm-Trakt, ständig in Aktion, verbraucht 22 Prozent unserer Energie – deshalb werden wir träge und faul, nachdem wir gegessen haben. Das Gehirn ist mit 20 Prozent am Sauerstoffverbrauch beteiligt, die Muskulatur mit 18, das Herz mit 14 und die Haut nur mit 1 Prozent.

Dabei beziehen unterschiedliche Regionen des Körpers ihre Energie aus ganz verschiedenen Quellen. Das Gehirn z. B. nutzt nur Glukose, also Zucker aus Kohlenhydraten, für seine Arbeit – deshalb kann eine Unterzuckerung für einen Diabetiker lebensgefährlich sein: Sie legt die Steuerzentrale im Kopf lahm. Das Herz benötigt im Wesentlichen Fettsäuren, und zwar vor allem ungesättigte. Im Gegensatz zu anderen Muskeln des Körpers kann es keine zusätzliche Energie aus Glukose gewinnen. Das Herz hat daher keine eigenen Brennstoffreserven.

Die Skelettmuskulatur ist aufgrund ihrer großen Masse ein bedeutender Konsument von Nährstoffen und Sauerstoff. Im Gegensatz zum Herz kann sie Zucker in Form von Glykogen speichern, das bei körperlicher Anstrengung freigesetzt wird. Bei ruhenden Muskeln sind jedoch die Fettsäuren ihr bevorzugter Brennstoff. Nur bei extremen, anhaltenden Belastungen werden durch den Abbau von Muskelfasern Aminosäuren gewonnen, die ihrerseits verstoffwechselt werden können.

Im Zentrum dieses Energiestoffwechsels steht immer die Leber: Sie stellt Fettsäuren, Glukose und Aminosäuren zur Ver-

Der Grundumsatz

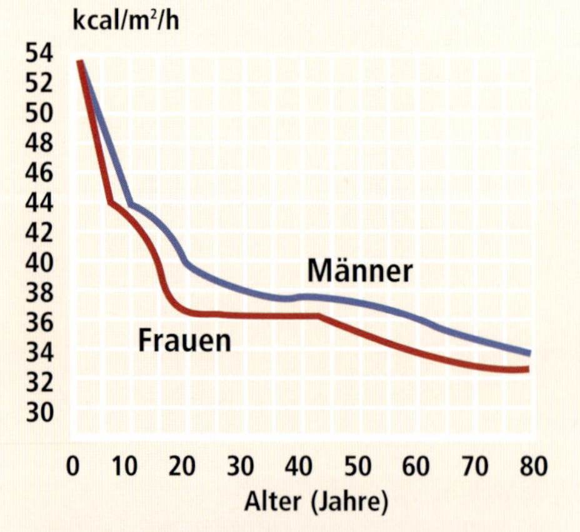

Der Grundumsatz ist der Energieverbrauch des Körpers in völliger Ruhe. Mit zunehmendem Alter nimmt er ab (deshalb werden wir schneller dick).

fügung und verbraucht sie auch selbst bei ihrer Tätigkeit. Das erklärt auch, warum der Energiestoffwechsel durch häufigen Alkoholgenuss ganz entscheidend eingeschränkt werden kann: Denn der Alkohol schadet verheerend der Leber. Und es zeigt auch, warum eines der wichtigsten Symptome für eine Lebererkrankung die allgemeine Müdigkeit ist.

Welche Leistung Sie aus Ihrem Organismus herausholen können, welche Kräfte Sie zu aktivieren vermögen, hängt von vielen Faktoren ab: von Ihrer Gesundheit, Ihrem Alter, Ihrem Willen und Ihrem ganz persönlichen Trainingszustand. Eine untrainierte Person kann nur etwa 70 Prozent ihrer maximalen Leistung abrufen, ein trainierter Sportler sicher bis zu 90 Prozent. Anders ist es in lebensbedrohlichen Situationen: Gerade weil das Gehirn kurzfristig ausgeschaltet wird, können wir in echten Notlagen kurzfristig Übermenschliches leisten.

Fettsäuren bestimmen, wie flexibel Zellwände sind

Eine elastische Zellwand enthält ungesättigte Fettsäuren

Eine unflexible Zellwand besteht aus gesättigten Fettsäuren

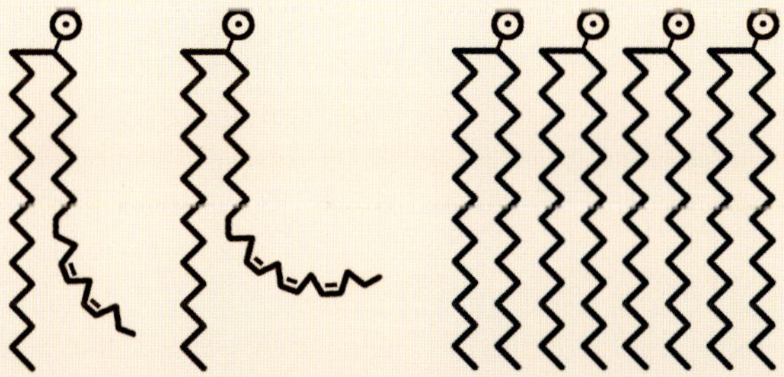

Ungesättigte Fettsäuren machen die Zellwände durchlässig, lebendig und kommunikativ. Cholesterin und gesättigte Fette dagegen dichten die Zellwände ab.

Die Wände einer Nervenzelle werden aus Fettsäuren gebildet. Handelt es sich um mehrfach ungesättigte Fettsäuren, bilden diese lockere, flexible Gitter, an denen sich Proteine anlagern können. Sie dienen als Türöffner für den Botenstoffhaushalt der Zelle und ihre Nährstoffversorgung. Besteht die Membran dagegen aus überwiegend gesättigten Fettsäuren, wird sie ähnlich statisch wie Wachs und undurchlässig. Die Zelle verkümmert.

Der verlorene Instinkt

Eine ausgewogene Ernährung, die viele verschiedene Nährstoffe enthält, ist also wichtig für unseren Energiehaushalt. Doch gerade dort liegt das Problem: Studien, zuletzt der deutsche Ernährungsbericht 2000, zeigen, dass trotz der Überfülle der zur Verfügung stehenden Nahrungsmittel Mangel herrscht – es fehlt zum Beispiel Folsäure. Von dieser für den Hirnstoffwechsel zentralen Substanz sollten täglich 400 Mikrogramm aufgenommen werden. Jede zweite Frau in Deutschland erreicht diesen Wert jedoch nicht, obwohl ein Folsäuremangel zu Hirnschäden beim Fötus führen kann. Auch von den Vitaminen D und E nehmen viele Menschen zu wenig auf.

Wie intensiv der jeweilige Mensch seine Nährstoffe verbrennt und wie viele freie Radikale dabei entstehen, hängt vom so genannten Grundumsatz ab, der vor allem von der Schilddrüse geregelt wird.

Im Gegensatz zu uns Zivilisationsmenschen haben wild lebende Affen noch einen gesunden Instinkt, was ihre Nahrung angeht: Er sagt ihnen genau, was ihr Körper braucht. Mittelamerikanische Brüllaffen z.B. fressen sich auch dann nicht an süßen Früchten satt, wenn sie ihnen buchstäblich ins Maul hängen. Stattdessen suchen sie nach Vielfalt. Da tierische Proteine, wenn man von dem gelegentlichen Fang von Insekten absieht, in den Baumkronen selten sind, holen sie sich ihre notwendigen Aminosäuren aus den frischen Spitzen der Blätter – den Rest werfen sie weg. Andere Pflanzen liefern ihnen wertvolle Fettsäuren, Früchte Zucker, Vitamin C und Pektin. Kalifornische Wissenschaftler stellten fest, dass unsere tierischen Verwandten täglich deutlich mehr wertvolle Vitamine und Spurenelemente aufnehmen als ein zehnmal so schwerer Mensch.

Mangel im Überfluss

Wir Menschen jedoch haben diesen sicheren Griff nach der richtigen Nahrung verloren. Im Laufe der Evolution wuchs unser Gehirn und forderte immer mehr rasch verfügbare Energie ein. Deshalb bevorzugen wir Süßes und Fettes, das in Urzeiten rasche Energie für Jagd und Flucht lieferte wie auch lebensnotwendige Reserven für Zeiten des Hungers und der Entbehrung.

Doch mit dieser genetischen Programmierung aus der Steinzeit müssen wir in einer modernen Welt voller Verführungen leben. Der Supermarkt bietet uns Reize, die unter natürlichen Bedingungen völlig undenkbar wären – statt eines Apfels eine Apfeltorte mit Zucker, Eiern und Sahne, statt einer Kartoffel Chips, die mit Fett, Salz, Geschmacksverstärkern und Knackeffekten die Sinne verführen. Das hat fatale Folgen: Zum ersten Mal in der Geschichte der Menschheit, warnte das Worldwatch Institute in Washington zu Beginn dieses Jahrtausends, sind genauso viele Menschen auf der Welt von den tödlichen Folgen des Hungers wie der Völlerei bedroht: je 1,1 Millarden.

Gefährliche Energieräuber

Die modernen Gesellschaften sind vom Mangel im Überfluss geprägt: Die Menschen werden immer dicker, aber nicht gesünder. Die Nahrung, die viele von uns aufnehmen, liefert dem Körper zu viel Fett, aber zu wenig Energie. Falsches Essen ist nicht nur einer der wichtigsten Risikofaktoren für Herz-Kreislauf-Erkrankungen, Stoffwechselprobleme und Krebs, sondern es raubt den letzten Rest an Lebenskraft: Es macht müde und apathisch, manchmal auch unruhig und zappelig, und es verringert die Konzentrationsfähigkeit.

Falsche Ernährung ist nicht nur einer der wichtigsten Risikofaktoren für Herz-Kreislauf-Erkrankungen, Stoffwechselprobleme und Krebs, sondern raubt auch den letzten Rest an Lebenskraft.

Leistungsbereitschaft/Schwankungen im Tagesverlauf

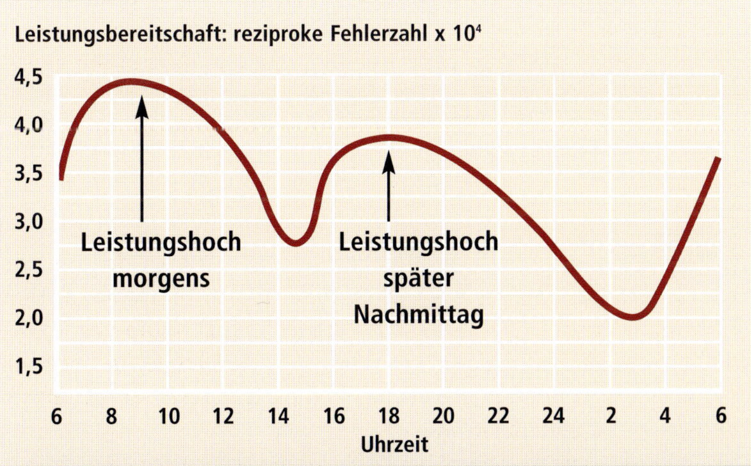

Der Biorhythmus des Organismus bestimmt, wann wir besonders viel leisten können: morgens um 10 Uhr und am frühen Abend. Gegen 15 Uhr und um 3 Uhr nachts ist der Stoffwechsel reduziert.

Was ich täglich esse

Morgens

Als Schüler habe ich jeden Morgen Haferbrei gegessen, Haferflocken in Wasser gekocht, mit Fruchtsirup (Fruchtkonzentrat ohne Zucker), Honig, Milch oder Sahne verfeinert – und mit Zimt gewürzt. Das ist der ideale Start für den Tag: wohltuende Wärme, schleimbildende Stoffe, die den Magen verwöhnen und nicht belasten, Vollkorn, das lange Energie liefert. In England ist Porridge ein Nationalgericht. Die britischen Leichtathleten, die ich betreue, essen am Morgen vor Wettkämpfen oder vor dem Training gerne Haferbrei. Das ist natürlich nicht jedermanns Sache. Heute esse ich meist eine große Portion Müsli am Morgen, oft auch Obstsalat mit Joghurt und etwas Honig. Was den Streit darum angeht, ob das Frühstück die wichtigste Mahlzeit ist oder nicht: Ich muss frühstücken, sonst fehlt mir die Energie, und mein Magen knurrt.

Vormittags

Gegen 10 Uhr esse ich dann meist in der Praxis ein Vollkornbrot mit magerem Schinken oder Käse. Und Obst. Obst esse ich eigentlich den ganzen Tag über: Äpfel, Birnen, sehr gerne auch Kernobst oder Beeren, immer saisonal – was die Natur gerade bietet. Für die Energie zwischendurch eignen sich auch Trockenpflaumen oder -aprikosen sowie getrocknete Apfelringe, die sind bei mir statt Süßigkeiten in einer kleinen Schale angerichtet.

Mittags

Mittags esse ich leicht, sonst könnte ich mich auf meine weitere Arbeit nicht mehr konzentrieren: grüne Salate, Gemüsesalate, Rohkost mit Dips, aber auch marinierte Meeresfrüchte, Pilze oder Oliven.

Nachmittags

Nachmittags greife ich sehr gerne zu einem Stück Schokolade, aber nur zu Bitterschokolade mit einem sehr hohen Kakaoanteil, denn sie soll nicht Fett und Zucker liefern, sondern wirklich den wertvollen Kakao. Der wirkt wie Medizin und beeinflusst die Hirnchemie positiv. Das gilt auch für Bananen: Die liefern Glukose für beschleunigte Denkvorgänge, bessere Hirnleistung und gutes Erinnerungsvermögen. Außerdem führen Bananen durch ihre schleimbildenden Substanzen auf angenehme Weise zur Benetzung von Mund und Rachen.

Abends

Leider nehme auch ich meine Hauptmahlzeit am Abend ein. Das ist zwar nicht optimal, aber mein gedrängter Tagesablauf lässt das nicht anders zu. Meine Frau kocht für uns, ich setze mich zu ihr in die Küche und schaue zu. Dabei erzählen wir uns, was wir den Tag über erlebt haben. In diesen Stunden kehrt Ruhe ein, ich sehe selten fern und will dann eigentlich auch keine Musikberieselung. Wir essen auch abends leicht, eher Geflügel als »rotes« Fleisch wie Schwein oder Rind, mindestens zweimal in der Woche Fisch.

Wir kaufen überwiegend Lebensmittel aus ökologischer Produktion, die haben ganz andere Inhaltsstoffe als konventionell produzierte. Das ist teurer, ich weiß, aber wir Deutschen geben viel zu wenig für Lebensmittel aus. Schließlich sind das die Bausteine für unseren Körper.

Eier – trotz Cholesterin-Hysterie

Und übrigens: Ich esse vergleichsweise viele Eier. Ich glaube nicht an die Cholesterin-Panik, die im Zusammenhang mit Eiern verbreitet wird. Cholesterin-Probleme lassen sich durch Diätempfehlungen wenig beeinflussen.

Ich denke, es geht eher darum, krankhafte Stoffwechselprobleme zu ändern, als einzelne Lebensmittel zu vermeiden. Zumindest helfen Diäten wenig, wenn man nicht auf den gesamten Stoffwechsel achtet. Eier enthalten wertvolles Lezithin und Selen. Auch hier achten wir darauf, dass sie von frei laufenden Hühnern stammen. Untersuchungen haben gezeigt, dass solche Eier eine ganz andere Licht-, also auch Lebensenergie haben als solche aus Legefabriken.

Achten Sie auf Ihren Flüssigkeitshaushalt

Vergessen Sie nicht, den ganzen Tag über ausreichend zu trinken. Ich trinke meist Obstsäfte, nie pur, sondern als Schorle, halb und halb gemischt. Besonders liebe ich Traubensaft, seine Farbstoffe sind herzstärkend, aber er ist nicht nur gesund, er schmeckt auch.

Meine Patienten fragen mich immer wieder, wie viel sie trinken sollen. Meine Antwort: Solange Ihr Urin hell bis leicht gelblich, aber immer betont wässrig aussieht, ist Ihr Organismus ausreichend mit Wasser versorgt. Eine dunklere Farbe ist ein Zeichen dafür, dass dem Körper zu wenig Flüssigkeit zugeführt wurde.

Obst und Gemüse verlieren Inhaltsstoffe

Zur gedankenlosen Ernährung kommen Umweltgifte und die Methoden der modernen Landwirtschaft, die bei der Zucht neuer Sorten nach ganz anderen Kriterien als dem Nährstoffgehalt vorgeht (Transportfähigkeit, Haltbarkeit, Resistenz gegenüber Schädlingen). Das Ergebnis ist ernüchternd: Bei den meisten Grundnahrungsmitteln, das zeigte eine vergleichende Untersuchung der Jahre 1985 und 1996, nahm der Anteil an Mineralien, Spurenelementen und Vitaminen dramatisch ab – egal ob Kartoffeln, Möhren, Äpfel, Bananen, Erdbeeren oder Bohnen (siehe Seite 120).

Wozu Nahrungsergänzungsmittel?

Solche Zahlen zeigen, dass eine ausgewogene Ernährung allein nicht mehr imstande ist, die für unsere Vitalität notwendigen Substanzen zur Verfügung zu stellen. Deshalb bin ich – im Gegensatz zu manchen meiner Kollegen – überzeugt, dass die zusätzliche Zufuhr von Vitaminen, Mineralien und Spurenelementen notwendig ist.

Um die freien Radikale unter Kontrolle zu halten, brauchen wir ausreichend Antioxidanzien. Erste Messmethoden weisen nach, wie gut diese Abwehr funktioniert. Man kann beispielsweise – vor und nach einer Belastungsprobe – die freien Sauerstoffradikale direkt im Blut bestimmen (Elektronen-Spinresonanz). Das machen bisher allerdings nur wenige Labors. Auch der Anteil an Coenzym Q_{10} im Blut gibt einen Hinweis darauf, wie intensiv der Stoffwechsel eines Menschen angespannt ist – und damit auch sein antioxidatives Schutzschild beansprucht wird. Das Coenzym bindet sich nämlich in geringen Mengen an die roten Blutkörperchen – und schützt sie so vor Radikalen. Steigt der oxidative Stress, z. B. durch Hochleistungssport, wird das Coenzym aus dem Blutkreislauf abgezogen oder erreicht ihn gar nicht.

Zu den Schutzmechanismen gegen freie Radikale gehören außerdem die Eiweiße im Blutserum: Erst sie lassen Vitamine als Radikalfänger wirklich erfolgreich sein. Auch der Gallenfarbstoff Bilirubin und die Harnsäure, das Glutathion, die Superoxiddismutase (SOD) und die Katalase (KAT) sowie verschiedenste Reparaturenzyme wirken schützend. Alles in allem hängt Ihr antioxidatives Schutzpotenzial genauso von Ihrer Erbsubstanz ab wie von der Lebensführung: Viele traditio-

Nahrungsergänzungsmittel sind nötig, um einerseits den Nährstoffbedarf zu decken und andererseits eine ausreichende Versorgung mit Antioxidanzien zu gewährleisten, die Stoffwechselschäden durch freie Radikale begrenzen können.

Verlust der Inhaltsstoffe in Obst/Gemüse

Gemüse und Obst	Mineralien und Vitamine *Gehalt in mg je 100 g Lebensmittel*	1985	1996	Differenz
Brokkoli	Kalzium	103	33	– 68 %
	Folsäure	47	23	– 52 %
	Magnesium	24	18	– 25 %
Bohne	Kalzium	56	34	– 38 %
	Folsäure	39	34	– 12 %
	Magnesium	26	22	– 15 %
	Vitamin B_6	140	55	– 61 %
Kartoffel	Kalzium	14	4	– 70 %
	Magnesium	27	18	– 33 %
	Vitamin C	20	25	+ 25 %
Möhre	Kalzium	37	31	– 17 %
	Magnesium	21	9	– 57 %
Apfel	Kalzium	7	8	+ 12 %
	Magnesium	5	6	+ 20 %
	Vitamin C	5	1	– 80 %
Banane	Kalzium	8	7	– 12 %
	Folsäure	23	3	– 84 %
	Magnesium	31	27	– 13 %
	Vitamin B_6	330	22	– 92 %
Erdbeere	Kalzium	21	18	– 14 %
	Magnesium	12	13	+ 8 %
	Vitamin C	60	13	– 67 %

Studie des Schwarzwaldsanatoriums Oberthal 1996

nelle Empfehlungen der Naturheilkunde – von Kneipp'schen Güssen über Saunabesuche und Wechselduschen bis zum Laufen an der frischen Luft oder Schlafen bei offenem Fenster – zielen, ohne es so zu benennen, auf eine Steigerung der antioxidativen Kapazität.

Wenn der Sauerstoff aus der Atemluft nicht vollständig zu Kohlendioxid und Wasser abgebaut wird, bleiben energiereiche Moleküle übrig, die als so genannte freie Radikale bekannt sind und das Gewebe der Umgebung reizen oder schädigen können. Als Schutzmechanismen gegen die freien Radikalen hat unser Körper antioxidative Substanzen (»Antioxidanzien«) entwickelt.

Altern heißt Oxidation

Werden die geschilderten Schutzmechanismen überstrapaziert, kommt es zum oxidativen Stress: Der Organismus kann die Zahl der Schäden auf Dauer nicht verkraften. Im Zentrum der Verbrennung, in den Mitochondrien, sind die Attacken der freien Radikale besonders gefährlich. Sie können die Mitochondrien regelrecht ausbrennen. Das ist einer der Gründe, warum der Stoffwechsel mit zunehmenden Jahren immer langsamer und die Abwehr immer schwächer wird. Langfristig führt dies zum Zelltod und ist eines der Geheimnisse, die dem Altern zugrunde liegen. Freie Radikale werden übrigens nicht nur während des Verbrennungsvorgangs gebildet, sondern entstehen bei einer Fülle von verschiedenen Stoffwechselvorgängen.

Besonders anfällig sind die Eiweiße, die Bestandteil der Zellwände sind, sie durchlässig machen oder als Botenstoffe zwischen den Zellen vermitteln. Werden sie von den freien Radikalen angegriffen, können nicht nur Strukturen zerstört, sondern auch zentrale Kommandos verändert werden. Krebs, so nehmen viele Forscher an, ist eine der möglichen Folgen eines solchen Angriffs.

Rechtzeitig vorbeugen

Der Mangel an wichtigen Nährstoffen und Antioxidanzien entwickelt sich schleichend und fällt lange nicht auf. Blutuntersuchungen ergeben noch normale Werte, wenn der Gehalt an Magnesium sowie an Vitamin C und E in den Zellen bereits sinkt.

Später, wenn der Stoffwechsel schon am Rande seiner Kapazität ist, machen sich erste Ausfallerscheinungen bemerkbar: Sie ermüden rascher, vertragen keinen Kaffee mehr, meiden Fruchtsäfte, weil sie Ihnen zu sauer sind, oder registrieren schon kleinste Witterungsänderungen als Kopfschmerz. Bei Blutanalysen liegen die Werte dabei immer noch im unteren Normdrittel; die Gewebespeicher sind jedoch schon aufgebraucht und entleert.

Erst wenn die Schäden evident sind, wenn ein Infekt auf den anderen folgt, Magnesiummangel zu nächtlichem Herzjagen oder Herzrhythmusstörungen führt, verschreiben die meisten Ärzte Nährstoffe. Besser wäre es gewesen, lange vorher vorbeugend Nahrungsergänzungsmittel zu verabreichen.

Achtung beim Einkauf

Der Markt an Nahrungsergänzungsmitteln ist groß und von waghalsigen Versprechungen durchsetzt. Denn nur irgendwelche Tabletten zu schlucken, bringt Sie nicht weiter. Selbst von Hochdosis-Präparaten wird oft nur ein geringer Teil vom Körper aufgenommen. Andere Prä-

Antioxidanzien im Körper

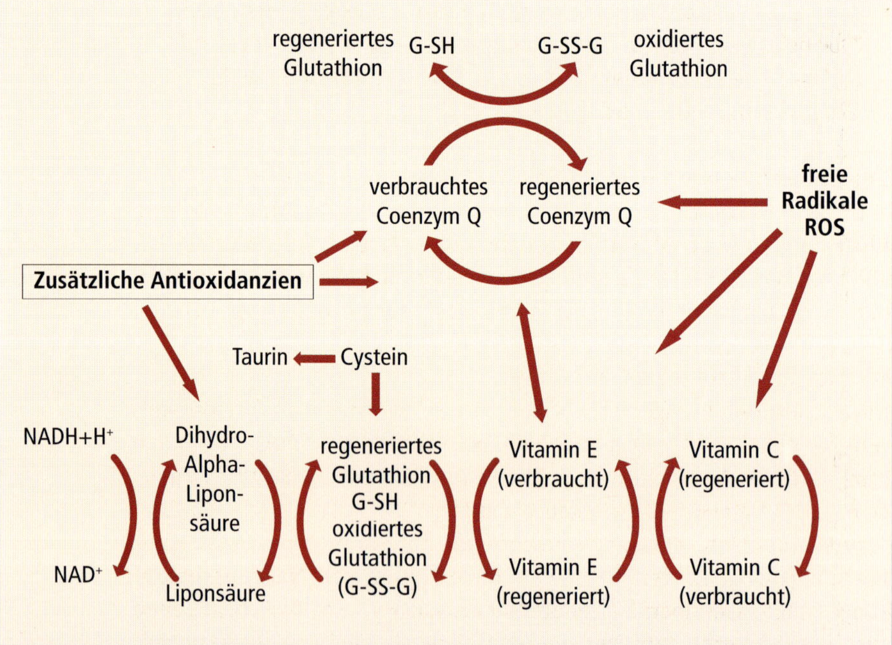

Netzwerk der Antioxidanzien: Um freie Radikale zu entschärfen, braucht der Körper Vitamin C. Um dessen Verbrauch wettzumachen, benötigt er Vitamin E und das Antioxidans Glutathion. Letzteres wird durch Aminosäuren und die Alpha-Liponsäure regeneriert.

parate sind willkürlich kombiniert oder enthalten viele Konservierungsmittel, Farb- und Geschmacksstoffe. Hier daher einige Hinweise, die Ihnen beim Kauf eines Nahrungsergängzungsmittels (NEM) helfen können.

- Lesen Sie auf dem Etikett genau nach, welche Substanzen eingesetzt werden. Vermeiden Sie NEM, die Hefe, Stärken, Zucker, Wachse oder versteckten Milchzucker enthalten.
- Meiden Sie Produkte, die Konservierungsmittel, Farbstoffe (E-Nummern) und andere Hilfsstoffe enthalten. Je mehr davon verwendet werden, desto billiger sind die Produkte in der Regel. Gute Qualität hat ihren Preis.
- Achten Sie besonders auf Magnesiumstearat oder Ascorbylpalmitat. Das sind nichts anderes als Maschinenschmiermittel, sie werden als Pseudonährstoffe umgedeutet und dienen einzig und allein dazu, die Tabletten-Produktion schneller zu machen.
- Achten Sie auf die Angabe einer »hypoallergenen« Herstellung. Nur bei diesen Produkten ist davon auszugehen, dass wertvolle Rohstoffe verwendet wurden und bei der Produktion wenig Chemie eingesetzt wurde.

Der Mangel an wichtigen Nährstoffen entwickelt sich schleichend und fällt lange nicht auf. Daher ist es sinnvoll, vorbeugend Nahrungsergänzungsmittel zu verabreichen.

Dosisempfehlungen müssen wissenschaftlich überprüft sein

Was die Dosis angeht, liegen meine Empfehlungen für Nährstoffe und Vitamine in der Regel über denen der Deutschen Gesellschaft für Ernährung (DGE). Aber sie sind dennoch von mehreren Seiten wissenschaftlich abgesichert. Sie orientieren sich an internationalen Studien der Orthomolekular-Medizin, das ist die Wissenschaft von den Wirkungsmechanismen der Nährstoffe.

Alle Dosisempfehlungen unterliegen außerdem dem »no-observed-adverse-level« (NOAL): Das heißt, bei der angegebenen Dosis sind nach wissenschaftlicher Prüfung keinerlei unerwünschte Reaktionen zu erwarten. Manche Empfehlungen orientieren sich an den Vorschriften der amerikanischen Gesundheitsbehörde, der Food and Drug Administration (FDA). In den USA wird der Umgang mit Nahrungsergänzungsmitteln viel liberaler gehandhabt als in Europa. Trotzdem gelten auch dort Sicherheitsmargen für den Gebrauch: Die Dosis muss schädliche Wirkungen ausschließen.

In meiner Praxis habe ich bei den Stoffen, die ich Ihnen empfehle, jahrzehntelang nur positive Erfahrungen gesammelt.

Generell sollte die Einnahme von Nahrungsergänzungsmitteln auf mehrere Dosen über den Tag hin verteilt sein. Was die Menge betrifft, so haben die meisten Nahrungsergänzungsmittel einen breiten Toleranzbereich.

Verantwortlich empfehlen

Vitamin C in großer Dosis zu verabreichen, ist ziemlich umstritten, seit der Nobelpreisträger Linus Pauling damit warb, auf diese Weise das Altern verzögern zu können. Doch keiner der verschiedenen Vorbehalte in den Studien, die vor erheblichen Nebenwirkungen warnten, hat sich bisher bestätigen lassen.

Vorsicht gilt jedoch bei Beta-Carotin, das bei Rauchern, die regelmäßig Alkohol tranken, negativ wirkte – und bei ihnen für die Entwicklung von Darm- und Lungenkrebs verantwortlich gemacht wird. Auch die Einnahme von höheren Dosen Vitamin A scheint nicht empfehlenswert, da dieses Vitamin die Knochen brüchig machen kann.

Die richtige Einnahme – am besten mehrmals am Tag

Manchmal kann die gezielte Gabe eines einzigen Nährstoffes zur Behandlung von Symptomen und Krankheiten hilfreich sein: Carnitin ist beispielsweise sehr gut zur Stärkung des Herzes, Chrom zur Stabilisierung des Blutzuckerspiegels und Vitamin B_3 zur Behebung von Fettstoffwechselstörungen.

Andere Nährstoffe wirken gerade besonders gut in Kombination mit weiteren. Dies gilt vor allem für die B-Vitamine und Aminosäuren. Nehmen Sie mehrere Substanzen, sollten Sie jedoch darauf achten, dass einige einander bei der Aufnahme behindern und deshalb getrennt eingenommen werden sollten. Vor allem bei einer hohen Dosis sollten Sie nicht miteinander kombinieren: Kalzium mit Magnesium, Zink oder Eisen mit Kupfer sowie Vitamin C mit Natriumselenit.

Ein Tipp: Nehmen Sie Kupfer morgens, Eisen mittags und Zink am Abend. Aminosäuren bitte nicht zu den Mahlzeiten, sondern dazwischen. Mehrmals eine kleine Dosis ist besser als einmal eine große. Wenn Sie z. B. Infekten vorbeugen wollen, nehmen Sie lieber dreimal täglich 500 Milligramm Vitamin C als 1,5 Gramm auf einmal. Bei akuten Infekten können Sie mit dieser Staffelung 3 bis 5 Gramm – auf kleine Portionen verteilt – pro Tag erreichen.

Wie hoch dosiert?

Viele Nährstoffe haben einen breiten Toleranzbereich: Werden sie überdosiert, hat das lange keine Nebenwirkungen, sondern der Körper legt Depots an oder scheidet Überschüsse aus. Dies gilt für die Vitamine E, C, B_{12} und B_5, Folsäure, Magnesium, Kupfer und Mangan. Andere

B-Vitamine oder auch Chrom, Phosphor und Kalzium sollten nicht überdosiert werden. Die von den Fachgesellschaften vorgeschriebenen Obergrenzen lassen aber noch viel Spielraum. Die Nährstoffe, die wir am sorgfältigsten auswählen sollten, um den Organismus damit nicht zu überfordern, sind die Vitamine A und D, Selen, Zink und Eisen.

Wem empfohlen?

Alle Menschen mit einseitigen Ess- und Lebensgewohnheiten sollten Nahrungsergänzungsmittel zu sich nehmen, auf jeden Fall aber Kranke, im Beruf besonders gestresste Personen, Leistungssportler, Schwerstarbeiter, Flugpersonal oder Menschen, die in ozonbelasteter Luft (PC, Drucker, Kopierer) arbeiten müssen. Zur Zielgruppe gehören außerdem Personen über 40, die sich ihren alltäglichen Anforderungen nicht mehr gewachsen fühlen, und alte Menschen, deren Kräfte zum Beispiel durch Immobilität stark nachlassen.

Auf einen Blick – Ursachen für die Bildung freier Radikale

- Zu viel Cholesterin (HDL), Triglyceride, Blutzucker
- Lipoprotein(a)
- Homocystein
- Häufige Flugreisen
- Überanstrengung ohne ausreichendes Training
- Hochleistungssport
- Überstrapazierung durch körperliche Arbeit
- Menstruation, Menopause
- Falsche Ernährung (viel Eiweiß, Fett und Zucker, Gegrilltes, vermehrter Alkoholkonsum, wenig Obst und frisches Gemüse)
- Arbeitswelt mit viel Technik (PC, Drucker, Kopierer etc.) und hohem Ozonausstoß
- Übergewicht
- Anhaltender psychischer Stress
- Leberbelastungen: Alkohol, Schwermetalle
- Allergien, Rheuma, chronische Entzündungen, Virusinfekte
- Aggressive Therapien wie Bestrahlung oder Chemotherapie

Wo kaufen?

Einige Nahrungsergänzungsmittel sind leider nur über das Ausland zu beziehen. Denn in Deutschland unterliegen höher dosierte Vitamine und Spurenelemente rasch den Beschränkungen des Arzneimittelgesetzes. Diese müssten hier langwierige Zulassungs- und Testverfahren durchlaufen, die sich aber finanziell nicht mehr lohnen, da die Substanzen patentrechtlich nicht mehr zu schützen sind.
Kaufen Sie Wirkstoffe nicht über das Internet. Der Import aus dem Ausland ist Sache der Apotheke.

Die wichtigsten Antioxidanzien und Nährstoffe

Im Folgenden würde ich Ihnen gerne die wichtigsten Antioxidanzien und Nährstoffe vorstellen und deren Wirkung beschreiben.

Vitamin C (Ascorbinsäure)

Vitamin C zählt zu den besonders wichtigen Stoffen (für das Immunsystem, für ein gesundes Bindegewebe und für das Funktionieren der Leber), die der menschliche Organismus allerdings nicht mehr selbst herstellen kann.

Der Mensch kann anders als die meisten Säugetiere diesen besonders wichtigen Stoff nicht mehr selbst im Organismus herstellen. Die Fähigkeit dazu ist ihm im Laufe der Evolution verloren gegangen, vermutlich in einer Phase, als Früchte im Lebensraum der Primaten so zahlreich waren, dass sie darauf verzichten konnten. Viele Obst- und Gemüsesorten enthalten Vitamin C, allerdings nur, wenn sie wirklich sonnengereift sind – was bei dem Angebot im Supermarkt kaum mehr der Fall ist. Besonders viel steckt in Paprikaschoten, schwarzen Johannisbeeren, Hagebutten, Sauerkraut, Petersilie und Kartoffeln.
Die Ascorbinsäure ist wichtig für das Immunsystem, ein gesundes Bindegewebe und das Funktionieren der Leber. Weniger bekannt ist, dass Vitamin C auch für den Energiehaushalt, die körpereigene Produktion von Cortisol, den Aufbau bestimmter Nervenbotenstoffe (Noradrenalin und Serotonin) und für das Carnitin eine wichtige Rolle spielt. Dabei arbeitet Vitamin C Hand in Hand mit den beiden anderen Radikalfängern Vitamin E und dem Coenzym Q_{10}. Sie stützen und regenerieren sich gegenseitig.
Körperlicher Stress, Ozonbelastung, Flugreisen und jede Art von Sport erhöhen den Bedarf an Vitamin C auf bis zu 1 Gramm täglich (und mehr). Verwenden Sie nicht irgendwelche Präparate, sondern reine

Ascorbinsäure aus der Apotheke oder eine säuregepufferte Form, das Calciumascorbat. Letzteres ist besonders geeignet für Personen, deren Stoffwechsel zur Übersäuerung neigt. Und noch einmal: Häufigere Vitamingaben zu 500 Milligramm sind effektiver als einmal eine hohe Dosis! Der Körper scheidet übrigens Überschüsse an Vitamin C nicht sofort wieder aus, wie oft fälschlicherweise behauptet wird, sondern speichert sie bis zu 4 Wochen im Bindegewebe der Unterhaut. Bei Nierensteinen sollte man vor einer Vitamin-C-Kur mit seinem Arzt sprechen.

Mein Praxis-Tipp

Ideale Sportler-Ernährung

Setzen Sie beim Sport immer auf die richtigen Energieträger. Ihre Ernährung sollte daher möglichst zu 45 bis 55 Prozent aus Kohlenhydraten bestehen sowie zu 25 bis 30 Prozent aus Fett und zu 15 bis 20 Prozent aus Eiweiß.

Vitamin E

Mit Vitamin E schützen Pflanzen ihre fettreichen Samen, damit diese nicht über den Winter ranzig werden. Der Mensch nutzt das Vitamin E in ähnlicher Weise als Oxidationsschutz für Zellen, Zellwände und Blutgefäße, für das Fettgewebe und den gesamten Fettstoffwechsel. Unverzichtbar für das Immunsystem hält es das Blut flüssig, da es die Verklumpung der Blutplättchen reguliert. Auch Rheumatiker profitieren von der immunmodulierenden Wirkung.

Vitamin E beugt Gefäßverkalkung vor, es schützt und regeneriert sonnenstrapazierte Haut. Lokal angewendet ist es ein hervorragendes Mittel – zusammen mit Vitamin-C-Lösungen – bei akutem Sonnenbrand. Juckende, trockene Schleimhäute werden erfolgreich mit Vitamin-E-Salben behandelt.

Vitamin E fördert die Leistungsfähigkeit unserer Zellen auf vielen Ebenen und kann bei jeder Art von Energiemangel in den Nährstoffplan aufgenommen werden. Vitamin E sollte aus natürlichen Quellen stammen (beispielsweise aus Palmkernöl, Weizenkeimöl oder Sojakeimöl), weil der Körper diese Form besser verarbeiten kann.

Nehmen Sie 300 bis 500 Milligramm täglich, Rheumatiker sogar bis zu 1000 Milligramm. Da Vitamin E fett- und nicht wasserlöslich ist, wird es im Gegensatz zu Vitamin C langsamer ausgeschieden. Personen, die unter Blutgerinnungsstörungen oder Schilddrüsenerkrankungen leiden, sollten sich mit ihrem Arzt absprechen.

Vitamin B_3 (Niacin)

Das sind gleich mehrere Stoffe, die zum natürlichen Radikalpuffer unseres Körpers gehören: die Nikotinsäure, das Niacinamid und verschiedene Esterformen. Der gesamte Fett- und Zuckerstoffwechsel und damit die Energiegewinnung sind auf eine ausreichende Zufuhr an Vitamin B_3 angewiesen. Natürliche Quellen für Vitamin B_3 sind Hefe, Reiskleie und Erdnüsse.

Besonders wichtig ist das Niacinamid. Es schützt Bindegewebe und Gelenke. Dosisempfehlungen reichen in der Literatur von 500 Milligramm bis zu 2000 Milligramm täglich. Der Energiestoffwechsel sollte mit 500 Milligramm täglich auskommen. Nikotinsäure dagegen führt schon in geringen Mengen zu plötzlichem Blutandrang im Kopf- und Halsbereich und gehört deshalb nur in die Hand eines erfahrenen Orthomolekular-Mediziners.

Vitamin E nutzt der Organismus als Oxidationsschutz für Zellen, Zellwände, Blutgefäße, Fettgewebe und den gesamten Fettstoffwechsel. Letzterer ist wie die Energiegewinnung auch auf ausreichende Zufuhr von Vitamin B_3 angewiesen.

Magnesium

Für körperliche Anstrengungen jeder Art brauchen Sie Magnesium. Nicht nur die Arbeit der Muskeln hängt davon ab, sondern auch das Funktionieren von rund 300 körpereigenen Enzymen und damit unzähligen Stoffwechsel- und Steuerungsprozessen. Je mehr Energie der Körper umsetzt, desto mehr Magnesium benötigt er – die Skelettmuskulatur genauso wie die feinen Muskeln unserer Blutgefäße oder der Herzmuskel. Sicher kennen Sie das unangenehme Zittern des Augenlides – es ist oft ein Zeichen für Magnesiummangel.

Magnesium befindet sich in den Zellen. Der Magnesiumpegel im Blutserum gibt deshalb nur einen Anhaltspunkt für die Vorräte im Körper – zumal er tageszeitlichen Schwankungen unterliegt. Nachmittags um 14 Uhr und am sehr frühen Morgen misst man den niedrigsten Magnesiumspiegel. Zudem ist der individuelle Bedarf ganz verschieden. Daher gilt: ausprobieren! Magnesium ist ein sehr sicheres Mineral. Sie können nichts falsch machen. Magnesium fördert die Aufnahme von Kalzium aus dem Darm und beugt so der Osteoporose vor. Es dämpft Überreizungen an Nerven, die zu unklaren Impulsen (zitterndes Augenlid, ungeordneter Herzrhythmus) oder Überspannungen (Wadenkrämpfe, Kopfschmerzen) führen können.

Im Handel gibt es organische und anorganische Magnesiumverbindungen. Ich empfehle Citrate oder die so genannten Chelate, also Verbindungen von Magnesium mit Aminosäuren wie Aspartaten oder Orotaten. Ein wichtiger Tipp: Magnesium nicht direkt vor dem Training nehmen. Denn dann entspannen sich die Blutgefäße und es kann sich ein Schweregefühl in den Beinen einstellen.

Omega-3-Fettsäuren

Da unsere Ernährung zu wenige Omega-3-Fettsäuren enthält, sollten Sie diese am besten in Form konzentrierter Fischöle als Kapseln zu sich nehmen (z. B. Lebertran). In der Apotheke gibt es Kapseln, die mindestens 200 Milligramm DHA (Docohexaensäure) und 300 Milligramm EPA (Eicosapentaensäure) enthalten.

Verwechseln Sie diesen Stoff bitte nicht mit Omega-6-Ölen, die aus Pflanzensamen gewonnen werden. Unsere Nahrung sollte prinzipiell mehr Omega-3-Fettsäuren enthalten.

Die genaue Dosis hängt von Ihren Beschwerden ab: Bei entzündlichen Erkrankungen wie Psoriasis und Neurodermitis, bei Triglycerid- und Cholesterinstörungen, Allergien und entzündlichen Darmerkrankungen kann der Bedarf an Omega-3-Fettsäuren bis auf 2 Milligramm täglich ansteigen. Vor allem bei Rheuma helfen Omega-3-Fettsäuren, die chronischen Entzündungen zu lindern. Die Einnahme sollte wie bei allen Fetten zur Mahlzeit erfolgen.

Magnesium wird im Organismus benötigt für körperliche Anstrengungen jeglicher Art. Omega-3-Fettsäuren sollten in Form von konzentrierten Fischölen zugeführt werden. Zink stabilisiert Insulin und reguliert viele Enzyme des Stoffwechsels.

Zink

Zink stabilisiert das Insulin, unser wichtigstes Steuerungshormon des Kohlenhydratstoffwechsels. Auch viele andere Enzyme unseres Stoffwechsels werden mit Zink reguliert. Es kontrolliert beispielsweise das Enzym Carboanhydrase, welches saure Stoffwechselprodukte einfängt: Es verwandelt sie in Kohlensäure, die wir über die Lunge ausatmen. Das ist vor allem bei Sportlern oder bei Personen mit besonders hohem Energieumsatz wichtig. Leistungssportler sollten außerdem Zink einnehmen, weil sie über den Schweiß Zink verlieren.

Zink wirkt auch vielen Giften entgegen: Raucher z. B. inhalieren das Schwermetall Kadmium, das Zink aus dem Körper verdrängt, ähnlich wie Quecksilber oder Blei. Hauterkrankungen oder auch Haar- und Nagelwachstumsstörungen deuten auf Zinkmangel hin. Die Substanz ist wichtig für die Eiweißsynthese und wirkt als Radikalfänger.

Unser Immunsystem benötigt immer dann größere Mengen Zink, wenn schwere Infekte ausgeheilt werden oder chronische Erkrankungen bewältigt werden müssen. Ich empfehle bis zu 15 Milligramm und in Einzelfällen bis zu 25 Milligramm täglich als Zinkaspartat, -citrat, -orotat oder -picolinat. Bitte beachten Sie auch, dass in Deutschland nicht das Gewicht des reinen Zinks, sondern das Gesamtgewicht der verwendeten Verbindung pro Kapsel angegeben wird: Beispielsweise enthalten 40 Milligramm Zinkorotat nur 6,3 Milligramm reines Zink. Präparate aus den USA weisen fast immer den reinen Zinkanteil aus. Auch beim Zink schneiden Histidinate, Aspartate oder Picolinate besonders gut ab, was die Aufnahme betrifft.

Selen, dessen Gehalt in der Nahrung ständig sinkt, ist wichtig zur Aktivierung der Enzymsysteme. Eisen kommt eine zentrale Bedeutung bei der Bildung der roten Blutkörperchen zu.

Selen

Der Selengehalt in der Nahrung sinkt ständig, weil das Mineral im Boden durch verschiedenste Umweltgifte gebunden wird. Aber Selen ist wichtig: Es aktiviert Enzymsysteme und steuert damit die Gesundheit unserer stoffwechselaktiven Zellen besonders in der Leber, der Niere, im Nervensystem und in vielen Schleimhautzellen.

Rheumapatienten sollten Selen nehmen, weil ihre chronischen Entzündungen zu einem verstärkten oxidativen Stress und zu einem hohen Verbrauch von Antioxidanzien führen. Wegen seiner hilfreichen Rolle beim akuten Infarkt und der Blutgerinnung gewinnt Selen zunehmend Eingang in die Intensivmedizin. Selbst akute Bauchspeicheldrüsenentzündungen werden mit Seleninfusionen (1000 µg pro Tag und mehr) behandelt. Es gibt verschiedene Selenverbindungen im Handel. Die Kombination mit Aminosäuren sorgt für eine gute Aufnahme im Körper: Selenomethionin und Selenocystein.

Eisen

Dauernde Müdigkeit und Schwäche, verbunden mit Blässe, Mundwinkelentzündungen und trockener Haut, sind Symptome eines gestörten Eisenstoffwechsels. Der kann die verschiedensten Ursachen haben: Beispielsweise können Aufnahme, Transport oder Verwertung dieses Stoffes nicht richtig funktionieren. Die genauen Ursachen müssen vor einer Therapie diagnostiziert werden.

Eisen ist u. a. wichtig für die Bildung der roten Blutkörperchen, die mit seiner Hilfe Sauerstoff binden und durch den Körper transportieren. Bei Blutarmut sollte man aber unbedingt auch an eine ausreichende Versorgung mit Vitamin B_{12} und Folsäure denken. In Deutschland sind leider nur sehr schwer verträgliche Eisensalze im Handel (z. B. Eisensulfat). Zu den Eisenverbindungen, die am besten vertragen werden, ge-

hört fraglos das Eisenpicolinat. Eisen hat jedoch auch seine Schattenseiten: Seine Moleküle können selbst freie Radikale erzeugen. Personen, die an Rheuma erkrankt sind, sollten bei der Einnahme von zusätzlichem Eisen vorsichtig sein, ebenso Diabetiker oder Personen mit Fettstoffwechselstörungen.
Viele Multivitaminpräparate enthalten, ohne dass dies ihren Käufern bewusst ist, Eisen. Aus Amerika kommen jetzt jedoch schon kupfer- und eisenfreie Präparate.

Aminosäuren und Eiweiße

Aminosäuren sind die kleinsten Bausteine der Eiweiße. Ohne sie funktionieren weder der Energiestoffwechsel noch der Strukturaufbau der Zellen und des Gewebes. Freie, ungebundene Aminosäuren sind im Körper selten, weil sie der Leber sofort als Bausteine für Eiweiße dienen. Trotzdem haben speziell die freien, ungebundenen Aminosäuren eine besondere Bedeutung im Informationsstoffwechsel der Zellen.
Alanin, Asparaginsäure, Glutaminsäure, Glutamin, Glycin (aus der Muskulatur), Serin, Prolin und Hydroxyprolin (aus Kollagen) hält der Organismus in eigenen Depots bereit. Andere wie Arginin, Histidin, Methionin oder Cystein erschöpfen sich in Zeiten großer Beanspruchung (entzündliche Krankheiten, Leistungssport) und sollten dann zusätzlich zugeführt werden. Essenzielle Aminosäuren stehen dem Körper nicht zur Verfügung und müssen von außen zugeführt werden: Iso-Leucin, Leucin, Valin, Lysin, Methionin, Phenylalanin, Threonin und Tryptophan. Der Aminosäurespiegel im Blut ist relativ konstant. Im Bindegewebe dagegen kann er je nach körperlicher Belastung um das Dreifache variieren. Unter Höchstbelastungen werden bis zu 10 Prozent der Energie durch die Verbrennung der Eiweiße erreicht.
Arginin reinigt die Arterien von Ablagerungen. Da es gefäßerweiternd ist, ist von der Einnahme vor dem Training oder Wettkampf abzuraten. Unsere Blutgefäße bleiben dank Arginin elastisch, und das Bindegewebe wird besser durchblutet. Der Körper braucht Arginin auch, um das wichtige Wachstumshormon HGH zu bilden.
Methionin gehört zu den schwefelhaltigen Aminosäuren. Es stärkt das Bindewegebe, unterstützt den gesamten Entgiftungsprozess und wird zu Carnitin weiterverarbeitet, einem wichtigen Energielieferanten.
Prolin und Lysin sind wichtig für die Regeneration des Bindewewebes. Sie bauen vitale Strukturen auf und verhindern deren vorzeitigen Ab-

Die für den Energiestoffwechsel sowie den Strukturaufbau der Zellen und des Gewebes wichtigen Aminosäuren hält der Organismus teils in eigenen Depots bereit. Essenzielle Aminosäuren müssen aber auch von außen zugeführt werden.

bau. Cystein ist am Aufbau des lebenswichtigen Glutathions beteiligt. Dieses verhilft den Zellen zu gesundem Wachstum und transportiert Gifte zur Niere, wo sie ausgeschleust werden. Darüber hinaus ist es ein wichtiges Instrument im Zusammenwirken der Antioxidanzien. Cystein ist außerdem ein Hustenlöser (N-Acetylcystein).

Eiweiß- und Fitness-Drinks sind nur sehr bedingt zu empfehlen. Viel besser ist Molkepulver als Energiespender, da es alle wichtigen Proteine sowie essenzielle Aminosäuren und Peptide enthält.

Vorsicht bei Fitness-Drinks

Eiweiß- und Fitness-Drinks bestehen meist aus technisch bearbeitetem Milcheiweiß oder Soja, die aus Geschmacksgründen mit Konservierungsmitteln, Geschmacksverstärkern sowie Farb- und Süßstoffen versetzt wurden. Die Zusätze können zu Unverträglichkeiten und Allergien führen. Generell ist eine solche Eiweiß-Mast nur in speziellen Fällen nach sportärztlicher Beratung sinnvoll. Freizeit-Sportlern rate ich dringend davon ab.

Ich empfehle als Energiespender Molkeeiweißpulver. Es enthält die wichtigsten Proteine ähnlich der menschlichen Muttermilch und ist eine ausgewogene sowie wirksame Quelle essenzieller Aminosäuren und Peptide. Das Taurin, in der Boulevardpresse immer wieder als Wunderstoff in speziellen Kraftgetränken angepriesen, hat in Wirklichkeit keinen Einfluss auf den Energiehaushalt. Es leistet aber gute Dienste zur Stabilisierung der Zellwände im Herzmuskel besonders im Alter. Leichte Herzrythmusstörungen, die besonders bei Belastungen auftreten, reagieren sehr gut auf eine Taurinsupplementierung (500 bis 1000 mg/pro Tag).

Farbe im Spiel: Bioflavonoide und Carotinoide

Die Bioflavonoide und Carotinoide sind die Farbgeber unserer Pflanzenwelt. Es sind vielseitige Wirkstoffe, die zum Teil sogar immunstärkend, entzündungshemmend und Krebs vorbeugend wirken. Viele Nahrungsergänzungsmittel enthalten Bioflavonoid-Extrakte oder -Konzentrate. Heidelbeerextrakte mit ihren Anthocyanen zum Beispiel sind nicht nur leuchtend blaurot, sie besitzen antioxidative Eigenschaften und pflegen Blutgefäße bis zu den kleinsten Kapillaren in der Netzhaut. Sie sollten in keiner antioxidativen Therapie fehlen.

Auch Gerbstoffe haben antioxidative Kräfte, etwa die Polyphenole im grünen, unfermentierten Tee oder in den Schalen der roten und weißen Weintrauben. Wertvoll sind auch die Bioflavonoide aus dem weißen Flaum, der sich unter der harten Zitrusschale befindet, den Hesperidi-

nen. Aus der großen Gruppe der Carotinoide hat das Lycopin aus der Tomate erst jüngst Schlagzeilen gemacht. Es wirkt u. a. auf entzündliche Veränderungen in der Prostata und wird von amerikanischen Kardiologen als herzschützend empfohlen.
Eiweiß spaltende Enzyme wie Bromelain aus Ananas oder Papain aus der Papaya, reinigen den Stoffwechsel, wirken abschwellend, entzündungshemmend und immunstärkend. Sie gehören zur Grundausstattung meines Notfallkoffers. Man muss beachten, dass viele Enzym-Präparate versteckten Milchzucker enthalten, auf den manche Menschen mit Unverträglichkeit reagieren. Besonders wichtig: Enzyme müssen mindestens eine halbe Stunde vor dem Essen eingenommen werden, da sonst ihre Wirkung gehemmt wird.

Viele Nahrungsergänzungsmittel enthalten Bioflavonoid-Extrakte oder -Konzentrate. Bioflavonoide und Carotinoide – die Farbgeber unserer Pflanzen – sind vielseitige Wirkstoffe, die zum Teil immunstärkend, entzündungshemmend und Krebs vorbeugend wirken.

Schwefelhaltige Verbindungen

Vielleicht haben Sie schon von Isothiocyanaten gelesen, schwefelhaltigen Verbindungen, die ausschließlich in Kreuzblütlern (Kohlgewächsen) zu finden sind. Weißkraut gilt schon lange als besonders gesund. Aber erst neuere Untersuchungen zeigen, welche Bestandteile dafür verantwortlich sind.
Sehr gut untersucht ist das Indol-3-Carbinol (I-3-C), das hoch konzentriert in den Röschen des frisch geernteten Brokkoli-Gemüses enthalten ist. I-3-C reguliert auch den Östrogen-Stoffwechsel, wie Studien an der Universität von Kalifornien zeigten. Besonders intensiv ist die Wirkung, wenn der Brokkoli nicht gekocht, sondern blanchiert verzehrt wird. Brokkoli-Kapseln enthalten gefriergetrocknete Extrakte.

MSM – wichtiger Immunmodulator und Aufbausubstanz

Schwefel kann in vielen verschiedenen Formen vorliegen. Organisch gebunden ist er in Aminosäuren wie Methionin, L-Cystein, N-Acetylcystein oder Taurin enthalten. Besonders vielversprechend ist das Methylsulfonylmethan (MSM), das in der Papierverarbeitung eingesetzt wird. Arbeiter berichteten von Heilungen bei Arthritis oder rheumatischen Beschwerden. MSM wurde daraufhin über mehrere Jahrzehnte wissenschaftlich getestet und untersucht.
Inzwischen hat man entdeckt, dass MSM auch in frischem Gemüse, Früchten, Fleisch und Meerestieren steckt. Besonders das Plankton ist sehr MSM-reich. Leider minimiert saurer Regen den Gehalt in Futterpflanzen. Auch Verarbeitungstechniken der Milch (Pasteurisieren,

Schwefelhaltige Verbindungen, die so genannten Isothiocyanate, die in Kohlgewächsen enthalten sind, beugen Lungenkrebs vor. Auch in MSM (Methylsulfonylmethan) entfaltet Schwefel seine vielfältige heilende Wirkung.

Erhitzen) lassen den MSM-Gehalt drastisch sinken. Als Pulver zum Einnehmen ist MSM nahezu geschmack- und geruchlos und kann in einer Dosis von 250 Milligramm bis 750 Milligramm pro Tag genommen werden. Auch wenn man die Dosis auf die zehnfache Menge erhöht, sind keine Nebenwirkungen bekannt. Allerdings verändert sich der Geruch von Schweiß und Urin mit steigender Dosis.

Die Liste der Beschwerden, die durch MSM gelindert werden, ist lang. Sie reicht von chronischen Schmerzen, chronischer Müdigkeit, Rheumatismus, Leberfunktionsstörungen, Morgenmüdigkeit und Allergien bis hin zu Akne, Quetschungen, Muskelschmerzen, Verbrennungen, Sonnenbrand, Schleimbeutel- und Sehnenentzündungen.

MSM als wichtiger Immunmodulator und Aufbausubstanz für bindegewebige Strukturen wirkt schmerzlindernd und entzündungshemmend. Gelenkbeschwerden und Erkrankungen, die das Bindegewebe betreffen, bis hin zu Autoimmunerkrankungen profitieren ebenfalls von Methylsulfonylmethan. Da MSM die Zelldurchlässigkeit verbessert, können toxische Substanzen die Zelle verlassen und Nährstoffe besser hineingelangen. Kindern unter zehn Jahren sollte MSM nicht gegeben werden, da die Schwefelentgiftung über den Darm erst mit zunehmenden Alter ausgebildet wird.

Der wichtigste Aspekt scheint jedoch die stoffwechselaktivierende, entschlackende und entgiftende Wirkung des Schwefels zu sein. Dies wirkt sich positiv auf die Gesundheit der Leber aus und damit auf unsere gesamte Energie und Kreativität.

Carnitin

Besonders heilsame Kräfte entwickelt Carnitin – ein essenzieller Inhaltsstoff der Nahrung, der wesentlich zur Verbesserung der Lebensqualität, zur Behebung verschiedener Gesundheitsstörungen und Steigerung der Leistungsfähigkeit beitragen kann. Carnitin kommt hauptsächlich im Muskelfleisch vor, vor allem in Krabben-, Schaf-, Ziegen- und Lammfleisch.

Carnitin ist in seiner Funktion Vitaminen ähnlich. Als wesentliche Substanz für die körpereigene Energieproduktion und den Fettstoffwechsel ist Carnitin praktisch an jeder Stelle des Organismus zu finden, wo es um die Energieversorgung geht. In Leber, Hirn und Niere produziert der Körper sein eigenes Carnitin, kann damit aber nur etwa 10 bis 30 Prozent seines Bedarfes abdecken. Diese Fähigkeit der Synthese entwickelt der Körper übrigens erst langsam – erst ab dem Alter von 15 Jahren. Kinder, die vegetarisch ernährt werden, brauchen deshalb eine extra Carnitin-Ration.

Carnitin verbessert die Bilanz des Energiestoffwechsels, kann einem nachlassenden Herz neue Kraft schenken, Herzproblemen vorbeugen und auch bei der Ausheilung von Narben am Herzmuskelgewebe hilfreich sein. Es stärkt die Fortpflanzungsfähigkeit des Mannes und verbessert die Samenqualität. Durchblutungsstörungen der Gefäße werden gemildert, und eine verbesserte Blutbildung sorgt für mehr Sauerstoff im Gewebe. Auch beugt Carnitin Schlaganfällen vor, lindert deren Folgen und kräftigt das Immunsystem.

Bei chronischem Stress, während Schwangerschaft und Stillzeit oder bei starken körperlichen Belastungen ist der Carnitin-Bedarf drastisch erhöht. Mangelsymptome sind die reduzierte Fettverbrennung im Gewebe, rasche Erschöpfbarkeit und Leistungsminderungen. Dieses Energiedefizit betrifft die Körper-Muskulatur (Muskelschwäche, Muskelschwund), aber auch die muskulaturreichen Organe wie etwa das Herz. Es kann zu Leberverfettung kommen, die sich bis hin zur Zirrhose ausweiten kann. Gegenüber Stoffwechselgiften wie Ammoniak wird der Körper empfindlicher, wenn er über zu wenig Carnitin verfügt.

In all diesen Fällen kann man mit täglichen Gaben bis zu einem 1 Gramm Carnitin nachhelfen. Will man die körpereigene Nachbildung stärken, sollte man nicht vergessen, dass dazu Vitamin C, Magnesium, Vitamin B_6 und B_3, Eisen und Aminosäuren gehören. Bei starken körperlichen Belastungen stellt der Körper aus 30 Gramm Muskelmasse 1 Gramm Carnitin her. In diesem Fall sollten Sie Ihren Organismus mit zusätzlichen Carnitin-Gaben entlasten. Sie sollten jedoch nicht mehr als 2 Gramm Carnitin pro Tag zu sich nehmen, da sonst die Aufnahme-

Mein Praxis-Tipp

Ernährung und Disziplin

Disziplin gehört dazu, wenn man gesund leben will. Für mich war das nie ein Problem – ich bin so erzogen worden. Disziplin hat mir immer geholfen, während des Militärs und auch später im Medizinstudium. Gesundheit war bei uns zu Hause kein großes Thema. Mein Vater war Pfarrer, wir lebten in einem kleinen Bauerndorf und haben uns überwiegend selbst versorgt. Wir hatten sogar in den Nachkriegsjahren ein Schaf, Hühner, eine Kuh und ein Schwein. Meine Mutter hat Obst und Gemüse eingemacht, der Keller war voll damit. Morgens um 7 Uhr gab es Frühstück, Punkt 12 das Mittagessen, abends um 6 Abendbrot, wirklich Brote. Um 21 Uhr tranken wir dann noch eine Tasse Tee, und dann ging man ins Bett.

Besonders heilsame Kräfte entwickelt Carnitin, ein essenzieller Inhaltsstoff der Nahrung. Es verbessert die Bilanz des Energiestoffwechsels, kann Herzproblemen und Schlaganfällen vorbeugen sowie Durchblutungsstörungen der Gefäße weitgehend mildern.

kapazität ihres Organismus an ihre Grenzen stößt. Nur Extremsportler können bis zu 9 Gramm Carnitin pro Tag zu sich nehmen.
Was macht Carnitin? Carnitin ist besonders wichtig für die Fettverbrennung. Es bindet Fettsäuren und schleust sie in die Mitochondrien ein. Dabei entsorgt es gleichzeitig die anfallenden Schlacken (meist Säuren). Deshalb kommt es in praktisch allen Organen und anderen Teilen des Organismus vor, selbst in der Haut, den Augenlinsen oder den Nebenhoden.
Auch die Polizisten des Immunsystems, die Fresszellen, benötigen Carnitin, um Jagd auf unliebsame Eindringlinge wie Viren, Bakterien oder Parasiten zu machen. Hohe Carnitin-Reserven steigern die Vitalität und vor allem die Fähigkeit, Stress abzubauen. Carnitin ist auch für Spitzenleistungen im Sport wichtig: Da es den Glukosespiegel erhöht, intensiviert es den aeroben Stoffwechsel bei Langzeitausdauerbelastungen. Es verbessert generell die Ausdauer und lindert das Hungergefühl. Die verbesserte Energiebilanz durch Carnitin macht sich an einem Organ besonders bemerkbar: dem Herzen. Es verbessert dessen Energiebilanz, reduziert den Stress, senkt die Herzfrequenz unter Belastung und wirkt einer Herzvergrößerung entgegen. Carnitin wird in Drinks oder Kapseln (in Form von Carnitin-Hydrochlorid oder Carnitin-Tartrat) angeboten.

Coenzym Q_{10}

Eine besonders wichtige antioxidative Substanz ist das Coenzym-Q_{10}, das Energie bildet und gleichzeitig die Zelle schützt (siehe Seite 98). Der Organismus stellt in jungen Jahren ausreichend Q_{10} her. Wenn wir altern, lässt die Produktion nach. Q_{10} steckt z. B. in Sardinen und anderen Kaltwasserfischen, aber auch in Sojabohnen, Sprossen, Walnüssen, Mandeln und Samenölen.
Die Hauptaufgabe des Q_{10} liegt in der Steuerung der Atmungskette und der ökonomischen Gewinnung von ATP. Gemeinsam mit Vitamin C und E schützt es die Zelle vor freien Radikalen. Sinken die Q_{10}-Konzentrationen in lebenswichtigen Organen unter einen bestimmten Schwellenwert ab, äußert sich das in Erschöpfungszuständen und nachlassender Organfunktion. Das gilt insbesondere für die Nervenzellen im Ohr, die stoffwechselaktiven Leberzellen, die Netzhaut des Auges, die quergestreiften Herzmuskelzellen, insulinproduzierende Zellen der Bauchspeicheldrüse, die Spermien und alle Hautzellen. Sie

reagieren empfindlich auf Gleichgewichtsstörungen im Q_{10}-Haushalt. Ein gesunder junger Mensch benötigt kein zusätzliches Q_{10}, wenn er sich ausreichend bewegt. Eine wichtige Zielgruppe sind aber Menschen um die 40 Jahre und darüber. Hier können schon Gaben von 30 bis 50 Milligramm pro Tag kleinen Energiekrisen entgegenwirken. Wirklich wichtig wird Q_{10} im Alter (z. B. bei Blasenschwäche) sowie bei Krankheiten wie Diabetes, Cholesterinstörungen, Gerinnungsproblemen und Thrombosegefahr.

Vor der Einnahme sollten Sie Ihren Q_{10}-Spiegel im Blut bestimmen lassen. Der Normwert für Gesunde liegt bei mindestens 0,85 µg/ml Blutserum. Steigt die Belastung oder ist vermehrte Vorsorge notwendig, kann der Blutwert durch gezielte Einnahme von Q_{10}-Produkten auf Werte von 1,5 bis 2,5 µg/ml Blutserum angehoben werden. Sportler sollten diese Untersuchung in jedem Fall durchführen, um eine Unterversorgung rechtzeitig ausgleichen zu können. Als Faustregel gilt: Um einen höheren Blutspiegel zu erreichen, genügen 3 mg/kg Körpergewicht. Für einen 70 Kilogramm schweren Erwachsenen bedeutet das eine Dosis von bis zu 200 Milligramm Coenzym täglich.

Bei ausgeprägter Herzschwäche kann man unter ärztlicher Begleitung die Q_{10}-Dosis auf bis zu 500 Milligramm pro Tag steigern. Jüngste Untersuchungen bei Parkinson-Patienten zeigen Besserungen der Symptome nach mehrmonatiger Behandlung mit einer Dosis von 900 bis 1200 Milligramm/Tag.

Nehmen Sie Q_{10} immer zum Essen ein. Haben Sie Geduld: Q_{10} gehört nicht zu den Nährstoffen, die sofort ihre Wirkung zeigen. Meist wird erst nach mehrmonatiger Anwendung der erste Erfolg sichtbar.

Eine besonders wichtige antioxidative Substanz ist das Coenzym Q_{10}, dessen Hauptaufgabe in der Steuerung der Atmungskette und der ökonomischen Gewinnung von ATP liegt. Carnosin hilft bei Muskelschwäche und kann Zellen verjüngen. Lezithin und Phosphatidylcholin stärken die Gehirnleistung.

Carnosin

Diese Substanz wurde erst zu Beginn des 20. Jahrhunderts im Skelettmuskel entdeckt. Sie stabilisiert Zellwände und spielt eine entscheidende Rolle bei Muskelschwäche. In der ehemaligen UdSSR wurde Carnosin zur Vorbereitung auf bedeutende Wettkämpfe eingesetzt. Außerdem stärkt es das Immunsystem. Carnosin wird im Muskel- und Nervengewebe gebildet. Zugvögel, die Tausende von Kilometern zurücklegen, verfügen über besonders viel davon.

Carnosin hat eine beachtliche antioxidative Kapazität und ist an der Weiterverarbeitung biologisch-aktiver Verbindungen wie Histamin beteiligt. Es schützt vor radioaktiver Strahlung. Außerdem fördert es die

Wundheilung und soll Krebs entgegenwirken. Alle Systeme im Körper, die eine lange Lebensdauer haben, wie etwa Nervenzellen, verfügen über hohe Konzentrationen dieses Stoffes. Im Alter sinkt der Carnosin-Spiegel – ein 70-Jähriger verfügt noch über etwa 40 Prozent der Menge, die er als junger Mann hatte. Australische Versuche zeigen, dass Carnosin-Gaben Zellen verjüngen können und den nahen Zelltod abwenden, indem sie den Verfall von Proteinen verhindern, darüber hinaus stärken sie den Herzmuskel.

Kreatin

Für kurze und intensive Beanspruchungen verwendet die Muskelzelle Kreatin-Phosphat als Energiequelle (siehe Seite 98). Wer seinen Kreatin-Speicher auffüllt, verbessert also seine Fähigkeit zu Kurzzeit-Leistungen. Kreatinhaltige Nahrungsergänzungsmittel stehen zwar nicht auf der Liste der verbotenen Substanzen, sollten aber trotzdem nur auf sportmedizinischen Rat hin und unter ärztlicher Begleitung verabreicht werden. Meist wird ein Kreatin-Monohydrat als Pulver angeboten.

Lezithin

Viele Eltern suchen die schulische Leistung ihrer Kinder durch so genanntes Brainfood zu stärken, für das der Handel Angebote unterschiedlichster Qualität macht. Auch in der Altersforschung gibt es immer mehr Bemühungen, die Leistung der Nervenzellen bei alten Menschen durch spezielle Nährstoffe zu erhalten und Demenz-Krankheiten entgegenzuwirken.

Von zwei Nährstoffen lässt sich sagen, dass sie nachweislich die Hirnleistung stärken: Lezithin und Phosphatidylcholin.

Der Begriff Lezithin fasst eine Gruppe von Substanzen zusammen, die aufgrund jüngster Forschungsergebnisse bald einen höheren Stellenwert in der therapeutischen Beeinflussung von Risikofaktoren haben werden. Lezithin enthält Cholin, das Bestandteil jeder Zellmembran und außerdem Baustein des Nervenbotenstoffes Azetylcholin ist.

20 bis 40 Prozent des Lezithins bestehen aus Phosphatidylcholin, einem Phospholipid, das am Aufbau sämtlicher Zellmembranen beteiligt ist. Der Körper kann damit unter anderem Zellwanddefekte reparieren. Zu den wichtigsten Lezithin-Spendern gehören Sojabohnen und Eigelb. Doch der natürliche Gehalt an Lezithin in der Nahrung nimmt durch den Trend zu Fast Food und Fertigprodukten immer mehr ab. Schuld daran sind die technischen Prozesse, denen die Produktion von Speiseölen oder Weizenkeimen, Sojabohnen oder Erdnüssen inzwischen häufig unterworfen wird. Sie verändern die Zusammensetzung und Beschaffenheit der Fettsäuren.

Lezithin hilft nicht nur in der Jugend, die Konzentrationsfähigkeit zu fördern. Wenn mit zunehmendem Alter schwere Niedergeschlagenheit, Erinnerungslücken, Nervosität, Verdauungsbeschwerden, Reizbarkeit, allgemeine Verstimmung und Kreislaufschwächen auftreten, lindert diese Substanz die Symptome. Neuere Forschungsergebnisse haben gezeigt, dass Lezithin-Supplemente sowohl Atherosklerose als auch Krebs vorbeugen können.

Wer nicht ständig große Mengen an Soja zu sich nimmt, was wegen seines hohen Anteils an Phytoöstrogenen ohnehin nicht zu empfehlen ist, sollte eigentlich Lezithin als Ergänzungsmittel einnehmen, am besten mit einem standardisierten Gehalt an Phosphatidylcholin. Auch in konzentrierter Form ist die Substanz allgemein sehr gut verträglich. 1 bis 3 Gramm täglich sollten nach dem Essen eingenommen werden.

PS bietet künftig vielleicht eine reelle Chance, degenerative Vorgänge im zentralen Nervensystem im Alter zu verlangsamen und eine Regeneration der Nerven zu ermöglichen.

Phosphatidylserin (PS)

Unter den Phospholipiden, Bausteinen der Zellwand, hat das Phosphatidylserin einen besonderen Stellenwert, denn es kommt nur im Gehirn vor. Phosphatidylserin ist wichtig für die Kommunikation der Zellen untereinander und von großer Bedeutung für die Übertragung von Signalen in das Zellinnere.

Phosphatidylserin schützt die Nervenzelle vor Schäden durch freie Radikale. Es verbessert Gedächtnis und Sprachleistung, Lern- und Konzentrationsfähigkeit. Noch gibt es keine Langzeitstudien zu den möglichen therapeutischen Einsatzmöglichkeiten. Aber PS bietet künftig vielleicht eine reelle Chance, degenerative Vorgänge im zentralen Nervensystem im Alter zu verlangsamen und eine Regeneration der Nerven zu ermöglichen. Die Dosisempfehlungen liegen zwischen 50 und 250 Milligramm täglich.

Nahrungsergänzung ist abhängig vom Alter

Die einzelnen Lebensalter stellen unterschiedliche Anforderungen an den Energiehaushalt. Junge oder ältere Menschen, Frauen und Männer unterscheiden sich nicht nur physiologisch, sondern sie führen auch ganz verschiedene Leben unter völlig anderen gesellschaftlichen, wirtschaftlichen und psychischen Bedingungen. Deshalb lassen Sie uns noch einen Blick auf die unterschiedlichen Bedürfnisse der einzelnen Altersgruppen werfen, die 20- bis 40-Jährigen, die 40- bis 65-Jährigen sowie die Personen, die älter als 65 Jahre sind:

20 bis 40 Jahre: unterversorgt (Tabelle 1)
Noch nie gab es so viele junge Menschen, die bereits zu dick, einige sogar schwer übergewichtig sind. Schuld ist die einseitige Ernährung der Fast-Food-Gesellschaft. Zu dem Überschuss an Zucker, Fett und Salz kommen Alkohol und Kaffee. Das tägliche Fernsehen, die meist sitzende Tätigkeit am Arbeitsplatz, zu wenig sportliche Betätigung, die Kantinenküche, der Stress, der mit kleinen Snacks kompensiert wird, legen bereits einen Lebensstil fest, der sich in späteren Jahren immer schwerer korrigieren lässt.
Mangel zeigt sich besonders in der Gruppe derjenigen, die eigentlich besonders gut versorgt sein müssten, weil sie sich im reproduktionsfähigen Alter befinden: Von den deutschen Frauen zwischen 19 und 24 erreicht nur jede zweite das geforderte Folsäure-Niveau von 400 Mikrogramm. Von der Menge an empfohlenem Vitamin E nehmen die meisten nur zwei Drittel. Bei Vitamin D sieht es nicht besser aus. Bedenklich ist auch die Jodversorgung.
Brauchen wirklich bereits junge Menschen Nahrungsergänzungsmittel? Die Erfahrungen in meiner Praxis zeigen, dass auch bei ihnen Antioxidanzienmischungen (Vitamin A-C-E, Zink, Anthocyane, Coenzym Q_{10}) oder auch Multivitamine mit Spurenelementen und Mineralstoffen positive Ergebnisse zeigen.
Das Vitamin C sollte gepuffert sein, um einer möglichen Übersäuerung vorzubeugen. Zu empfehlen sind daneben auch Lebertran oder spezielle Omega-3-Fettsäuren reiche Fischölkonzentrate. Junge Menschen, die regelmäßig trainieren, sollten außerdem Magnesium, schwefelhaltige Aminosäuren (z. B. Methionin) und Bindegewebsbausteine (Prolin,

Lysin, Arginin) zu sich nehmen. In jedem Fall sollte eine spezielle Nährstofftherapie exakt mit dem Hausarzt besprochen werden.

40 bis 65 Jahre: nachlassende Reserven (Tabelle 2)

In der Mitte des Lebens stehen Menschen unter einer besonderen Belastung: die berufliche Karriere, die Kinder, die finanziellen Verpflichtungen beim Aufbau einer Familie oder beim Kauf eines Hauses zehren an den Nerven und den Kraftreserven des Körpers. Die Vitalität lässt nach, die ersten Stoffwechselerkrankungen machen sich breit (Rheuma, Fettstoffwechselstörungen, Kreislaufprobleme), manche leiden bereits unter einem Burn-out-Syndrom.

Oft kann beispielsweise in dieser Lebensphase die stressanfällige Schilddrüse erkranken, zum Beispiel an dem Autoimmunleiden Hashimoto, das vor allem Frauen befällt. Symptome für Störungen der Schilddrüse sind unklare Gewichtsveränderungen, Empfindlichkeit gegenüber Kälte oder Wärme, zittrige Hände, kalte Extremitäten, vermehrtes Schwitzen oder besonders trockene Haut, Heißhunger, schneller Pulsschlag, nächtliches Herzjagen, Verstopfung, Wassereinlagerung im Gewebe, Appetitlosigkeit, Missempfindungen im Halsbereich, Engegefühle, Kloßgefühl, Beschwerden an den Augen. Die Art der Beschwerden hängt auch davon ab, ob es sich um eine Unter- oder Überfunktion handelt. In den mittleren Lebensjahren sollten Nährstoffe dazu beitragen, den angespannten Stoffwechsel zu unterstützen und Krankheiten vorzubeugen.

65 plus: Vitalität und Prävention (Tabelle 3)

Alle Menschen ab 65 Jahren sind besonders auf eine ausreichende Nährstoffversorgung angewiesen. Das steigert ihre Lebensqualität im Alter ganz entscheidend. Die richtigen Nahrungsergänzungsmittel können degenerative Stoffwechsel- und Organveränderungen hinauszögern oder sogar verhindern.

Deshalb haben Nahrungsergänzungsprogramme einen zentralen Stellenwert in der Prävention.Vor allem bei den über 70- bis 80-Jährigen ändert sich der natürliche Stoffwechsel so stark, dass eventuelle Mangelzustände gravierende Folgen nach sich ziehen.

Wir altern nicht nur äußerlich: Auch unser Stoffwechsel weist bis in die feinsten Strukturen Jahresringe auf. Die Energie nimmt ab, weil die Mitochondrien nicht mehr so intensiv verbrennen, weil auch die Tätigkeit

Schon junge Menschen leiden an einem Mangel wichtiger Nährstoffe. Daher ist auch bei ihnen der Einsatz von speziellen Nahrungsergänzungsmitteln – Antioxidanzienmischungen oder auch Multivitamine mit Spurenelementen und Mineralstoffen – durchaus sinnvoll.

Tabelle 1

Der Nährstoffbedarf der 20- bis 40-Jährigen

GRUPPE	BEDEUTUNG FÜR DEN STOFFWECHSEL	DOSIS/PRO TAG
Multivitamine	Multivitamine, Spurenelemente und Mineralstoffkombinationen verbessern das Allgemeinbefinden, stärken die Abwehrkräfte und führen zu einer spürbaren Verbesserung der Befindlichkeit	tägliche Einnahme empfohlen
Antioxidanzien		
Vitamin C	Gefäßschutz, Radikalfänger, Schlaf, körpereigene Hormonproduktion, Immunsystem, Bindegewebe, Radikalfänger	500–1000 mg 3–4 Mal im Jahr 6 Wochen lang
	bei Diabetes	500 mg auf Dauer
Vitamin E	Hautalterung, Herz-Kreislauf-Prophylaxe	3–4 Mal im Jahr 300 IE 6 Wochen lang
	bei Diabetes	500 IE auf Dauer
	Cholesterinstoffwechselstörungen	500 IE auf Dauer
Coenzym Q_{10}	Membranständiges Antioxidans, Zellatmung, Herzmuskelstoffwechsel, Energiehaushalt allgemein	in der Regel noch nicht notwendig; für Sportler bis 100 mg
	bei Diabetes	100 mg auf Dauer
	Cholesterinstoffwechselstörungen	200 mg auf Dauer
Selen	Glutathion-System, Leberentgiftung, Schilddrüsenfunktion	100–200 µg 3–4 Mal im Jahr 4 Wochen lang
Magnesium	wichtig für Muskel- und Nervenarbeit	100–200 mg nach dem Sport
Zink	Radikalfänger, Katalysator im Eiweißstoffwechsel, Immunsystem, Enzyme	15 mg, 3–4 Mal im Jahr für 2–4 Wochen

GRUPPE	BEDEUTUNG FÜR DEN STOFFWECHSEL	DOSIS/PRO TAG
Ausgewählte Nährstoffe		
Carnitin	Fettstoffwechsel, Herzmuskelstoffwechsel, Dauerleistungen im Sport	1000 mg und mehr
Taurin	Stabilisierung der Membranen, Herzmuskelerregung	bei Bedarf bis 1000 mg
Lezithin	nervenstärkend, regeneriert Zellwände und Nervenbahnen, leberstärkend	ca. 1 g als Phosphat-idylcholin
B-Vitamine	leberstärkend	kurmäßig
	bei Störungen des Homocystein-stoffwechsels	10 mg Vitamin B_6 1 mg Folsäure 100 µg Vitamin B_{12}
Folsäure	bei jungen Frauen	0,4 mg
Omega-3-Fettsäuren Lebertran/Fischöle	zur Verbesserung der Membran-eigenschaften, Vitalität, Senkung des Cholesterinspiegels,	1–2 g Omega-3-Konzentrate
Aminosäuren Methionin, Lysin, Prolin	Bindegewebsregeneration, Immunsystem, Sport, Fitness	bei Bedarf
Arginin	Durchblutung, Regeneration des Bindegewebes	bei Bedarf 500 mg
Kreatin	ATP-Pooling, vor allem für Schnellkraft-Sportarten	8 Tage 10 g, dann 28 Tage 2–3 g

Tabelle 2

Der Nährstoffbedarf der 40- bis 65-Jährigen

GRUPPE	BEDEUTUNG FÜR DEN STOFFWECHSEL	DOSIS/PRO TAG
Multivitamine	Multivitamine, Spurenelemente und Mineralstoffkombinationen verbessern das Allgemeinbefinden, stärken die Abwehrkräfte und führen zu einer spürbaren Verbesserung der Befindlichkeit	tägliche Einnahme empfohlen
Antioxidanzien		
Vitamin C	Gefäßschutz, Schlaf, endogene Hormonproduktion, Immunsystem, Radikalfänger, Hirnstoffwechsel, Durchblutung	500–1000 mg kurmäßig
	bei Diabetes	500 mg auf Dauer
Vitamin E	Herz-Kreislauf-Prophylaxe, Diabetes, Lipoproteine, Rheuma, Hautalterung, Hirnstoffwechsel, Durchblutung	300 IE 300–500 IE auf Dauer
Coenzym Q_{10}	Membranständiges Antioxidans, Zellatmung, Herzmuskelstoffwechsel, Hirnstoffwechsel, Durchblutung	50 mg kurmäßig bei Bedarf 100 mg und mehr
	Inkontinenz	100 mg
	Parkinson	bis 800 mg
Selen	Glutathion-System, Leberentgiftung, Schilddrüsenfunktion, Krebsvorsorge	100–200 µg kurmäßig
Magnesium	Muskel- und Nervenarbeit, Stoffwechsel	bei Bedarf 100–200 mg
Zink	Radikalfänger, Katalysator im Eiweißstoffwechsel, Immunsystem, Enzyme	15 mg, 3–4 Mal im Jahr für 2–4 Wochen

GRUPPE	BEDEUTUNG FÜR DEN STOFFWECHSEL	DOSIS/PRO TAG
Ausgewählte Nutrienten		
Carnitin	Fettstoffwechsel, Herzmuskelstoffwechsel	1000 mg und mehr
Taurin	Stabilisierung der Membranen, Herzmuskelerregung, Augenhintergrund	500–1000 mg
Lezithin	nervenstärkend, regeneriert Zellwände und Nervenbahnen, leberstärkend	ca. 1 g als Phosphatidylcholin
B-Vitamine	leberstärkend, bei Störungen des Homocysteinstoffwechsels	10 mg Vitamin B_6 0,1 mg Vitamin B_{12} 1 mg Folsäure
	zur Verbesserung des Triglyceridstoffwechsels	B_3 bis zu 1 g als Nikotinsäure Ester
Omega-3-Fettsäuren	Fischöle zur Verbesserung der Blutfließeigenschaften und zur Senkung des Cholesterinspiegels	1–2 g als Omega-3-Konzentrate
Lycopin	schützt die Prostata vor dem Ausbruch einer Krebserkrankung	5–10 mg auf Dauer
	bei gutartiger Vergrößerung der Prostata	5–10 mg
Methylsulfonylmethan (MSM)	Stoffwechselaktivierung, leberstärkend	bei Bedarf 250–500 mg
	Bindegewebe	2–4 Wochen lang

Allgemeine Regeln:

- Meide schnelle Energieträger wie Zucker und Alkohol
- Reduziere den Kaffeeverbrauch
- Aminosäure-Cocktails nur nach dem Fitness-Training
- Multivitamine in ausgewogener Form, an Magnesium denken
- Spurenelemente phasenweise (Zink und Selen in jedem Fall)
- Antioxidanzien an den Verbrauch (Sport, Stoffwechselbelastungen) anpassen.

Tabelle 3

Der Nährstoffbedarf der 65-Jährigen plus

Die meisten Angaben für die über 65-Jährigen sind identisch mit den in der Tabelle für die 40- bis 65-Jährigen genannten. Daher hier nur noch einige altersspezifische Ergänzungen.

GRUPPE	BEDEUTUNG FÜR DEN STOFFWECHSEL	DOSIS/PRO TAG
Antioxidanzien		
Magnesium	Muskel- und Nervenarbeit, Stoffwechsel, Herzmuskel, Herzrhythmus, Venen	bei Bedarf 100–300 mg
Kalzium	Osteoporoseprophylaxe bei Kalziummangel	1000 mg
Ausgewählte Nutrienten		
Taurin	Erregungsleitungen im Herzmuskel, Entgiftung, Galle	500–1000 mg
B-Vitamine	leberstärkend, bei Störungen des Homocysteinstoffwechsels	1 mg Folsäure auf Dauer
Omega-3-Fettsäuren	Fischöle zur Verbesserung der Blutfließeigenschaften und zur Senkung des Cholesterinspiegels, fördert die allgemeine Vitalität	1–2 g Omega-3-Konzentrate
Aminosäuren	Methionin-/Cystein-/Prolin-/Lysin-Gemische zur Verbesserung des Bindegewebes	kurmäßig 1–2 Mal im Jahr

Allgemeine Regeln

- Nur der durch Bewegung und Belastung geforderte Knochen bleibt stoffwechselaktiv und kann Kalzium einbauen
- Coenzym Q_{10} regelmäßig
- Fischöle, Vitamin C und E regelmäßig

der Enzyme nachlässt und die Zellwände altern. Dadurch können die Zellen schlechter miteinander kommunizieren, ihre Kerne und damit die Erbsubstanz sind bedroht, der Organismus muss häufiger Reparaturvorgänge ausführen. Obwohl sich der Anteil der stoffwechselaktiven Zellmasse verringert, steigt der Bedarf an nicht energieliefernden Nährstoffen, zu denen die Antioxidanzien, Mineralstoffe, Spurenelemente, Membranbausteine und vitaminähnliche Stoffe zählen.

Die Vitamine, die Senioren am weitaus häufigsten fehlen, sind B_1, B_2, B_6, Folsäure sowie die fettlöslichen Vitamine D und E. Auch für Vitamin C sind erstaunliche Mangelzustände dokumentiert. Ähnliches gilt für Kalzium und Zink. Das liegt nicht nur an einer einseitigen Ernährung, sondern auch an den teils großen Mengen an Medikamenten, die eingenommen werden und den Vitamin- und Mineralhaushalt stören können.

Der Einsatz von Hormonen gegen das Altern ist zentraler Bestandteil der Wellness-Mode. Ich halte davon nichts: Dabei werden viele Versprechungen gemacht, die nicht eingehalten werden, und Nebenwirkungen unterschlagen. Auch wenn Hormone ohne Zweifel eine Schlüsselfunktion im Körper haben, haben sie als Medikament gegen das Alter ihre Erwartungen nicht erfüllt: Sie fördern Tumore, helfen entgegen den Erwartungen nicht gegen Herz-Kreislauf-Risiken und schützen auch nicht vor Osteoporose, zumindest dann nicht, wenn der Knochenstoffwechsel nicht durch Training oder Bewegung stimuliert wird.

Bewegung schafft **Lebenskraft**

Bewegung schafft Lebenskraft

Die ersten Schritte können schon mal etwas mühsam sein. Aber ich weiß aus jahrelanger Erfahrung, wie viel positive Kraft mir das kontinuierliche Laufen bescheren kann. Von daher kostet es mich kaum Überwindung, wenn ich noch spätabends nach der Praxis zum Joggen aufbreche. Ich laufe eine halbe Stunde, manchmal auch mehr. In den ersten 10 Minuten fühle ich mich oft noch ein bisschen schwerfällig. Doch mit jedem Schritt wird es besser. Und wenn der Körper schließlich seine Betriebstemperatur erreicht hat, die Muskeln locker geworden sind, beginnt das Laufen plötzlich richtig Spaß zu machen.

Leichtigkeit – der Lohn für kontinuierliches Laufen

Ich schlage ein ruhiges Tempo an. Ich laufe irgendwann gar nicht mehr bewusst – es läuft. Es läuft von allein und dabei ganz leicht. Es kostet keine Anstrengung. Ich spüre meinen Körper. Ich horche in ihn hinein und denke manchmal mit Bewunderung darüber nach, welch komplexe Prozesse reibungslos ablaufen müssen, damit uns unser Körper Tag für Tag, Schritt für Schritt durchs Leben tragen kann.

Trainierte Läufer fühlen sich nach dem Sport energiegeladen und erfrischt: Infolge der Bewegung findet über den höheren Sauerstoff- und Energiebedarf eine Aktivierung des Stoffwechsels statt.

Manchmal nehme ich beim Laufen die Umgebung (den Wald oder meinen bevorzugten Isar-Uferweg) gar nicht mehr wahr, sondern bin in Gedanken versunken. In meinem Kopf spulen sich Tagträume ab, oder ich denke an Gespräche, die ich schon hatte oder noch haben sollte. Gelegentlich höre ich Musik, obwohl ich keinen Walkman dabeihabe. Wenn ich heimkomme, bin ich zunächst zwar erschöpft. Aber nach dem Duschen fühle ich mich erfrischt, erquickt, gelöst und energiegeladen. Warum das so ist, ist leicht zu erklären. Infolge der Bewegung findet über einen höheren Sauerstoff- und Energiebedarf eine Aktivierung des Stoffwechsels statt. Nahezu jede Körperzelle und auch das Bindegewebe sind daran beteiligt. Das bedeutet: Die Zellen werden über eine gesteigerte Durchblutung einerseits besser mit Sauerstoff und Nährstoffen versorgt, andererseits werden sie von Schlackenstoffen (z. B. Säuren) entsorgt.

Mensch, beweg Dich!

Im Arbeitsalltag steht in unserer modernen Gesellschaft die geistige Betätigung im Vordergrund, während unser Körper nur noch unzureichend belastet wird. Als ideales Regulativ bietet sich das regelmäßige Sporttreiben an, um gewissermaßen wieder eine Balance von Körper und Geist herzustellen.

In meinem Buch »Mensch, beweg Dich!« habe ich ein leidenschaftliches Plädoyer für mehr Bewegung entworfen. Ich bin fest davon überzeugt, dass vernünftige, regelmäßige Bewegung die beste und wirksamste Medizin des 21. Jahrhunderts sein kann. Mehr noch: Tägliche Bewegung und Fitnessübungen sind als Basis für mehr Energie und damit letztendlich auch für mehr Lebenskraft unerlässlich.

Dieses Wissen ist uralt. Hippokrates, der große griechische Gelehrte, hatte schon vor über 2400 Jahren ein ewiges Gesetz der Natur erkannt: »Was genutzt wird, entwickelt sich, was ungenutzt bleibt, verkümmert.« Und der Philosoph Heraklit hatte für unsere Natur eine ebenso einfache wie eindrucksvolle Metapher gefunden: den Fluss als Sinnbild des Lebens: »Panta rhei – alles fließt.«

Vernünftige, regelmäßige Bewegung ist die beste und wirksamste Medizin des 21. Jahrhunderts und schafft die Basis für mehr Energie sowie Lebenskraft.

Warum das Körpersystem im Fluss sein muss

Tatsächlich ist auch der Mensch nur gesund und in Balance mit sich selbst, wenn seine Systeme im Fluss sind:

- Das Blut, das den Sauerstoff bis in die kleinsten Kapillaren des Körpers flutet
- Die Lymphe, die die Schlacken und Gifte transportiert
- Die Gehirn- und Rückenmarksflüssigkeit (Liquor), die den Stoffaustausch zwischen den Nervenzellen ermöglicht und sie auch ernährt. Der Liquor ist daher ähnlich aufgebaut wie die Flüssigkeit im Bindegewebe des übrigen Körpers. Er ist ein Nähr- und Austauschmedium.

Heraklits Bild, dass alles Leben im Fluss sein und bleiben muss, lässt sich durchaus auch auf unseren Körper übertragen. Denn nur durch ausreichende Bewegung bleibt unser Körper gesund und büßt nichts von seinen natürlichen Fähigkeiten ein – mit vielfältigen positiven Ausstrahlungen auch auf unser geistiges und seelisches Wohlbefinden. Schon ein Gipsverband hat zur Folge, dass sich die Muskulatur in ein paar Wochen beträchtlich zurückbildet und die Beweglichkeit der Gelenke spürbar nachlässt.

Bewegungsmangel raubt Energie

Unser Körper funktioniert nach dem Prinzip der Selbstregulierung. Er passt sich den Anforderungen an. Das heißt, wer sich wenig bewegt, ist körperlich kaum noch belastbar.

Die Fakten sind mehr als ernüchternd: Nicht einmal ein Drittel der Erwachsenen treibt hierzulande mindestens einmal pro Woche Sport. Von den über 50-Jährigen ist nicht einmal jeder Fünfte aktiv. Nur jeder zehnte Erwachsene bewegt sich ausreichend und verbrennt durch sportliche Aktivität pro Woche mindestens 800 Kilokalorien. Ideal wären allerdings 2000 bis 3000 Kilokalorien pro Woche. Sportwissenschaftler beklagen, dass Bewegung im normalen Alltagsleben vieler Menschen längst zu einer »vernachlässigbaren Größe« geworden sei. Nur etwa 10 Prozent der deutschen Erwachsenen seien im Beruf noch physisch stark belastet. Jeder Zweite klage jedoch bereits über psychischen Stress.

Die fatalen Folgen von Inaktivität

Unser Körper ist intelligent, er funktioniert nach dem Prinzip der Selbstregulierung. Unser biologisches System passt sich immer genau den aktuellen Erfordernissen an. Wenn wir unseren Körper fordern, ihn beispielsweise durch kontinuierliches sportliches Training stärkeren Belastungen aussetzen, werden sich die betroffene Muskulatur, das Herz-Kreislauf-System, sogar die Verdauung rasch auf die höheren Anforderungen einstellen.

Je mehr und intensiver wir trainieren, umso besser wird unsere Leistungsfähigkeit. Dieses Prinzip der biologischen Anpassung (Adaptation) gilt aber leider auch, wenn wir den Körper zu wenig fordern oder sogar unterfordern. Dann schaltet das ganze System gewissermaßen auf Sparflamme. Wir sind dann körperlich kaum noch belastbar und erschöpfen rasch – ein unbefriedigender Zustand.

Wer rastet, der rostet

Bei totalem Bewegungsmangel, z. B. bei absoluter Bettruhe, ist ein dramatischer Rückgang der körperlichen Leistungsfähigkeit zu beobachten. Nach nicht mal zehn Tagen haben Herz, Kreislauf, Atmung und Stoffwechsel ein Fünftel ihrer Kapazität verloren. Die Pulsfrequenz und der Milchsäurespiegel (Laktat) im Blut sind deutlich erhöht, das Immunsystem geschwächt, der Knochenstoffwechsel geht zurück, was auffällig viel Kalzium im Urin zur Folge hat. Wer rastet, der rostet. Das ist nun einmal so.

Bewegungsmangel zerstört die Balance

Bewegungsmangel ist wider unsere Natur. Nur durch Bewegung kann das Herz-Kreislauf-System optimal und reibungslos funktionieren. Muskulatur, Knochen, Gelenke, der Stoffwechsel – alles ist auf Bewegung eingestellt und ausgerichtet. Unser dynamischer Bewegungsapparat wird missbraucht, wenn wir uns allzu sehr schonen, faul und träge sind. Das ganze System gerät aus der natürlichen Balance.

Die fatalen Folgen von Bewegungsmangel sind hinlänglich bekannt: Haltungsschäden, Osteoporose (Knochenschwund), chronische Müdigkeit, Schlafstörungen, Bluthochdruck oder Beschleunigung des Alterungsprozesses in Gehirn und Nervensystem. Wer auf sportliche Betätigung verzichtet, riskiert auch Übergewicht. Mehr als die Hälfte der Deutschen, 65 Prozent der Männer und 50 Prozent der Frauen, sind übergewichtig, zum Teil sogar dramatisch. Bereits ein kleiner Bauch kann zu Haltungsfehlern führen. Diese zunächst kaum sichtbare Veränderung kann Ursache von Rücken-, Hüft- und Leistenschmerzen sein. Vor allem aber raubt Bewegungsmangel einen Großteil der Energie sowie der Lebensfreude und führt in den Teufelskreis der Trägheit.

Aus meiner Praxis

Bringen Sie einfach mehr Bewegung in den Alltag

Seit der Erfindung von Lift und Rolltreppe haben sich die Menschen daran gewöhnt, selbst diese meist kurzen Strecken nicht mehr zu Fuß zu bewältigen. Verzichten Sie darauf, den Fahrstuhl zu nehmen. Gehen Sie zu Fuß – wenn es geht, denn Treppensteigen ist ein sehr effektives Ausdauertraining. Nehmen Sie am besten zwei Stufen auf einmal. Verschiedene Studien haben gezeigt, dass selbst bei Untrainierten nach 3 Monaten die Leistungsfähigkeit um 20 Prozent steigt, wenn sie täglich 20 Stockwerke zu Fuß gehen. Bauen Sie so oft es geht selbstverständliche Möglichkeiten der Bewegung in Ihren Alltag ein. Vielleicht lässt es sich einrichten, dass Sie mit dem Fahrrad Besorgungen machen oder den Weg zur Arbeit mit Inline-Skatern absolvieren. Stehen Sie im Büro zwischendurch immer wieder auf und gehen Sie beim Telefonieren. Das fördert übrigens auch das klare Denken. Nutzen Sie die Mittagspause oder den Feierabend zu einem zügigen Spaziergang. Verzichten Sie möglichst oft aufs Auto. Gehen Sie zu Fuß – so oft wie möglich.

Überwinden der Trägheit durch Aktivität

Das besagte Phänomen der Trägheit kann jeder ständig an sich selbst beobachten. Wenn Sie tagsüber müde sind, sich hinsetzen oder hinlegen – nimmt dann die Müdigkeit ab? Nein, sie nimmt eher zu. Es bedarf meist einer willentlichen Anstrengung, um wieder aufzustehen und weiter zu arbeiten. Unser Körper widerstrebt zunächst immer jeder neuen Herausforderung. Bitte beobachten Sie einmal bewusst, wie und wann Ihr Körper zur Trägheit neigt. Und wenn Sie der Trägheit nicht nachgeben, wenn Sie gezielt diese Trägheit überwinden? Wenn Sie sich z. B. morgens nach dem Aufstehen strecken und dehnen? Oder wenn Sie den Körper abends noch beim Sport fordern? Auch Sie werden sich hinterher lebendig und frisch fühlen. Die Trägheit lässt sich nur durch Aktivität besiegen. Stehen Sie also auf, wenn Sie schon seit längerer Zeit sitzen. Gehen Sie ein paar Schritte. Noch besser: Machen Sie einen Spaziergang. Atmen Sie tief durch. Sie werden erleben, wie schon das bisschen Bewegung Ihren inneren Energiefluss in Gang bringt.

> ***„Zu unserer Natur gehört die Bewegung. Die vollkommene Ruhe ist der Tod.“***
>
> *Blaise Pascal (1623–1662), französischer Philosoph und Mathematiker*

Bewegung an der frischen Luft, egal ob nur ein Spaziergang oder eine sportliche Betätigung, regt übrigens einerseits den Kreislauf an, andererseits begünstigt der Einfluss von Sonnenlicht die Umwandlung von Provitamin D in seine aktive Form, die für den Knochenaufbau notwendig ist, und reguliert den Kalzium- und Phosphathaushalt im Körper. Außerdem führt es zu einer Erhöhung des Botenstoffs Dopamin im Gehirn, der unser Gefühlsleben und unsere Stimmung beeinflusst. Dopamin-Defizite führen zu depressiven Verstimmungen. Durch das Tageslicht werden zudem noch zwei Hormone, die für das persönliche Wohlbefinden sehr wichtig sind, im richtigen Takt stimuliert: das Schlafhormon Melatonin und das Gute-Laune-Hormon Serotonin.

Die Last der 30-Jährigen – Fett statt Muskeln

Der Teufelskreis der Trägheit lässt sich noch auf einen anderen Grund zurückführen. Ungefähr im Alter von 30 Jahren erreicht der Mensch den Höhepunkt seiner Vitalität und Kraft – und seine Wendemarke. Wer nichts tut, verliert jetzt pro Lebensjahrzehnt etwa drei Kilogramm Muskelmasse, die durch kraftloses Fettgewebe ersetzt wird.

Auf der Waage muss von diesem Prozess der Umwandlung zunächst nichts zu sehen sein, das Gewicht scheint stabil. Aber die Blutfettwerte (Cholesterin, Triglyzeride) steigen an, womit die Gefahr von Herzinfarkt und Schlaganfall zunimmt. Je mehr Muskeln durch Fett ersetzt werden, desto weniger Signale kann die Skelettmuskulatur an das Ge-

hirn weiterleiten, die dort so genannte Neurotransmitter freisetzen, also Substanzen, die im ganzen Körper Reize auslösen. Je weniger Impulse das Gehirn erreichen, desto träger wird der Mensch. Für viele Wissenschaftler steht zudem längst fest, dass es einen fatalen Zusammenhang zwischen depressiven Zuständen und einer ungenügenden Stimulation des Gehirns durch Muskelaktivität gibt.
Muskeln, die nicht hinreichend bewegt werden, verlieren ihre Fähigkeit, Zucker aus dem Blutstrom aufzunehmen, und werden unempfindlich gegen das Stoffwechselhormon Insulin. Daraus kann Diabetes vom Typ II entstehen. Was man früher als »Alterszucker« bezeichnete, betrifft heute schon vielfach Jugendliche und sogar Kinder, weil diese den Bewegungsinstinkt verloren haben und sich zusätzlich noch einseitig ernähren (zu viele Kohlenhydrate). In Kenntnis dieser Fakten ist es daher unbegreiflich, dass die Lehrpläne an unseren Schulen nur zwei Schulstunden Sport pro Woche vorsehen.

10 Gründe für mehr Bewegung

Wie segensreich Bewegung und Ausdauertraining sind, beweisen immer neue Studien. So sinkt das Risiko, früh zu sterben, um etwa zwei Drittel. Doch aktive Menschen gewinnen nicht nur zusätzliche Jahre. Sie gewinnen zusätzlich an jedem Tag mehr Energie, Lebensqualität und Lebenskraft.

Trägheit lässt sich nur durch Aktivität besiegen. Nur durch Bewegung kann das Herz-Kreislauf-System optimal und reibungslos funktionieren – und kann vermieden werden, dass Muskelmasse frühzeitig durch kraftloses Fettgewebe ersetzt wird.

1. Bewegung verbessert die Sauerstoffversorgung

Durch Training wird die Sauerstoffversorgung des Körpers ganz wesentlich verbessert. Die Lungen nehmen größere Mengen Luft auf, daher kann mehr Sauerstoff in den Körper transportiert werden. Der Sauerstoff gelangt aus den Lungenbläschen in die Blutkapillaren, während gleichzeitig das Kohlendioxid aus den Kapillaren in die Lungenbläschen übertritt und ausgeatmet wird. Tiefere Atemzüge sorgen also auch für eine stärkere Belüftung der Lungenbläschen.
Was sich auch indirekt auf die roten Blutkörperchen auswirkt, die den Sauerstoff im Blut transportieren: Die Zahl der Erythrozyten steigt mit der Trainingsdauer. Das wiederum kommt den Organen und dem Gewebe zugute, die besser mit Sauerstoff versorgt werden. Auch das Gehirn profitiert erheblich von der besseren Sauerstoffversorgung. Schon

beim langsamen Laufen wird es mit doppelt so viel Sauerstoff versorgt wie bei einer sitzenden Tätigkeit. Deswegen haben wir unterwegs oftmals auch die besten Ideen.

Bewegung verbessert die Herzleistung sowie die Sauerstoffversorgung und Durchblutung des Körpers und stärkt die Muskulatur.

2. Bewegung verbessert die Herzleistung

Ähnlich wie die anderen Muskeln lässt sich auch das Herz durch kontinuierliche sportliche Betätigung stärken. Durch regelmäßiges Training vergrößert sich das Herzvolumen, das Pumporgan wird dadurch leistungsfähiger und kann ökonomischer arbeiten: Der Ruhepuls und auch der Blutdruck sinken.

3. Bewegung verbessert die Durchblutung

Das System der Blutgefäße durchzieht den ganzen Körper wie ein feines Netzwerk. Die großen Arterien verzweigen sich in immer feinere Äste und schließlich in die Kapillaren. Durch die sehr dünne Gefäßwand dieser Kapillaren erfolgt der Sauerstoff- und Flüssigkeitsaustausch, über den der Organismus seine Nährstoffe erhält. Die Durchblutung und Versorgung hängt also von der Durchgängigkeit und Dichte dieses Kapillarnetzes ab. Durch Ausdauertraining kann die Zahl der Kapillaren auf das 30- bis 50fache ansteigen, es entstehen überdies neue Querverbindungen zwischen den Kapillaren (Kollateralen), die die Sauerstoffversorgung sichern. Auf diese Weise verbessert sich die Durchblutung um das 15- bis 20fache. Dieser positive Effekt ist mit keinem Medikament möglich.

4. Bewegung stärkt die Muskulatur

Im Vergleich zu einem untrainierten Körper bildet ein trainierter Körper auch deutlich mehr Blutvolumen. Mehr Blut bedeutet gleichzeitig eine bessere Versorgung mit Sauerstoff. Darüber hinaus bildet der trainierte Körper mehr Kapillaren, die schließlich der Muskulatur das Blut zuführen. Die Durchblutung wird dadurch außerordentlich verbessert. Die bessere Versorgung bewirkt:

- eine Zunahme des Durchmessers der langsamen Muskelfasern, die für die Ausdauerleistung zuständig sind
- eine Zunahme der Zellkraftwerke (Mitochondrien) und auch der Enzyme, die für die Sauerstoffverwertung zuständig sind
- eine Zunahme der Speicherkapazität für Sauerstoff (Myoglobin) und Kohlenhydrate (Glykogen).

5. Bewegung ist wichtig für die Gelenke

Ebenso wie die Muskulatur brauchen auch unsere Gelenke eine regelmäßige Belastung, wenn ihr optimaler Funktionszustand erhalten bleiben soll. Wenn ein Gelenk längere Zeit ruhig gestellt werden muss, können erhebliche Inaktivitätsschäden auftreten. Beispielsweise kann die Muskulatur, die das Gelenk umgibt und stabilisiert, atrophieren (schwinden). Dadurch wird die Muskelführung des Gelenkes geschwächt und das Gelenk neigt dann zu frühem Verschleiß.

Bewegung ist von zentraler Bedeutung für die Gelenke, fördert den tiefen Schlaf und hilft überflüssige Pfunde ohne Diäten abzubauen.

6. Bewegung fördert erholsamen Schlaf

Nur wer den Körper ausreichend fordert und belastet, hat ein natürliches Schlafbedürfnis. Wirklich erholsamer Schlaf setzt körperliche Aktivität während des Tages voraus. Was bei der vorwiegend sitzend verrichteten Tätigkeit im modernen Berufsleben kaum mehr möglich ist. Von daher sollten Sie wenigstens Ihre Freizeit zur aktiven Bewegung nutzen. Wobei auch die Abendstunden für die sportliche Betätigung sehr gut geeignet sind. Neuere Untersuchungen haben belegt, dass Bewegung in den letzten beiden Stunden des Tages sehr förderlich für die Gesundheit ist – speziell für einen tiefen, erholsamen Schlaf.

7. Bewegung hält schlank

Diäten sind Unsinn. Dieses Wissen setzt sich zwar nur langsam durch, aber immerhin. Mehr und mehr Menschen verstehen, dass nur Bewegung in Kombination mit einer konsequenten Ernährungsumstellung dafür sorgt, unliebsame Pfunde dauerhaft zu verlieren. Bewegung wirkt wie ein Zündfunke für den Stoffwechsel, Bewegung kurbelt die Verbrennung von Fettsäuren an und verstärkt die Aktivität fettabbauender Enzyme. Der Organismus braucht etwa 3 Monate, um den Stoffwechsel umzustellen.

8. Bewegung hilft dem Darm

Regelmäßige Bewegung bzw. ein gutes Ausdauertraining führen zu einer besseren Regulierung der Verdauung. Durch die Bewegung wird der Darminhalt massiert, und feste Bauchmuskeln halten das »Darmpaket« zusammen, so dass die Darmpassage beschleunigt wird. Menschen, die sich viel bewegen, leiden so gut wie nie unter Verstopfung. Die erzeugt nicht nur Unwohlsein, sondern sie kann auch zu Darmreizungen führen. Bewegung wirkt auch vorbeugend gegen Darmkrebs.

Auch Dickdarmkrebs wird mit chronischer Verstopfung in Zusammenhang gebracht. Schließlich sitzen 70 Prozent der Abwehrzellen im Darm (was es so schwierig macht, ihn zu transplantieren), in seinen Wänden sind 100 Millionen Nervenzellen miteinander zu einem Netz verflochten (das sind mehr als im gesamten Rückenmark). Abführmittel sind keine Alternative, um einer Verstopfung abzuhelfen. Und doch nehmen 60 Prozent der über 50-jährigen Frauen regelmäßig Abführmittel ein. Diese Zahl ist bedenklich, da auch pflanzliche Abführmittel auf die Dauer zu Nebenwirkungen wie Mineralstoffverlust und Erschlaffung der Darmmuskulatur führen können.

Regelmäßige Bewegung führt zu einer besseren Regulierung der Verdauung, steigert das seelische Wohlgefühl und macht resistenter gegen Stress (hilft u.a. Stresshormone abzubauen).

9. Bewegung macht resistenter gegen Stress

Die Natur hat uns die Fähigkeit verliehen, auf den Reiz der Stresshormon-Ausschüttung sofort mit körperlicher Anstrengung zu reagieren. Dies ist im modernen Leben jedoch nicht mehr umzusetzen. Ohne Bewegung verbleiben daher die Stresshormone Adrenalin und Cortisol dauerhaft erhöht im Organismus – mit verheerender Wirkung. Adrenalin beschleunigt den Puls und verengt die Blutgefäße. Auf Dauer kann ein erhöhter Blutdruck daraus resultieren, der das Herz unnötig belastet. Der Sauerstoffbedarf des Herzmuskels steigt. Wenn die Durchblutung der Herzkranzgefäße bereits gestört ist, kann ein durch psychischen Stress ausgelöster Adrenalinstoß durchaus einen Herzinfarkt auslösen. Moderates Ausdauertraining senkt den Ruhespiegel der Stresshormone, dämpft die körperliche Stressreaktion und ist ein probates Mittel, um angesammelte Stresshormone abzubauen.

10. Bewegung steigert das seelische Wohlgefühl

Bewegung steigert die Lebenszufriedenheit und das Wohlbefinden. Zum Weltgesundheitstag 2002 konstatierte die Weltgesundheitsorganisation WHO: »Regelmäßige und gezielte Bewegung erhöht das Wohlbefinden und hat präventive Wirkung für viele Gesundheitsprobleme.« Zwei Drittel jener, die sich regelmäßig sportlich betätigen, sind mit ihrem Leben »zufrieden«. In der Gruppe der Sportabstinenzler behaupten das nur 48 Prozent. Aktive gewinnen Distanz zu Aufgaben und Problemen. Sie lernen, die eigenen Grenzen einzuschätzen und selbst gesteckte Ziele geduldig zu erreichen. Erfolgserlebnisse stärken das Selbstwertgefühl. In vielen seriösen Studien findet sich zudem der Hinweis von »verstärkter Libido« bei ausreichender Bewegung.

Die Bedeutung einer guten Haltung

Neben der Bewegung trägt auch die richtige Körperhaltung zu unserem persönlichen Wohlgefühl bei. Unsere Wirbelsäule ist eigentlich nicht fürs Sitzen geschaffen. Dauerhaftes Sitzen am Arbeitsplatz ist daher für den Rücken nicht gesund. Durch eine gute Haltung können Sie der Gefahr von Kopf-, Nacken- oder Rückenschmerzen vorbeugen und den Energiefluss im Körper verbessern.

Neben der Bewegung trägt auch die richtige Körperhaltung wesentlich zu unserem persönlichen Wohlbefinden bei.

Richtig sitzen

Zum einen ist die Belastung der Bandscheiben der Lendenwirbelsäule im Sitzen um 40 Prozent höher als im Stehen. Zum anderen verfügen die Bandscheiben nicht über Blutbahnen, sodass sie über eine bewegungsabhängige Diffusion mit Nährstoffen versorgt werden müssen. Um eine ausreichende Versorgung auch in der sitzenden Position zu gewährleisten, ist daher ein dynamisches, bewegliches Sitzen notwendig (beispielsweise auf einem Gymnastikball). Regelmäßige Pausen sollten zur selbstverständlichen Gewohnheit werden, um die geplagte Wirbelsäule wieder ins Lot bringen.
Wenn Sie zwischendurch immer wieder mal Ihre Hände in den Nacken legen oder im Stehen telefonieren, fördert das die Durchblutung der Muskulatur, entlastet außerdem die Bandscheiben, bringt den Kreislauf in Schwung, verbessert die Atmung und regt nicht zuletzt den Stoffwechsel an.
Rücken Sie bei der Arbeit den Stuhl möglichst nahe zum Schreibtisch. Stellen Sie die Füße flach auf den Boden. Nutzen Sie die ganze Sitzfläche. Wechseln Sie zwischen vorderer und hinterer Sitzposition. Die Kniegelenke sollten etwas tiefer sein als die Hüfte, das nimmt Druck von den Bandscheiben.

Richtig stehen

Bauch rein, Brustbein raus! Das ist die vorbildliche Position für aktives Stehen. Ihr Stehvermögen sollten Sie aber noch um ein paar Punkte ergänzen: Stellen Sie die Füße parallel und etwa schulterbreit auseinander, drücken Sie die Knie nicht ganz durch, sonst fallen Sie ins Hohlkreuz. Die Schultern befinden sich auf gleicher Höhe, die Schulterpartie ist entspannt, die Arme hängen locker an den Seiten. Der Kopf wird aufrecht gehalten.

Ausdauertraining – ideal für mehr Fitness und Gesundheit

Das optimale Training für Gesundheit und Fitness, kurz gesagt für eine »gute Kondition«, ist das Ausdauertraining. Eine gute Kondition ist in allen Bereichen des Lebens hilfreich, nicht nur im Sport. Ausdauer liefert die notwendige Energie, um etwas anzupacken. Für Sportwissenschaftler ist Ausdauer die Fähigkeit, eine muskuläre Leistung über einen möglichst langen Zeitraum zu erbringen, ohne zu ermüden, sowie die Fähigkeit zur schnellen Regeneration. Um das zu erreichen, müssen sich vor allem der Energiestoffwechsel der Muskulatur sowie das Herz-Kreislauf-System und die Lunge der von ihnen geforderten Belastung anpassen. Das ist nur durch regelmäßiges Training zu erreichen.

Aerobes Training

Gesundheits- bzw. fitnessorientiertes Ausdauertraining ist ein aerobes Training, bei dem der Körper mit mindestens so viel Sauerstoff versorgt wird, wie er bei der sportlichen Betätigung verbraucht. Beim aeroben Training stehen sich wiederholende Bewegungen im Vordergrund, die lang und anstrengend genug sind, um das Herz und die Lunge zu fordern. Um das zu erreichen, werden meistens große Muskeln benutzt: Oberschenkel, Gesäßmuskeln, die großen Rücken- und Armmuskeln (wie beim Laufen, Radfahren, Schwimmen, Wandern und Walken oder Skilanglaufen).

Ausdauertraining ist ideal für unsere Gesundheit und unsere Fitness. Dabei passen sich der Energiestoffwechsel der Muskulatur sowie das Herz-Kreislauf-System und die Lunge den geforderten Belastungen an.

Anaerobes Training

Beim anaeroben Training erfolgt die Verwertung der Energiereserven ohne Zugriff auf Sauerstoff (an-aerob = ohne Luft). Der Körper greift auf anaerobe Energiebereitstellung zurück, wenn er kurzfristig, z. B. bei einem Antritt im Fußballspiel, eine hohe Leistung vollbringen muss. Bei länger andauernden Tempoläufen und Sprints wird vermehrt Milchsäure (Laktat) in den Muskeln gebildet, was schließlich zu einer Übermüdung des Muskels führen kann.

Die richtige Herzfrequenz

Der Puls ist sehr aussagekräftig, er zeigt die Intensität einer Belastung an. Überfordere ich mich beim Training? Oder unterfordere ich mich? Oder läuft alles im grünen Bereich? Mache ich Trainingsfortschritte?

Das Herz ist ein Seismograph für Leistung. Der Pulsschlag ist die Druckwelle, die sich in den Blutgefäßen ausbreitet, nachdem sich das Herz zusammengezogen hat. Bei Menschen, die keinen oder nur wenig Sport treiben, schlägt das Herz zwischen 70- und 100-mal pro Minute. Durch regelmäßiges Ausdauertraining verringert sich diese Zahl um etwa 20 Schläge pro Minute. Das bedeutet: Das Herz spart sich rund 30 000 Schläge, und das Tag für Tag. Auf drei wichtige Parameter sollten Sie achten: Ruhepuls, Maximalpuls (maximale Herzfrequenz) und Belastungspuls.

Der Ruhepuls

Sie können den Ruhepuls ertasten: und zwar am Hals oder Handgelenk, mit dem Zeige- oder Mittelfinger. Messen Sie Ihren Ruhepuls morgens vor dem Aufstehen. Zählen Sie 15 Sekunden lang die Pulsschläge und multiplizieren Sie die gewonnene Zahl mit vier – das ist Ihr Ruhepuls.

Der Maximalpuls

Der Maximalpuls (die maximale Herzfrequenz) wird erreicht, wenn Sie sich bis zur Erschöpfung verausgabt haben. Sie fühlen, wie Ihnen das Herz gleichsam bis zum Hals schlägt. Diese Art der hohen Belastung sollte nur kurzfristig sein. Eine Faustformel zur Berechnung des Maximalpulses lautet: 220 minus dem jeweiligen Lebensalter.

Aus meiner Praxis

Trampolinspringen als ideale Lymphdrainage

Zehn Minuten sanftes Springen auf dem Zimmertrampolin haben den gleichen Effekt wie 25 Minuten Joggen. Durch das schonende Springen werden Ausdauer und Gelenkigkeit trainiert, Muskulatur aufgebaut, und gleichzeitig findet eine optimale Lymphdrainage statt.

Die Lymphflüssigkeit übertrifft an Menge die Blutflüssigkeit im Körper. Sie hat vor allem die Aufgabe, die Zellen zu entgiften und im Falle einer drohenden Infektion weiße Blutkörperchen (Abwehrzellen) zum Infektionsherd zu bringen. Der Lymphfluss wird nicht wie das Blut durch eine Pumpe in Gang gehalten, sondern nur durch Kontraktion der Muskeln, also durch Bewegung.

Weil sich die meisten Menschen nicht genügend bewegen, kann es zum Lymphstau kommen. Die verbrauchte Körperflüssigkeit bleibt zu lange in unserem System und kann zu Beschwerden, z. B. Kopfschmerzen, führen. Durch das Trampolinspringen findet eine optimale Lymphdrainage und damit Entgiftung statt, ohne dass die Wirbelsäule wie beim Laufen belastet wird.

Der Belastungspuls

Das ist der wichtigste Wert für Sie. Wenn Sie effektiv, also mit der richtigen Intensität trainieren wollen, müssen Sie Ihren idealen Trainingspuls kennen. Nur wenn Sie mit dem richtigen Belastungspuls trainieren, stellen sich die erwünschten Trainingseffekte ein. Der für Sie optimale Belastungspuls ist erreicht, wenn Sie spüren und ertasten können: Der Puls ist zwar spürbar erhöht – aber er rast nicht. Ein grober Anhaltspunkt: Sie können sich trotz der Anstrengung beim Training weiterhin noch unterhalten.

Der Puls passt sich an

Bei regelmäßigem Ausdauertraining sollte man auf drei wesentliche Parameter achten: Ruhepuls, Maximalpuls (maximale Herzfrequenz) und Belastungspuls.

Der Körper passt sich kontinuierlich steigenden Belastungen an. Bestimmt wird Ihr morgendlicher Ruhepuls mit den Wochen und Monaten regelmäßigen Trainings abnehmen – das ist ein Zeichen für einen wachsenden Formanstieg. Ein plötzlich erhöhter Wert kann auf zu wenig Schlaf, zu viel Alkohol am Vorabend, auf eine zu harte Trainingsbelastung am Vortag oder auf eine sich damit ankündigende Erkrankung hinweisen.
Messen Sie in regelmäßigen Abständen Ihren Puls bei ähnlicher Belastung und danach auch die Erholungswerte in Minutenabständen, dann werden Sie rasch erkennen, welche Fortschritte Sie im Training machen: Die errechneten Pulswerte sinken.
Sie können die Intensität des Trainings leicht erhöhen und bleiben trotzdem weiterhin im Bereich Ihrer optimalen Herzfrequenz.

Training mit dem rechten Augenmaß

Man soll im Leben nichts übertreiben, auch im Sport nicht. Zu viel oder falsch betriebene Bewegung schadet dem Körper mehr, als sie nützt. Training jenseits der eigenen physischen Grenzen ist gefährlich. Denn bei ungewohnter sportlicher Anstrengung entsteht die sechsfache Menge so genannter freier Radikaler (aggressive Sauerstoffmoleküle, die, wenn sie im Übermaß produziert werden, Zellstrukturen, Gewebe und Organe bedrohen können).
Warum ist das so? Wer bis zur Erschöpfung trainiert, verbraucht in Herz und Muskeln zehn- bis zwanzigmal mehr Sauerstoff. Den notwendigen Ersatz holt sich der menschliche Körper aus denjenigen Organen, die gerade nicht so sehr beansprucht sind: beispielsweise aus der Leber, dem Darm, dem Magen oder aus der Niere. Dadurch kommt es hier vorübergehend zu einem Sauerstoffmangel (Hypoxie). Wenn die körperliche Anstrengung vorbei ist, strömt der »geliehene» Sauerstoff mit Hochdruck zurück (ischämische Reperfusion). Dabei entstehen übermäßig viele freie Radikale.

Außerdem führt Überanstrengung zum erhöhten Verbrauch körpereigener Radikalfänger (den natürlichen Gegenspielern der freien Radikalen) wie Zink, Magnesium, Natrium, Selen – diese gehen allerdings auch teilweise über die natürliche Schweißabsonderung beim Training verloren. Darüber hinaus wird der Fettstoffwechsel gestört, wobei zunächst die Rezeptoren und die Ionenkanäle der Zellmembran blockiert werden und dadurch an Elastizität verlieren. Eiweiß spaltende Enzyme (so genannte Proteasen) werden frei und »verdauen« Substanzen in und außerhalb der Zelle. Bestimmte Muskelenzyme und Hormone heizen die Radikalenbildung weiter an. Die Verletzungsgefahr steigt, Muskel- oder auch Sehnenrisse können dadurch die leidige Folge sein.

Nur beim Training mit dem richtigen Belastungspuls stellen sich die erwünschten Trainingseffekte ein. Zu viel Sport oder Bewegung schadet dem Körper mehr, als es ihm nützt.

Das richtige Trainingspensum

Wie viel Bewegung ist eigentlich nötig, wie viel ist gut? Neuere epidemiologische Studien haben belegt, dass Bewegung schon ab einer deutlich niedrigeren Belastung einen gesundheitlichen Nutzen bringt, als dies noch vor wenigen Jahren allgemein angenommen wurde. Am besten kommen Sie mindestens dreimal, besser sogar noch viermal pro Woche ins Schwitzen. Die Belastungsdauer sollte zwischen 30 und 60 Minuten liegen. Dafür ist alles zu empfehlen, was die großen Muskelgruppen unseres Körpers so richtig auf Trab bringen kann: beispielsweise Laufen, Schwimmen, Radfahren, Inline-Skaten, Rudern, aber auch Gartenarbeit, zügiges Gehen (Walking), Radfahren oder Treppensteigen.

Ein Training von ungefähr 30 Minuten führt bereits zur Ausschüttung von Wachstumsfaktoren für die Muskelbildung – und Wachstum ist der beste Gegenspieler von Alterungsprozessen. Das Trainingspensum sollten Sie allerdings ganz vorsichtig steigern, und zwar genau in dieser Reihenfolge:

- Erst die Häufigkeit (wie oft) erhöhen
- Dann den Trainingsumfang (wie lange) erhöhen
- Schließlich die Intensität (wie schnell) erhöhen.

Leider nehmen viele Freizeitsportler ihr selbst auferlegtes Trainingsprogramm viel zu ernst, indem sie viel zu schnell an ihre Grenzen gehen. Sie sind zu ungeduldig mit sich und ihrem Körper. Sie überschätzen sich und ihre Leistungsfähigkeit. Wichtig ist, dem Körper nach einer Belastung genügend Zeit zu geben, damit er sich in ausreichendem Maße erholen kann (siehe Seite 90 ff.).

Meine 6 Ausdauer-Sportarten

Beim richtigen Trainingspensum sollte die Belastungsdauer zwischen 30 und 60 Minuten liegen – was man mindestens dreimal wöchentlich absolvieren sollte.

Welche Sportart eignet sich für wen? Was hat welchen Nutzen? Welche sportartspezifischen Belastungen und Risiken gibt es? Wieviel Training ist empfehlenswert? Wann besteht die Gefahr einer Überbelastung? Wie kann ich das Verletzungsrisiko minimieren? Und was macht eigentlich den speziellen Reiz der verschiedenen Sportarten aus? All diese Fragen habe ich schon in meinem Buch »Mensch, beweg Dich!« sehr ausführlich beantwortet. Deshalb möchte ich hier nur kurz noch einmal meine Favoriten vorstellen, die ich für ein Ausdauertraining als ganz besonders empfehlenswert erachte. Wobei natürlich die Mannschaftssportarten wie z.B. Fußball, Handball, Basketball, Volleyball oder Tennis zumindest auch erwähnt werden müssen, die gerade für junge Leute einen besonderen Anreiz bieten, Sport zu treiben.

1. Jogging
ist die natürlichste Form des Bewegungstrainings. Laufen kräftigt neben der Bein- und Pomuskulatur auch die gesamte Rumpfmuskulatur und verbessert die Haltung. Durch Laufen lassen sich wirksam Spannungen und Stress abbauen. Laufen wirkt wie eine Sauerstoffdusche, fördert die Durchblutung, trainiert schonend und effektiv Herz und Kreislauf, optimiert sämtliche Stoffwechselvorgänge und sorgt für neue Energie, wenn man im richtigen Pulsbereich (nicht zu schnell) läuft.

2. Radfahren
ist ein ideales Bewegungstraining für jedes Lebensalter. Radfahren eignet sich für Menschen, die durch Training Gewicht reduzieren wollen, ohne die Gelenke stark zu belasten – denn das Rad stützt das Körpergewicht durch Sattel und Lenker gut ab. Durch die intensive Beinarbeit werden Unter- und Oberschenkelmuskeln besonders beansprucht. Radfahren stärkt die Lunge, kräftigt das Herz und hat einen positiven Einfluss auf den Blutdruck.

3. Schwimmen
ist für mich der gesündeste Sport überhaupt. Das Wasser trägt das Gewicht des Körpers, wodurch keine Belastung der Gelenke wie beim Laufen stattfindet – was speziell für Übergewichtige ein großer Pluspunkt ist. Schwimmen ist auch deshalb ideal, weil die Lunge in ihrem

gesamten Volumen beansprucht und die Atmung aktiviert wird. Schwimmen stimuliert den ganzen Körper, fördert Lockerheit, Geschmeidigkeit, Koordination. Die ständige Bewegung der Hände und Füße fördert den Rückfluss des Blutes zum Herzen. Beim Schwimmen werden besonders die oft verspannten Schulter- und Bauchmuskeln trainiert, Ausdauer und Koordination können dabei gleichermaßen geschult werden.

4. Bergwandern

bietet einen besonders guten, schonenden Trainingseffekt für den ganzen Körper. Herz und Kreislauf, die Muskeln und alle Stoffwechselfunktionen profitieren. Außerdem erfrischt das Naturerlebnis die Psyche. Allerdings sollten Sie nicht hetzen. Bergwandern mit Stöcken ist übrigens eine sehr vernünftige Alternative. Trageleichte Teleskopstöcke empfehle ich jedem Bergwanderer. Sie helfen gegen eine übermäßige Belastung der Kniegelenke und der Wirbelsäule.

5. Golf

ist eine gute Symbiose aus erholsamem Naturerlebnis sowie körperlicher Anspannung und erhöht die Konzentrationsfähigkeit. Das Magazin »stern« nannte diesen Trendsport zu Recht »eine Art Biathlon in Zeitlupe«. Spieler mit unterschiedlicher Spielstärke können prima miteinander auf die Runde über die Greens gehen. Jeder wird (durch seine individuellen Handicap-Vorgaben) optimal gefordert. Einsteiger können sich allerdings durch extensives Üben bestimmter Schwung- und Schlagvarianten überlasten, ganz besonders, wenn ihre Rumpfmuskulatur nicht ausreichend für Schnellkraft und Ausdauerleistungen trainiert ist.

Joggen wirkt wie eine Sauerstoffdusche, fördert die Durchblutung und stärkt Herz sowie Kreislauf. Radfahren hat den Vorteil, dass die Gelenke nicht zu stark belastet werden.

6. Skilanglauf

ist ein klassischer Ausdauersport, der durch die jüngsten Erfolge deutscher Athleten glücklicherweise wieder stark in den Vordergrund des Interesses gerückt ist. Skilanglauf hat eine sehr gute Wirkung auf den ganzen Körper: Herz und Kreislauf werden ausgezeichnet trainiert, 90 Prozent der Muskulatur sind in Aktion – so viel wie bei keinem anderen Sport. Die Beine werden ständig beansprucht, die Arme und der Rumpf durch zusätzlichen Stockeinsatz weit mehr als beim Laufen. Die Koordination wird gefördert. Hinzu kommt: Durch das Gleiten in der

Loipe wirkt Skilanglauf sanfter auf den Körper, weil die Stauchbelastung (etwa beim Laufen) entfällt. Dadurch ist beim Skilanglauf die Bewältigung längerer Distanzen möglich.

Krafttraining – oftmals überschätzt

Schwimmen ist der gesündeste Sport überhaupt. Bergwandern bietet einen schonenden Trainingseffekt für den gesamten Körper. Golf ist »eine Art Biathlon in Zeitlupe«. Beim Skilanglauf sind 90 Prozent der Muskeln im Einsatz.

Ich bin kein großer Freund von Krafttraining, wenn eine möglichst ausgeprägte Muskulatur das eigentliche Trainingsziel ist. Denn einseitiges Krafttraining führt nicht zu allgemeiner körperlicher Fitness. Durch allzu raschen Muskel- und Kraftzuwachs werden die Gelenke überlastet, und es kann dadurch zu vorzeitigen Verschleißerscheinungen kommen. Beim Gewichtheben beispielsweise wird der Kniescheibenknorpel mit Druckkräften bis zu 2000 Kilopond gegen die Oberschenkelrolle gepresst, wodurch Knorpelschäden entstehen können. Wer also vorhat, große Lasten zu bewegen, sollte sich zunächst eine solide Basis schaffen durch den Aufbau einer kräftigen Oberschenkelmuskulatur und eine äußerst korrekte Technik erlernen.

Worauf Sie beim Krafttraining achten sollten

Krafttraining ist auch zu Hause möglich. Sinnvolle Anschaffungen wären beispielsweise:

- eine Multi-Bank
- ein Satz Hanteln
- Thera-Bänder (aus Naturlatex)
- Gewichtsmanschetten.

Allerdings lässt sich auch das eigene Körpergewicht für ein sinnvolles Krafttraining einsetzen. Einfachste Übungen wären z. B. Kniebeugen, Liegestütze oder gezieltes Treppensteigen.

Wenn Sie in eines von mittlerweile über 6500 deutschen Fitness-Studios gehen, dürfen Sie von Ihrem Trainer Kompetenz erwarten. Er sollte idealerweise eine sportwissenschaftliche Ausbildung absolviert haben. Ihr Fitness-Studio sollte aber nicht nur Kraftgeräte anbieten, sondern Ihnen auch die Möglichkeit für ein Ausdauer- und Herz-Kreislauf-Training offerieren. Um Verletzungen vorzubeugen, sollten Sie immer darauf achten, die Bewegungen langsam auszuführen. Und um zu verhindern, dass der Blutdruck unerwünscht ansteigt, sind kurze Pausen mit Entspannung der Muskulatur nach jeder Übungseinheit notwendig.

Die Muskulatur erhalten

Gegen ein ausgewogen durchgeführtes Krafttraining an Geräten, insbesondere als Ergänzung zu anderen, auf Verbesserung der Ausdauer angelegten sportlichen Aktivitäten, ist beileibe nichts zu sagen. Schließlich kann Krafttraining mit dazu beitragen, die Muskulatur zu erhalten. Bei mangelnder Beanspruchung hat sich bei einem 60-Jährigen schon fast ein Drittel der Muskelmasse abgebaut. Die meisten älteren Menschen leiden unter Muskelschwäche, die ihren Alltag oftmals so mühsam macht.

Das muskuläre Defizit, besonders an Rücken, Bauch, Gesäß und Oberschenkeln ist zudem häufig Auslöser für degenerative Erkrankungen des Bewegungsapparates, weil die Gelenke und die Wirbelsäule nicht mehr ausreichend von der Muskulatur gestützt werden. Es können dann beispielsweise folgende Beschwerden bzw. Schäden auftreten:

- Rückenschmerzen und Bandscheibenschäden
- Arthrosen (degenerative Veränderungen an Knorpel und Knochen, vor allem im Bereich der Hüft-, Knie- und Zwischenwirbelgelenke)
- Osteoporose (vorzeitiger Abbau von Knochensubstanz vor allem im Bereich der Wirbelkörper und Röhrenknochen mit einer erhöhten Neigung zu Knochenbrüchen)
- Bindegewebsschwäche

Einseitiges Krafttraining führt nicht zu allgemeiner körperlicher Fitness. Durch allzu raschen Muskel- und Kraftzuwachs werden die Gelenke überlastet, und es kann zu Verschleißerscheinungen kommen.

Es ist nie zu spät zum Muskelaufbau

Für die Wissenschaft steht längst fest, dass Alterschwäche – ebenso wie degenerative Erkrankungen – nicht unbedingt eine Frage des generellen körperlichen Verfalls sind, sondern ganz oft eine Folge von Bewegungs- und Belastungsmangel. Was eine erhebliche Beeinträchtigung des Wohlgefühls und der Vitalität mit sich bringt.

Muskeltraining stimuliert die Produktion des Wachstumshormons (Somatotropin). Es wird von der Hypophyse (Hirnanhangsdrüse) ausgeschüttet, zweimal täglich – ein bis zwei Stunden nach Beginn des Tiefschlafs sowie kurz vor dem Aufwachen. Das Wachstumshormon regt das Gewebewachstum an, erhöht die Grundspannung der glatten Muskulatur, die Festigkeit und die Flexibilität des Muskelgewebes; es baut Muskelmasse auf und sorgt für Wachstum von Knochen und Organen. Für einen gezielten Muskelaufbau ist es daher nie zu spät. Da Kraft eine wesentliche Komponente für viele Alltagsfunktionen darstellt, ist gerade für den älteren Menschen das Muskeltraining besonders wichtig.

Acht Regeln für gesunden Sport

Gegen ausgewogenes Krafttraining in Verbindung mit anderen, auf Verbesserung der Ausdauer angelegten sportlichen Aktivitäten ist nichts zu sagen. Schließlich kann Krafttraining mit dazu beitragen, die Muskulatur dauerhaft zu erhalten.

1. Sportärztlich durchchecken lassen

Vor allem Anfänger und Wiedereinsteiger über 35 Jahre, aber auch Personen mit den spezifischen Risikofaktoren wie Rauchen, Bluthochdruck, erhöhte Blutfettwerte, Diabetes, Bewegungsmangel oder Übergewicht, sollten sich jedes Jahr routinemäßig untersuchen lassen. Bei einer sportärztlichen Untersuchung soll überprüft werden, ob die körperliche Belastung des Organismus ohne gesundheitliche Gefährdung möglich ist.

2. Vor dem Sport aufwärmen

Das Aufwärmen ist eine notwendige Vorbereitung für jegliche Art von sportlicher Aktivität. Sehnen und Bänder werden dabei elastischer, die Gelenke mit Gelenkflüssigkeit geschmiert. Ein ausführliches Aufwärmprogramm kann der Gefahr von Verletzungen weitgehend vorbeugen. Leider wird das viel zu selten beherzigt.

3. Ausreichend Erholung nach dem Sport

Nach jeder Belastung sollten Sie auf ausreichende Erholung (Regeneration) achten, nach einem intensiven Training oder Wettkampf auf jeden Fall zusätzliche Übungseinheiten einplanen: Austrudeln, Auslaufen, Ausschwimmen. Dieses langsame Herunterfahren der Belastung unterstützt das Herz-Kreislauf-System, das sich dadurch wieder leichter auf den Normalzustand einpendeln kann.

4. Verletzungen und Krankheiten ausheilen lassen

Verletzungen brauchen Zeit zum Ausheilen. Nehmen Sie Schmerzen immer ernst. Es sind wichtige Warnzeichen des Körpers, dass etwas nicht in Ordnung ist. Unverzichtbar ist die Sportpause bei Erkältung, Fieber oder Krankheit. Im Zweifelsfall sollte immer ein Sportarzt konsultiert werden.

5. Auf die richtige Ernährung achten

Eine kohlenhydrat- und ballaststoffreiche sowie fettarme Kost tut Sportlern und Freizeitsportlern gleichermaßen gut. Beginnen Sie Ihr Training niemals mit vollem Magen. Die letzte Mahlzeit sollte wenigstens 2 Stunden zurückliegen. Nach dem Sport empfiehlt sich zunächst eine leicht verdauliche kohlenhydratreiche Kost, um den Blutzuckerspiegel möglichst schnell wieder aufzubauen.

6. Reichlich trinken

Normale Freizeitsportler schwitzen pro Stunde ungefähr 0,5 bis 1 Liter Wasser aus. Leistungssportler übertreffen dieses Maß um ein Mehrfaches. Auf einer Bergetappe bei der Tour de France verlieren Jan Ullrich & Co. bis zu zwölf Liter Flüssigkeit. Was der Körper an Flüssigkeit verliert, fordert er allerdings auch wieder zurück.
Um sich keine Durststrecke beim Sport zuzumuten, sollten Sie den Wasserspeicher sinnvollerweise bereits vorher entsprechend auffüllen. Auch während der sportlichen Aktivitäten ist es sinnvoll, immer wieder kleine Portionen zu trinken. Spezielle Elektrolytgetränke sind dabei nicht unbedingt nötig, viel wichtiger ist es, keinen Flüssigkeitsmangel zu erleiden. Ich empfehle Ihnen ganz besonders die beliebte klassische Apfelsaftschorle (Mischungsverhältnis: halb Wasser und halb Saft), da im Apfelsaft alle wichtigen Mineralien in einer geradezu idealen Zusammensetzung enthalten sind.

Für einen gezielten Muskelaufbau ist es nie zu spät. Denn Muskeltraining stimuliert die Produktion des menschlichen Wachstumshormons, das Muskelmasse aufbaut sowie für das Wachstum von Knochen und Organen sorgt.

7. Das Training den Witterungsumständen anpassen

Ihr Sport sollte immer den gerade vorherrschenden äußeren klimatischen Verhältnissen angepasst sein. Hitze verlangt eine hohe Flüssigkeitszufuhr und eine Reduzierung des Trainingspensums oder eine Verlegung des Trainings in die kühleren Morgen- bzw. Abendstunden. Bei hoher Luftbelastung durch Ozon ist ohnehin von sportlichen Belastungen abzuraten.
Wichtig ist auch die richtige Kleidung, die vor allem funktionell und nicht unbedingt modisch sein sollte. Bei Kälte muss die Kleidung warm sowie windabweisend sein und dennoch den Schweiß nach außen hindurchlassen.

8. Der Spaß soll an erster Stelle stehen

Niemand sollte sich beim Sport quälen. Der Spaß am Sport muss immer im Vordergrund stehen. Weshalb Ihr Bewegungsprogramm möglichst abwechslungsreich sein sollte.

Erfahrungen eines Erfolgstrainers

Mein Gespräch mit Ottmar Hitzfeld

Ottmar Hitzfeld, Jahrgang 1949, ist nun schon im sechsten Jahr bei Bayern München tätig. So lange hat sich dort kein anderer Trainer behaupten können. Das ist kein Zufall, denn Hitzfeld ist nicht nur ein ausgewiesener Fachmann, sein Auftreten ist immer souverän, und er versteht es meisterhaft, mit Menschen umzugehen – auf intellektuelle Art. Er wurde mit Bayern und davor mit Borussia Dortmund jeweils Champions-League-Sieger, mit Bayern viermal und mit Dortmund zweimal Deutscher Meister, mit Bayern zweimal Pokalsieger und einmal Weltpokalsieger.

Sie sind jetzt der erfolgreichste deutsche Fußballtrainer. Was treibt Sie immer noch an?

- Meine konservative Einstellung. Ich habe einen Vertrag mit dem FC Bayern München, und ich habe einen Auftrag zu erfüllen. Meine tägliche Arbeit macht mir einfach Riesenspaß. Was soll ich denn sonst machen? Den ganzen Tag Golf spielen? Nein, Trainer zu sein – das ist meine Lebensaufgabe und meine Leidenschaft.

Wie schwer ist es, einer Mannschaft immer wieder neue Kraft zu geben?

- Die psychologische Kompetenz ist entscheidend. Sie müssen den andern verstehen, das ist das Wichtigste. Sie müssen Verständnis für andere haben. Und Sie müssen den andern ernst nehmen. Dazu gehören die nötige Akzeptanz und der gegenseitige Respekt.

Auf welche Weise können Sie dem Team Kraft geben?

- Leistung entsteht im Kopf. Nur wenn eine Mannschaft im Kopf stark ist, wird sie erfolgreich sein. Wenn das Team nicht stabil ist, wenn zu wenig Selbstbewusstsein vorhanden ist, bricht eine Mannschaft ein. Es kommt also darauf an, wie ich jeden Einzelnen anspreche. Jeder Spieler muss an sich glauben, jeder muss seiner Verantwortung gerecht werden. Ich will alle Energien eines einzelnen Spielers zum Fließen bringen. Die Kraftfelder der einzelnen Spieler werden in der gesamten Mannschaft zu einem großen Interaktionsfluss führen, mit dem gemeinsamen Ziel, das Spiel zu gewinnen.

Wie schwer ist das – gerade beim erfolgsverwöhnten FC Bayern München?

▶ Es ist ein Erziehungsprozess, dass man jeden Gegner ernst nimmt. Weil wir den Verein repräsentieren. Da steht jeder Spieler, der einen Vertrag bei uns unterschrieben hat, in der Pflicht, 90 Minuten zu kämpfen. Sonst läuft er Gefahr, dass ich ihn für längere Zeit auf die Tribüne setze.

Gilt der Spruch noch, den Sepp Herberger einst geprägt hat: »Elf Freunde müsst ihr sein«?

▶ Seine moderne Umsetzung müsste lauten: Der Erfolg hängt von der Qualität der Beziehungen in der Truppe ab. Deshalb steht für mich der Spieler mit seinen Fähigkeiten im Vordergrund, nicht das System. Beim FC Bayern stehen wir permanent unter Druck, da werden robuste Spieler gebraucht.

Wie können Sie erkennen, ob ein Spieler wirklich robust ist?

▶ An seiner Gestik und Mimik auf dem Platz. Fügt er sich schnell dem Schicksal, oder wehrt er sich? Was spricht er im Spiel, wie oft spricht er, wann schreit er auch mal?

Wie Oliver Kahn?

▶ Ja, Oliver verhält sich, wenn es darauf ankommt, aggressiv. Das ist mir recht. Für ihn wird Fußball sogar zum Kampfsport, er würgt schon mal einen Gegenspieler. Oliver Kahn wehrt sich gegen eine Niederlage. Wie auch Stefan Effenberg. Wir erinnern uns an das Spiel gegen Manchester United, als Effenberg von Beckham gefoult wurde, der ihm die Hand anbot – und Effenberg schlug diese Geste aus. Ich fand das nicht gut, aber intern gab ich ihm Recht. Effenberg hat damit ein Zeichen für die Mannschaft gesetzt.

Mit welchen Mitteln arbeiten Sie, um einen verunsicherten Spieler wieder aufzubauen?

▶ Unsicherheiten entstehen, wenn das Selbstvertrauen fehlt. Also versuche ich, das Selbstvertrauen des Spielers zu stärken. Ich kann dabei helfen, dass sich der Spieler seine Stärken vor Augen führt.

Und wenn ein Torjäger z. B. wochenlang keine Tore mehr schießt …

▶ … dann werde ich den Druck rausnehmen. Ich werde dem Spieler erklären, dass es vorrangig wichtig ist, dass unser Team das Spiel gewinnt, und nicht, wer das Tor macht.

Das geschieht wohl immer bei den geheimnisvollen Einzelgesprächen?

▶ Diese sind wirklich wichtig. Nur, man darf das natürlich auch nicht übertreiben. Aber für Einzelgespräche nehme ich mir manchmal eine halbe Stunde, manchmal auch eineinhalb Stunden Zeit.

Sie werden von der Fachwelt als kühl kalkulierender Mathematiker auf der Trainerbank gesehen, als Kopfmensch. Wie motivieren Sie einen Spieler?

- Wenn ich einen Spieler motivieren muss, ist der Spieler falsch am Platz. In einer Mannschaft darf ich höchstens ein bis zwei Spieler haben, die ich antreiben muss, mehr nicht.

Wie oft sprechen Sie zur gesamten Mannschaft?

- Ich bin kein Guru, ich kann nicht 70-mal im Jahr etwas ganz Neues bringen, das geht nicht. Ich komme auch nicht, wie ein Kollege, mit einem Falken in die Kabine oder nagele einen Tausender an die Wand, um die Mannschaft zu motivieren. Meine Ansprachen zur Mannschaft finden immer einen Tag vor dem Spiel, am Spieltag und nach dem Spiel statt.

Worauf kommt es Ihnen dabei an?

- Es geht darum, dass jeder Spieler seine Aufgabe ernst nimmt. Jeder muss verinnerlichen, dass er nur ein Glied im Gefüge eines Teams ist, allerdings ein sehr wichtiges Glied. Wir müssen uns wie eine Einheit verhalten, als Team auftreten. Diese Regeln erkläre ich immer wieder.

Wie kritisieren Sie Ihre Spieler, falls es mal nötig sein sollte?

- Dafür muss man eine Ader und das nötige Feeling haben. Es kommt entscheidend darauf an, wie ich einen Spieler anspreche. Spreche ich ihn auf der Sachebene an oder auf der Beziehungsebene? Es ist ganz wichtig, die richtigen Worte zu finden und niemals zu beleidigen. Ich war ja früher selbst Spieler und war diesbezüglich von manchen Trainern enttäuscht. Insofern habe ich auch von schlechten Trainern gelernt – wie man es nicht machen sollte.

Welchen Kardinalfehler sollte man als Trainer unbedingt vermeiden?

- Es ist schädlich, hinter dem Rücken über andere zu reden. Denn es wird sicher weitererzählt. Ich bin davon überzeugt, dass sich offener, ehrlicher Umgang miteinander positiv auszahlt.

Sie betrachten Selbstdisziplin als Tugend. Welche Rolle spielt Disziplin in Ihrem eigenen Leben?

- Es gibt manchmal auch bei mir Tage, da fühle ich mich etwas schlapp, komme nur schwer und langsam in die Gänge. Dann fließt die Energie einfach nicht. Aber ich lebe von meiner Disziplin. Ich bin schon immer allem Neuen gegenüber sehr aufgeschlossen gewesen. Also frage ich mich dann immer wieder: Was kann ich lernen? Was kann mir helfen? Ich habe mich beispielsweise sehr für Akupunktur interessiert, um meine Probleme mit dem Magen in den Griff zu kriegen. Wenn ein Organ nicht gesund ist, strahlt das in den ganzen Körper aus, und das bindet einen Teil der Energie.

Woher schöpfen Sie Ihre Energie?

▶ Irgendwann habe ich mit Atemübungen begonnen. Die mache ich jetzt regelmäßig vor dem Einschlafen und auch am Morgen. Man kann das als eine Art von Meditation sehen. In diesen jeweils 15 Minuten mobilisiere ich meine Kräfte.

Haben Sie noch ein weiteres Ritual, das Ihnen neue Lebenskraft geben kann?

▶ Ja. Ich stelle mich ganz bewusst unter die Dusche. Ich stehe dann einfach da und stelle mir vor, dass ich ein Baum wäre – ein Baum im Sturm. In diesen Momenten fühle ich mich tief verwurzelt und denke: Genau so stehe ich auch im Leben. Ich bin stark. Ich lasse vieles von mir abprallen. Danach fühle ich mich gut vorbereitet für den Tag. Als Trainer muss man in jeder Sekunde hellwach sein, sonst wird man von der Mannschaft aufgefressen.

Wo können Sie am besten auftanken?

▶ Meine Familie ist mein Rückhalt. Sie ist für mich wie eine Burg, die mir Sicherheit gibt, da fühle ich mich geschützt und gut aufgehoben. Zu Hause dürfen keine Spannungen sein, und wenn, dann müssen sie gelöst werden, sonst belasten diese Spannungen. Eheprobleme schlagen immer auf die Leistung.

Herr Hitzfeld, wie entspannen Sie am besten?

▶ Viele sind der irrigen Meinung, dass Ruhe, Ruhe und nochmals Ruhe das Allheilmittel sei. Das ist aber grundlegend falsch, so kommt man nicht mehr auf die Beine. Und es ist auch Unsinn, wenn wir uns in den Sessel setzen, fernsehen und denken: Jetzt bin ich entspannt. Entspannung setzt meist Aktivität voraus. Ich kann beim Golfspielen sehr gut entspannen. Und abends gönne ich mir zum Beruhigen gerne mal ein, zwei Glas Wein. Das ist für mich ein Stück Lebensqualität.

Ihr Favorit?

▶ Spanischer Rotwein. Weißer bekommt mir nicht so gut, der hat meist zu viel Säure.

Lebenskraft durch
Yoga und T'ai Chi

Was ist Yoga?

Yoga hat die Vervollkommnung des Menschen zum Ziel und verhilft zu tiefer Entspannung sowie innerer Ruhe. Vor vielleicht 3000 Jahren ist Yoga in Indien entstanden. Es ist im Hinduismus ursprünglich ein Weg zur Erlösung und Erleuchtung gewesen. Im Lauf der Zeit haben verschiedene philosophische Richtungen den Yoga geprägt.
Der Weise Patanjali schrieb vor rund 2000 Jahren das Yoga-Wissen seiner Zeit in Yoga-Sutras (Sutra = Leitfaden) auf. Er begründete damit die systematische Wissenschaft des Yoga, die bis heute aktuell ist. Die 2. Sutra erklärt: »Yoga ist jener innere Zustand, in dem die seelisch-geistigen Vorgänge zur Ruhe kommen.« Das Wort Yoga enthält den Wortstamm yug, was »Verbindung« oder »Selbstmeisterung« (oder sogar »Joch«) bedeutet. Darunter versteht man die bewusste innere Verbindung mit dem eigenen göttlichen Seelenkern.

Yoga – ein weltweiter Trend

In den letzten Jahrzehnten hat sich Yoga im Westen zum Trend entwickelt und Millionen Anhänger gefunden. Es gibt viele Richtungen und Schulen, von kraftvollem Yoga bis zum meditativen Yoga. Generell ist Yoga eine Methode zur Förderung körperlichen, seelischen und geistigen Wohlbefindens und dient, wie andere asiatische Techniken, der Entspannung, der Gesundheit, der Beweglichkeit und der Selbsterkenntnis. Es gibt natürlich noch viele andere Wege dorthin, aber Yoga habe ich – wie auch T'ai Chi selbst praktiziert und kann es Ihnen aus eigener Erfahrung empfehlen. Bei uns wird Yoga durch Übungen – so genannte Asanas – praktiziert, die den Körper geschmeidig und gesund erhalten sollen. Die Asanas werden mit so genannten Pranayama – das sind gezielte Atemübungen – kombiniert, die den Körper reinigen und mit vermehrter Energie aufladen. Wer ernsthaft Yoga betreibt, bekommt eine verfeinerte Wahrnehmung dafür, was ihm schadet und was ihm gut tut. Das stressorientierte Leben, das Körper und Geist gleichermaßen strapaziert, wird durch ein Verhalten ersetzt, das mehr Rücksicht auf seelische und körperliche Bedürfnisse nimmt.

Der Acht-Stufen-Weg

Yoga ist ein Prozess. Patanjali hat ein methodisches Vorgehen entwickelt, den Yoga-Übungsweg der acht Stufen, die wie eine Treppe miteinander verbunden sind. Der Acht-Stufen-Weg führt über die Körper- und Gedankenbeherrschung zur Meditation. Indem wir uns die engen Zusammenhänge zwischen unserem Körper und Geist bewusst machen sowie die Ursachen menschlichen Leids erkennen, entsteht die Bereitschaft, die Methoden dieses Übungswegs der Selbsterforschung in den Alltag zu integrieren. Das kann uns dann letztendlich zur Selbstverwirklichung führen.

1. Stufe: Yama – hier geht es um Vorschläge zur allgemeinen äußeren Ordnung: Gewaltlosigkeit, also Bewusstheit und Güte in Gedanken, Worten und Taten; Aufrichtigkeit, also Ehrlichkeit in Gedanken, Sprache und Handeln; Mäßigung, also keine Übertreibung, was Verstand, Intellekt, Sprache und Körper angeht; Loslassen, also die wirklichen Bedürfnisse decken, statt den Wünschen, Besitztümern sowie Beziehungen verhaftet zu sein.

2. Stufe: Niyama – diese Stufe bietet Vorschläge für eine besondere innere Ordnung an. Reinheit, also eine bewusste Einstellung zu Sauberkeit und Gesundheit; Wunschlosigkeit, also akzeptieren, was ist, das Beste aus allem machen, freundlich und dankbar sein; glühendes Streben, also diszipliniert und ausdauernd sein, um ein Ziel zu erreichen; geistiges Studium, also Weiterbildung, Nachdenken, Hingabe an Gott.

3. Stufe: Asanas – hier geht es um bestimmte, bewusst eingenommene Körperhaltungen.

4. Stufe: Pranayama – hier geht es um die Atem-Achtsamkeit und die Lenkung von Energie.

5. Stufe: Pratyahara – diese Stufe beinhaltet das Zurückziehen der Sinne, also nicht mehr jedem Reiz zu folgen, sondern uns in unsere Mitte zurückzuziehen.

6. Stufe: Dharana – die Konzentration. Diese Fähigkeit, mit Aufmerksamkeit bei einer Sache zu bleiben, erlaubt dem eigenen Verstand, von seiner Fixierung auf Objekte loszulassen und in seiner eigenen Quelle zu ruhen.

7. Stufe: Dhyana – die Meditation.

8. Stufe: Samadhi – die Folge von tiefer Meditation, bei der sich Körper und Geist auflösen. Ein Zustand, bei dem die Erfahrung von Selbstlosigkeit sowie die bedingungslose Freiheit möglich werden.

Acht Stufen führen beim Yoga über tiefe Entspannung und innere Ruhe zum Ziel, genannt Samadhi – dem Eins-Sein mit sich und der Welt.

Yoga – aus Sicht der Lehrerin

Mein Gespräch mit Immy Lütke

Immy Lütke aus Icking in Oberbayern hat vor 30 Jahren in London ihre ersten Erfahrungen mit Yoga gemacht. Immy ist eine sehr gute Freundin und hat mich vor vielen Jahren in die Kunst des Yoga eingeführt. Ich hatte gesehen, mit welcher Begeisterung und mit welchem Ergebnis meine Frau die Unterrichtsstunden genossen hatte. Inzwischen zählt Immy Lütke zu den erfahrensten Lehrerinnen ihres Faches.

Woher kommt das große Bedürfnis so vieler Menschen nach Ruhe, Einkehr und Besinnung?

- Die Menschen spüren, dass in unserer Gesellschaft grundsätzlich etwas nicht mehr stimmt. Wir haben uns zu einer Hetz- und Giergesellschaft entwickelt, zu einer von Zerstreuung, Leistungswahn und Beziehungsarmut beherrschten Welt, die das Individuum zunehmend erschöpft und häufig sogar krank macht. Vieles ist im Überfluss vorhanden, und doch sind wir oft unglücklich. Glücklich wird der Mensch eben nicht durch flüchtige und vergängliche äußere Objekte. Denn diese verschaffen nur kurze Vergnügungsmomente. Wahres Glück kann, gemäß der Yoga-Philosophie, allein durch unterscheidende Weisheit, durch das Loslassen von Ego-Verhaftungen sowie durch das Wiedererkennen des wahren eigenen Wesens entstehen.

Welche Hoffnungen oder Sehnsüchte können durch Yoga geweckt oder befriedigt werden?

- Durch einen kontinuierlichen, disziplinierten Übungsweg entsteht allmählich ein neues Bewusstsein. Im Yoga lernen wir, die frustrierenden, Leid verursachenden Ego-Illusionen wie Gier, Neid, Hass, Eifersucht oder die Sucht nach dem »Immer-mehr« aufmerksamer zu durchschauen. Wir öffnen unser Bewusstsein für diese momentanen, konditionierten Eigenschaften, ohne sie zu bewerten oder zu verdrängen. Wir sind offen für alle Erscheinungen im Bewusstsein, ganz egal ob diese für uns erfreulich oder auch schmerzhaft sind. Mit fortschreitender Übung berühren wir zunehmend häufiger den weiten, stillen, heilenden Raum unseres Ganz-Seins, der immer vorhanden ist, jenseits aller Gedanken, Gefühle, Vorstellungen.

Fühlen wir uns auf dieser neuen Ebene des Bewusstseins dann viel besser? Kann es uns helfen, neue Lebensenergien zu tanken?

▶ Ohne die materielle Erscheinungswelt abwerten zu wollen, haben wir in unserer westlichen Kultur diese Ebene lange Zeit überbetont. Ich meine, dass wir in unserer Gesellschaft an einer geistigen, spirituellen Unterernährung sowie einer Verarmung des Herzens leiden. Über die Leiberfahrung des Hatha-Yoga-Weges sowie durch das aufmerksame, wertfreie Empfinden und Betrachten der inneren Vorgänge in der Körper-Atem-Geist-Einheit können wir durchlässiger werden für das Fließen der Energien. Die Stille des Geistes und die mitfühlende Qualität des Herzens können dadurch aktiviert werden. Das Eins-Sein mit allem, was existiert, kann auf dieser Stufe erkannt werden.

Könnte das »Eins-Sein mit allem« noch etwas differenzierter erläutert werden?

▶ Irgendwann auf dem Übungsweg gelangt man an einen Punkt, an dem das am Ergebnis orientierte Üben aufhört. Es verbleibt dann nur noch ein waches, lauschendes Bewusstsein, ein Staunen vor dem Mysterium, das wir Körper, Geist und Leben nennen. Man erfährt in solchen Momenten den stillen, grenzenlosen, inneren Raum, aus dem unsere Kraft und unser aller Heilung kommt. Man erkennt und erlebt: »Ich bin.« Und das fern von jeglicher Identifikation (»Ich bin dies, sollte aber das oder jenes sein.«) oder von einem zielorientierten Wollen. Man erlebt eine Begegnung mit dem reinen Land des Seins, das nicht den Veränderungen und Bewegungen der Welt unterliegt. Das ist ein wunderbarer Ort.

Wie ist in diesem Kontext der bekannte Satz des Philosophen René Descartes einzuordnen: »Ich denke, also bin ich«? Das individuelle Sein scheint sich im Yoga gänzlich anders zu definieren.

▶ Die Überbetonung des Rationalen, also unser denkendes Ich-Bewusstsein, hat den Menschen der modernen westlichen Gesellschaft zunehmend abgeschnitten von einer ganzheitlichen Erfahrung des Lebens. Es gibt aber auch Ebenen, die jenseits des rationalen Denkens erfahrbar sind. Viele Menschen begreifen, dass sie sich wieder die Ebenen der Intuition zugänglich machen müssen, um den Herausforderungen des alltäglichen Lebens besser gewachsen zu sein.

Welche positiven Auswirkungen hat Yoga bei Immy Lütke persönlich gezeitigt?

▶ Ich glaube, dass wir Menschen ein Ziel gemeinsam haben: Wir alle wollen glücklich sein. Yoga lehrte mich, wie das Leiden im Körper durch bewusstes, regelmäßiges Üben und das Leiden im Geist durch ein offenes, annehmendes, urteilsfreies Wahrnehmen verringert werden können. Was mir einen weiseren, großzügigeren Umgang mit den Wechselfällen des Lebens ermöglicht und mir immer häufiger Momente des Frei- und Glücklich-Seins beschert.

Bis dahin war es sicher ein weiter Übungsweg. Kann man mit Yoga auch kurzfristigere Erfolge erzielen oder generell eine Anleitung für ein glücklicheres Leben erhalten?

Wir sollten unser Leben wie einen spielerischen Tanz verstehen, wir sollten uns ganz dem Augenblick hingeben, genauso wie ein Kind, aber mit der unterscheidenden Weisheit eines Menschen auf dem Weg. Ich denke, dass speziell wir Deutschen, mit unserem ausgeprägten Bedürfnis nach Sicherheiten aller Art, ein völlig falsches Verständnis von dem Mysterium, das wir gemeinhin Leben nennen, haben. Dabei kann doch niemand wissen, was der nächste Augenblick bringt. Wir sollten uns dem Jetzt hingeben mit Klarblick, Mitgefühl und Achtsamkeit. Dann werden die zahlreichen Anspannungen in der Körper-Atem-Geist-Einheit nachlassen.

Das Leben als spielerischen Tanz zu verstehen würde für viele Menschen, speziell in unserem westlichen Kulturkreis, eine gewaltige Umstellung ihres bisherigen Lebens bedeuten.

Yoga ist ein sehr pragmatischer, disziplinierter Übungsweg, basierend auf einem Weisheitswissen, das immer schon selbst in unserem Kulturkreis vorhanden war. Man denke z. B. nur an die mystischen Denker wie Meister Eckehart, Johannes Tauler oder Nikolaus von Kues. Die ewige Sehnsucht, das Leid zu ergründen sowie zu überwinden und Glück zu erfahren, ist schließlich allen Menschen dieses Planeten gemein. Das Verdienst des Ostens besteht darin, die lange verschollenen Weisheiten im Westen wieder ans Tageslicht befördert zu haben.

Gibt Yoga eine konkrete Antwort darauf, wie das menschliche Leiden beendet werden und der Weg zum Glücklichsein eingeschlagen werden kann?

Ja. Die fünf Kleshas beschreiben die Wurzeln des Leids. Die erste ist falsches Wissen. Unwissenheit ist das Haupthindernis für mehr Ruhe, Klarheit und Zufriedenheit. Die falsche Einschätzung der eigenen Person ist die zweite Wurzel des Übels. Die dritte heißt drängendes Verlangen, also die Gier, dass wir es immer anders haben wollen als das, was das Leben im Moment offenbart, und dass wir immer mehr wollen. Dieses Haben-Wollen macht unfrei. Die vierte Wurzel ist Abneigung, Abwehr, Vermeidung. Wir verschwenden einen Großteil unserer Energie darauf, etwas nicht haben zu wollen. Wir verschließen uns Realitäten, können oder wollen uns nicht öffnen. Und die letzte Wurzel ist Angst, z. B. Angst, dass wir nicht geliebt werden, Angst um unsere Arbeit und Angst vor dem Tod. Je stärker unsere Ängste sind, umso mehr ist unsere innere Ruhe gestört und der Geist gelähmt. Wir fühlen uns abhängig und gebunden.

Ich möchte gerne noch einmal auf das ganz bewusste Jetzt-Erleben mit Klarblick, Mitgefühl und Achtsamkeit zu sprechen kommen.

Ein Schlüsselwort aus dem Werk des Weisen Patanjali heißt »atha« – das bedeutet: Jetzt. Nur im Jetzt können wir etwas bewirken, findet Leben statt. Doch was tut unser Geist? Er verliert sich in der Vergangenheit – aber die ist vorbei. Oder er sorgt sich um die Zukunft – die aber ist ungewiss. Es kommt darauf an, dass wir uns dem Jetzt öffnen, einfach loslassen, darin liegt eine Kraft, eine von den urteilenden Gedanken befreite Bewusstheit. Wir müssen all die Prägungen, die durch die Eltern, die Schule, die Kirche, die Gesellschaft geschehen sind, einfach loslassen. Es kommt darauf an, nicht Sklave dieser Prägungen zu sein, sondern vielmehr in den Zustand eines wertfreien Bewusstseins sowie einer inneren Gelassenheit zu gelangen.

Worauf kommt es beim körperbezogenen Hatha-Yoga an?

▶ Eine aufrecht stehende Wirbelsäule ist das A und O im Yoga. Sie ist der Mittelpunkt des Körpers, die tragende Säule, die mit unterschiedlichen Bewusstseinszentren, Chakren genannt, versehen ist. In ihrem Bereich befindet sich nach der Vorstellung des Yoga der Hauptenergiekanal. Sie sollte wie ein Baum kräftig genug sein, um fest zu stehen, und gleichzeitig flexibel genug, um nachgeben zu können. So sind im Yoga nicht möglichst große Flexibilität und möglichst akrobatische Haltungen das Ziel, sondern die Erlangung eines ausgeglichenen Zustands von Festigkeit und Beweglichkeit. Wenn die Wirbelsäule aufrecht ist, fließt die Energie besser.

Welche Wirkungen auf den Körper haben die Yoga-Stellungen?

▶ Die bewusst ausgeführten Asanas (Stellungen) helfen, die natürlichen Energievorräte des Körpers wieder aufzuladen und in Fluss zu bringen. Die Übungen richten sich grundsätzlich an die Muster in uns, die uns kraftlos, steif, ruhelos, angespannt und letztendlich krank werden lassen. Die Asanas umfassen verschiedene Bewegungsabläufe, die sich auszeichnen durch Stand- und Drehübungen, Vorwärts- und Rückbeugen, Umkehrstellungen, Gleichgewichts-, Atem- und Entspannungsübungen. Ich möchte nur auf zwei Übungsdisziplinen eingehen: Die Standübungen stärken die Basis des Menschen – Füße, Beine, unterer Rücken, Hüften, Bauch. Sie wirken belebend, kräftigen das Gleichgewicht und verbessern das Standvermögen sowie das Rhythmusgefühl des Körpers. Sie regen das Herz-Kreislauf-System an und unterstützen die Gelenkbeweglichkeit. Außerdem verbessern sie die aufrechte Haltung und erhalten die Wirbelsäule flexibel bis in hohe Alter. Die Umkehrstellungen wie Kopfstand, Unterarmstand, Handstand regen durch vermehrten Druck auf den Knochen den Knochenstoffwechsel an und helfen, Osteoporose zu verringern. Sie lassen das Blut sowohl in die Extremitäten als auch in die Tiefe des Körpers fließen, sodass die Zellerneuerung gefördert wird.

Welche Rolle spielt der Atem beim Yoga?

▶ Nach der Vorstellung des Yoga nehmen wir mit jedem Einatmen Lebensenergie, prana, auf. Folglich beeinträchtigt eine gestörte Atmung auch Energiehaushalt und Vitalität. Atem und Geist beeinflussen sich ständig: ruhiger Atem, ruhiger Geist – ruhiger Geist, ruhiger Atem.

Ist Yoga mithin auch ein potenzielles Ganzheitskonzept zur Steigerung der Lebenskraft?

Man lernt, sich den verschiedenen Körperbereichen bewusst zu öffnen, sich darin bewusst zu erleben mit nicht wertender Aufmerksamkeit. Der Körper ist der Ort der Wahrheit. Unsere Lebensgeschichte ist darin gespeichert. Beim Üben treten die früher eingespeicherten Erlebnisse und Gewohnheitsenergien wieder ins Bewusstsein. Wir lehnen sie nicht ab, schauen sie nur an, lassen sie so sein, wie sie einmal sind. In solchen Momenten berühren wir die heilende Stille des Seins, das Zeitlose, das in jedem Augenblick dieser Erscheinungen enthalten ist. Wodurch Heilungsprozesse in unserer Körper-Atem-Geist-Einheit hervorgerufen werden können.

Gibt es mögliche Störungen auf dem Yoga-Übungsweg? Oder verläuft dieser geradlinig?

Es geht darum, den eigenen Körper mit wachem Bewusstsein zu durchdringen, die eigenen Strukturen zu erkennen. Im Yoga begegnet man sich selbst. Du ertappst dich dabei, wie du wieder beim wertenden Denken bist, indem du registrierst, dass du heute mal wieder ziemlich steif bist. Oder dass du zum Nachbarn schaust, der die Übung viel besser kann. Na und? Du erkennst, aha, ich bin wieder ehrgeizig. Es geht aber gerade darum, nicht zu vergleichen, nicht zu bewerten. Wir sollen zu einer beobachtenden Instanz werden. Nicht Erfolg oder Ehrgeiz zählen beim Yoga, sondern eine meditative Achtsamkeit, einfach nur präsent sein und tief in dasjenige, was auch immer sich uns zeigt, hineinzuschauen und es anzunehmen.

Was genau kann man sich unter einer meditativen Achtsamkeit vorstellen?

Meditative Achtsamkeit bedeutet genaues, unvoreingenommenes Hinschauen, Hinhören, Hinspüren – erkennen, was jetzt ist. Es verlangt zum einen Wachheit und zum anderen eine genaue, differenzierte Wahrnehmung. Dem achtsamen Wahrnehmen folgt das achtsame Handeln. Achtsamkeit impliziert eine geistige Offenheit und ein Annehmen dessen, was vor uns erscheint. Dadurch berühren wir die Weite des Seins und die Ebene der Intuition, die sich jenseits der rationalen Gedanken und Emotionen befindet. Wir erkennen, dass alles Bewusstsein ist und dass alles, was wir für ein konstantes Selbst hielten, von Augenblick zu Augenblick im weiten Raum des Seins entsteht und vergeht.

Wie kann man diese meditative Achtsamkeit in den Körperübungen entwickeln?

Man muss bereit sein, bei jedem Üben, ja in jedem Augenblick, Neues zu entdecken und sich aktiv damit zu befassen. Mechanisches Üben bewegt zwar den Körper, das Bewusstsein bleibt dabei jedoch dumpf. Allein achtsames Üben entwickelt die Körperintelligenz und führt zu einer ganzheitlichen Erfahrung. Wie bewegen sich Knochen, Muskeln und Haut? Wie verändert sich der Atem? Fließt die Energie mühelos? Wie ist meine Gemütsverfassung jetzt? Achtsamkeit zeigt uns immer wieder genau, was zu tun ist. Selbstdisziplin hilft uns, es dann auch zu tun.

Wie viel Selbstdisziplin ist beim Yoga erforderlich?

▶ Sehr viel. Ich stehe morgens um halb sechs auf, um Yoga zu praktizieren. Aber Yoga schult auch die Disziplin. Unser Ego ist von Natur aus auf Trägheit und Faulheit ausgerichtet. Also ist viel Entschlossenheit, Willensstärke und Beharrlichkeit erforderlich, um dranzubleiben, wenn es schwierig wird. Yoga verlangt die Fähigkeit, seine Energie zu sammeln und gezielt für das einzusetzen, was man als richtig erkannt hat. Begeisterung und positive Erfahrungen werden die Selbstdisziplin stärken. Sie wird übrigens auch durch das Verweilen und Ausharren im Asana geschult. In jedem Asana, bei jeder Übung kommt der Punkt, wo Widerstände auftreten. Identifiziert man sich nicht mit diesen Widerständen, sondern lässt sie beim Ausatmen wieder los, verändert sich etwas, und die Haltung gewinnt oft eine ganz neue befriedigende Qualität.

Kann jeder mit Yoga beginnen?

▶ Ja. Aber wichtig ist eine gewisse Sehnsucht nach Selbsterkenntnis, nach Transzendenz, nach Wahrheit oder auch nach Gott, wie immer man das nennen mag. Man sollte letztendlich von den beiden folgenden Fragen getrieben sein: Was spielt sich eigentlich jenseits unserer unbeständigen, dualistisch erscheinenden Welt ab? Wer bin ich wirklich? Aber natürlich kann auch der Wunsch nach einem flexibleren, gesünderen Körper die Motivationskraft sein.

Für wen ist der Zugang zu Yoga beschwerlich?

▶ In Sutra I,30 nennt Patanjali die Hindernisse auf dem Yoga-Weg. Es sind Angst, Starrheit, Zweifel, Nachlässigkeit, Faulheit, Gier, falsche Ansichten, also Versagensgefühle durch Nicht-Erreichen des Grundes, und das Nicht-Ausharren.

Lässt sich Yoga aus Büchern lernen?

▶ Nein. Bücher können hilfreich sein, sie können das Wissen ergänzen und vertiefen, aber niemals einen Lehrer ersetzen. Nur Lehrer können auf dem Weg begleiten, unterstützen und motivieren. Gute Lehrer haben den ganzen inneren Prozess des Sich-Kennenlernens und An-sich-Arbeitens durchlebt. Sie kennen die Mühen, aber auch die Freuden dieses Weges.

Woran erkennt man einen guten Yoga-Lehrer?

▶ An seiner Authentizität, seinem Ausbildungshintergrund, seiner Lebendigkeit und Toleranz. Man muss Vertrauen in den Lehrer fassen können. Und vor allem: Er sollte auch das geistige Gut, den philosophischen Hintergrund vermitteln können, damit das Üben Sinn und Tiefe bekommt.

Kann man die Kunst des Yoga jemals perfekt beherrschen?

▶ Nein, man lernt nie aus.

Ausgewählte Übungen

1 Baddha Konasana (Knie-Schenkel-Streckung)
Öffnet Leisten. Gesamter Bauch-Becken-Bereich und unterer Rücken werden gut durchblutet. Unterstützt die Gesundheit von Blase und Niere. Hilft bei Menstruationsbeschwerden.

2 Vrkasana (Baum I)
Fördert den Gleichgewichtssinn und die Konzentration. Kräftigt Füße und Beinmuskulatur. Mobilisiert die Hüftgelenke, insbesondere die Außenrotation.

3 Utthita Trikonasana (Dreieckshaltung)
Stärkt und stabilisiert die Beine. Hilft bei Rückenbeschwerden. Erhöht allgemein die Beweglichkeit von Becken und Beine durch die Kombination von Kraft, Flexibilität und Standvermögen.

4 Virabhadrasana II (Kriegerstellung II)
Entwickelt Standfestigkeit und Durchhaltevermögen. Stärkt Beine und untere Rückenmuskulatur. Kreislaufanregend. Belebt das vegetative Nervensystem.

5 Pavritta Ardha Chandrasana (gedrehter Halbmond)

Verbindet Stärke, Dynamik und körperliche Stabilität. Kräftigt die gesamte Rumpf-, Bein-, Rücken- und Bauchmuskulatur.

6 Parsvottanasana (Kniekuss)

Behebt Steifheit in Handgelenk, Schulter und Nackenmuskulatur. Öffnet den Brustraum, unterstützt die vertiefte Atmung. Kräftigt Beine und Hüften.

7 Uttanasana II (Rumpfbeuge)

Bringt Oberkörper in Umkehrstellung, wodurch sich der Rücken entspannt und an Länge gewinnt. Regt die Hypophyse an. Beruhigt Geist und Nervensystem.

8 Parsva Upavista Konasana (Vorwärtsbeuge)

Unterstützt die Dehnung der Bein- und Beckenmuskulatur, insbesondere die innere Beinmuskulatur. Fördert Ruhe und Entspannung des Geistes.

9 Ekapada Setubhandasana
(Schulterstandbrücke)

Dehnt und stärkt Brust- und Lendenwirbelsäule. Regt die Verdauung und Durchblutung im Becken-Bauch-Bereich an. Aktiviert die Zwerchfellbewegung und die Atemhilfsmuskulatur.

10 Ustrasana
(Kamel)

Öffnet Hüften, Leisten und Brustkorb. Fördert die Geschmeidigkeit der Wirbelsäule und Schultergelenke. Regt Kreislauf und Stoffwechsel an.

11 Maricyasana I
(Drehsitz)

Massiert und kräftigt alle wichtigen Bauchorgane wie Leber, Nieren, Bauchspeicheldrüse und Milz. Lockert Schulterverspannungen und hält die Wirbelsäule geschmeidig.

12 Parivrtta Janu Sirsana (gedrehte Vorwärtsbeuge)

Intensive Hüft- und Flankendehnung. Öffnet die Schultermuskeln. Dehnt die Rückseite der Beine. Fördert die Funktion der Leber und Bauchspeicheldrüse.

13 Parivrttaikapada Sirsansana (Kopfstand)

Versorgt einige der wichtigsten endokrinen Drüsen oberhalb des Herzens mit frischem Blut und regt die Gesundheit an. Stimuliert die Zirkulation des venösen Blutes. Fördert die Verdauung. Reichert die arterielle Blutversorgung des Gehirns an.

14 Bharadvajasana I (spiralförmiger Drehsitz)

Spiralförmige Drehung der Wirbelsäule. Verleiht ihr Flexibilität und Kraft. Wohltuend für den ganzen Rücken. Entlastet Schulterverspannungen.

15 Garbhasana (Vorwärtsbeuge)

Dehnt die gesamte Rückenmuskulatur und den Nacken. Eine Haltung der Entspannung und Hingabe. Beruhigt das Nervensystem.

Die Übungen machte Karin Müller-Wohlfahrt unter Anleitung von Immy Lütke.

Was ist T'ai Chi?

T'ai Chi Ch'uan ist ein traditionelles chinesisches System von Übungen, das auf der Philosophie des Taoismus, dem Yin und Yang, beruht, jenen polaren Gegensätzen, die Ausdruck der Lebenskraft oder Energie sind, die im Chinesischen als Ch'i bezeichnet wird, der Quelle allen Lebens. Es sind in der äußeren Form fließende, harmonische Bewegungen, die langsam, ohne körperliche Anstrengung ausgeführt werden.

Yin und Yang bilden eine Einheit

Der Begriff T'ai Chi steht für das allerhöchste Prinzip, und Ch'uan lässt sich mit Boxen übersetzen. Womit bereits angedeutet ist, dass T'ai Chi Ch'uan auch zu den chinesischen Kampfkünsten gehört. Wobei die Kunst der Selbstverteidigung im T'ai Chi Ch'uan darin besteht, einen harten Angriff nicht mit der gleichen Kraft zu beantworten, sondern das Harte mit dem Sanften und Nachgeben zu überwinden. T'ai Chi geht auf den traditionellen Glauben des Taoismus zurück, dass Yin und Yang in Körper und Geist eine Einheit bilden. Diese scheinbar gegensätzlichen Kräfte ergänzen einander und sind nur dann vollständig, wenn sie sich in Harmonie miteinander befinden. Erfahrene Meister des T'ai Chi nutzen die Kraft der Erde (Yin) und die Energie (Ch'i) des Himmels (Yang), um ihre physischen und mentalen Energien so zu bündeln, dass Körper und Geist zusammenwirken können, um Gleichgewicht, Stabilität, Flexibilität und Geschicklichkeit zu fördern.
Nach dem Prinzip von Yin und Yang, den Gegensätzen in der Einheit, folgt auf jede Bewegung eine Gegenbewegung. Auf ein Heben folgt ein Senken, auf vorwärts folgt rückwärts, auf links folgt rechts, auf ein Energiesammeln folgt ein Energieaussenden. Alle Bewegungen laufen in einem ständigen Wechsel, ohne Unterbrechungen ab.
Im T'ai Chi ist jahrtausendealtes Wissen gebündelt. Die Ursprünge liegen im Dunkeln der chinesischen Vergangenheit. Wobei das System von Übungen über die Jahrhunderte hinweg nicht immer gleich geblieben ist, sondern berühmte Meister haben es – unter Bewahrung der Grundprinzipien – durch eigene Stile und neue Techniken weiterent-

wickelt. Am bekanntesten ist heute der Yang-Stil, der sich durch sanfte, fließende Bewegungen in gleichbleibendem Tempo auszeichnet.

T'ai Chi ist auch ein Weisheitswissen

T'ai Chi wird oft als »Gesundheitsgymnastik« bezeichnet. Aber es ist mehr als das. Die Wirkung der Bewegungen beschränkt sich nicht allein auf den Körper, sondern erfasst den Menschen als Ganzes. Die Konzentration auf die Übung, die im Einklang mit der Atmung, dem Fließen der Energie und der Bewegung stattfinden muss, stärkt die geistigen Kräfte, ohne die eine tiefe Meditation nicht möglich ist. Die Bewegungen werden ohne Anstrengung ausgeführt; eine fortschreitende Entspannung von Körper und Geist ist die Folge. Die Bewegungen werden in gleicher Weise nach rechts und links ausgeführt, sodass muskuläre Disbalancen ausgeglichen, Verspannungen beseitigt werden.

T'ai Chi beruht auf der Philosophie des Taoismus. Mit seinen Übungen, die im Einklang mit der Atmung und dem Fließen der Energie stattfinden, werden die geistigen Kräfte gestärkt, die eine tiefe Meditation möglich machen.

Positive Auswirkungen auf die Gesundheit

Seit Mitte des vorigen Jahrhunderts werden die Wirkungen von T'ai Chi und dem verwandten Qi Gong mit Methoden der westlichen Wissenschaft und Medizin untersucht. Demnach sind bei regelmäßiger Übung durchaus positive Auswirkungen auf die Gesundheit und das Wohlbefinden festzustellen. Die besondere Haltung der gesamten Wirbelsäule – sie wird gerade gehalten, das Becken leicht nach vorne und oben gedreht, wodurch die Lendenwirbel mehr oder weniger senkrecht auf dem Kreuzbein stehen – und die Art und Weise der Bewegung wirken sich positiv auf Form und Funktion der Wirbelsäule aus. Deshalb kommen Verformungen der Wirbelsäule sowie altersbedingte Rundrücken bei Menschen mit langjähriger T'ai-Chi-Erfahrung seltener vor. Auch die Knochen werden durch die Muskelarbeit positiv beeinflusst. Die Blutversorgung und der Stoffwechsel der Knochen werden stimuliert. Die Gelenke werden zusammen mit den umliegenden Muskeln und Bändern durch die typischen Bewegungen des T'ai Chi optimal trainiert. Beim T'ai Chi wird auf »das ruhige Herz und die Führung durch den Willen« besonders großer Wert gelegt. Man lernt, gelassen zu sein und die Bewegungen mit voller Aufmerksamkeit auszuführen. Die Frequenz der Gehirnstromwellen wird gesenkt. Weil beim T'ai Chi eine bestimmte Körperhaltung (locker hängende Schultern, aufrecht gestellter Kopf, natürlich aufrechter Oberkörper, frei entspannte Brust) verlangt wird, profitiert auch die Atmung.

T'ai Chi – aus Sicht des Lehrers

Mein Gespräch mit Petra und Toyo Kobayashi

Zusammen mit ihrem Mann Toyo zählt Petra Kobayashi in Europa zu den renommiertesten T'ai-Chi-Lehrern. Sie unterrichten seit 1976 und haben allein in Deutschland über 300 Schüler ausgebildet, die heute ganz selbstständig die Kunst des T'ai Chi lehren. Ihre Bücher »T'ai Chi Chuan«, »Der Weg des T'ai Chi Chuan« und »T'ai Chi Chuan – Einswerden mit dem Tao« sind Standardwerke zum Thema.

Herr Kobayashi, Sie wirken voller Lebenskraft – wohr nehmen Sie Ihre Vitalität?

- Es hat wohl etwas mit T'ai Chi zu tun. T'ai Chi ist ein in hohem Maße energetisierendes Übungssystem, deshalb ist es für viele Menschen im Westen auch von so großem Interesse. Im Osten kennt man Übungswege wie T'ai Chi allerdings schon seit Jahrtausenden. Das Wissen um die Energie oder Lebenskraft Ch'i ist dort nicht nur weit verbreitet, der Bezug auf sie geschieht ganz selbstverständlich.

Was ist das Faszinierende am T'ai Chi?

- Zunächst einmal ist es natürlich die Ästhetik und die Schönheit der Bewegungen. Es gibt kein anderes Übungssystem, in dem man sich vergleichbar bewegt. Zudem trainiert man mit beiden Füßen fest auf dem Boden, das heißt ja auch, im Leben zu stehen und sich zu erden. So wie T'ai Chi uns in einen geordneten Bewegungszusammenhang einbindet, ordnet sich auch unser Leben. T'ai Chi formt den Menschen, es verschafft Haltung und Richtung.

Wie wichtig ist T'ai Chi heute?

- T'ai Chi lässt sich in unserer Zeit als eine Art Überlebenstraining bezeichnen. Unser Berufsleben ist so extrem geworden, so vieles strömt auf uns ein. Viele Menschen stehen unter einer Dauerbelastung, sie sind ausgelaugt. Die angelegte Natur des Menschen ist völlig überfordert.

Das Üben von T'ai Chi setzt einen Gegenpol. Es stellt einen harmonischen Zustand her, in dem man Ruhe und Entspannung findet. Das ist eine sehr große Hilfe, um mit den Belastungen des Alltags umzugehen. Denn ohne Entspannung kann der Mensch nicht überleben.

Welche Rolle spielt der geistige Hintergrund?

▶ T'ai Chi ist eine Methode, die auf der taoistischen Philosophie beruht. Begriffe wie Geschehenlassen oder absichtsloses Tun sind für T'ai Chi von großer Bedeutung. Wenn man nach diesen Prinzipien übt, dann verändert man sich als Mensch in positiver Weise, ganz im Sinne der taoistischen Prinzipien. Aber für viele Menschen, die T'ai Chi lernen möchten, steht die Philosophie nicht so sehr im Mittelpunkt, sie wollen vielmehr einfach aus den Übungen etwas Positives für ihr Leben herausziehen.

Für wen ist T'ai Chi gut?

▶ Im Prinzip für jeden, für junge wie für alte Menschen, sofern sie bewegungsfähig sind. T'ai Chi erfordert keine besonderen Talente oder außerordentlichen Fähigkeiten. Man muss allerdings die Motivation mitbringen, sich darauf einzulassen. Das ist manchen Menschen zu aufwändig. Denn man bekommt durch T'ai Chi einen Spiegel vorgehalten, wie es um einen selbst bestellt ist: Bin ich verspannt? Kann ich etwas nicht? Kann ich etwa gar nicht mehr abschalten?

Wie wird T'ai Chi ausgeführt?

▶ Die langsamen und fließenden Bewegungen von T'ai Chi setzen sich aus so genannten Einzelübungen, die als »Form« bezeichnet werden, zusammen. Wobei diese Einzelübungen wiederum aus so genannten Stellungen und sie verbindenden Übergängen zusammengesetzt sind. Die Stellungen tragen den Namen der mit ihnen verbundenen Technik wie Stoßen oder Abwehren, andere haben bildhafte Namen wie »Spiele die Laute« oder »Schöne Dame am Webstuhl«. Es gibt eine Kurz- und eine Langform. Die Kurzform besteht aus 37 Stellungen. Eine Ausführung dauert etwa 10 Minuten. Ein Durchlauf der Langform mit 52 Stellungen dauert sogar 25 Minuten.

Welche Übungen umfasst T'ai Chi?

▶ T'ai Chi kann als Soloform oder mit Partner (Push-Hands) ausgeführt werden. Es gibt auch T'ai-Chi-Formen, die mit Schwert, Säbel oder Stock geübt werden. Es ist klar, dass man im Hinblick auf Selbstverteidigung die langsam eingeübten Bewegungsabläufe blitzschnell anwendet. In der T'ai-Chi-Selbstverteidigung wird die Kraft des Angreifenden genutzt und kann gegen diesen selbst gewandt werden.

Wie viel Geduld ist nötig, bis T'ai Chi die gewünschte Wirkung zeigt?

- Die Wirkung beginnt schon mit der ersten Bewegung, dem ersten Schritt, den man im T'ai Chi tut. Denn schon ganz am Anfang wird, auch wenn der Übende es noch nicht spürt, die innere Energie oder Lebenskraft in Bewegung gesetzt. Diese Energie stagniert oft im Menschen. Die Folge sind Blockaden, die zu Krankheiten führen. Im fortgeschrittenen Üben wird das Strömen der Energie dann deutlich wahrgenommen. Es beschränkt sich im T'ai Chi aber nicht nur auf die Meridiane, also die Energiebahnen, die unter der Haut verlaufen und die man von der Akupunktur her kennt. T'ai Chi arbeitet, wie es heißt, mit dem großen Ch'i, das einhergehend mit der Körperbewegung den ganzen Körper erfasst.

Wofür steht dieses Ch'i?

- Ch'i steht für Energie oder Lebenskraft, es ist die Quelle allen Lebens. Ausdruck dieser Energie sind die polaren Kräfte Yin und Yang, die alle gegensätzlichen Erscheinungen repräsentieren, z. B. Ruhe und Bewegung, dunkel und hell oder aktiv und passiv. Die Übungen des T'ai Chi sind so angelegt, dass sie einerseits die Lebenskraft Ch'i anregen, durch den menschlichen Körper zu fließen und dadurch Stauungen in den Meridianen vorzubeugen – darauf beruht die heilende Wirkung von T'ai Chi. Andererseits wird aber auch das Energiezentrum des Menschen, das unterhalb des Nabels lokalisiert ist, angesprochen. Weil die Übungen allesamt mit ihm verbunden sind und in ihrer Ausgewogenheit seiner Stärkung dienen, wird es gleichsam wie eine Batterie aufgeladen, wodurch Krankheiten aus dem Körper gebannt werden können.

Was versteht man im T'ai Chi unter Energie, kann man sie erklären?

- Am besten stellt man sich diese Energie wie ein Netzwerk vor, das alles durchdringt – die belebte Natur genauso wie die unbelebte. Die Energie, die wir im eigenen Körper spüren, bezeichnen wir als unsere eigene Energie, sie ist aber immer auch ein Teil der großen Energie. Auf die Energie kann man durch Bewegung einwirken, sie lässt sich aber auch geistig lenken. In den östlichen Lehren kennt man eine große Vielzahl von Erscheinungen, die aus oder von dieser Energie gebildet werden – das sind die feinstofflichen Zentren und Meridiane. Es heißt, dass diese Energie alles Leben erhält. In Indien heißt sie Prana, in China Chi, in Japan Ki. Übrigens heißt »Wie geht es dir?« auf Japanisch: »O gen-ki deska?« Was so viel heißt wie: Ist deine Energie im Fluss?

Wie lange sollte man T'ai Chi üben?

- Es reichen eigentlich 20 Minuten am Tag. In alten Schriften heißt es, dass schon 20 Minuten einem die Gelassenheit eines Weisen, die Kraft eines Holzfällers und die Geschmeidigkeit eines Kindes bringen.

Was ist noch wichtig?

- Regelmäßiges, also tägliches Üben. Anfangs ist es hilfreich, eine feste Übungszeit im Tagesablauf einzuplanen. Es kommt nicht darauf an, die Übungen möglichst schnell zu beherrschen, sondern die Abläufe korrekt auszuführen und die grundlegenden Prinzipien, also die Regeln, die das Üben bestimmen, zu verinnerlichen.

Wie lange braucht man, um T'ai Chi zu lernen?

- Die Kurzform kann man in ein bis zwei Jahren recht ordentlich lernen. Einer Vertiefung sind dann aber keine Grenzen gesetzt. Eigentlich lernt man beim T'ai Chi niemals aus. In vielen Bereichen kann der Mensch sich weiterentwickeln. Die Herstellung eines wirklichen Körperbewusstseins nimmt beispielsweise Jahrzehnte in Anspruch.

Woran erkennt man einen guten Lehrer?

- Ein guter Lehrer braucht Wissen und Erfahrung, und er muss nach einer qualifizierten T'ai-Chi-Methode arbeiten. Leider wird T´ai Chi inzwischen auch von Menschen unterrichtet, die selbst nur wenig gelernt haben, über unzureichende Erfahrungen verfügen und sich mit T'ai Chi noch gar nicht richtig auseinander gesetzt haben.

Wie erkennt man, dass ein Lehrer die hohe Kunst des T'ai Chi nicht beherrscht?

- Für einen Anfänger und Außenstehenden ist das schwer zu beurteilen. Um den Entwicklungsstand eines anderen richtig einschätzen zu können, muss man selbst Jahrzehnte geübt haben. Vielleicht verlässt man sich am besten auf den gesunden Menschenverstand. Man darf vom Lehrer etwas Besonderes, auch Verinnerlichtes erwarten. Der Lehrer hat in jedem Fall der Kunst zu dienen, die eigene Person darf nicht im Vordergrund stehen.

Kann man T'ai Chi auch alleine machen?

- In der Regel lernt man T'ai Chi in einer Gruppe. Das tägliche Üben absolviert man aber alleine. Ein schöner Aspekt des Übens ist, dass man T'ai Chi überall mit hinnehmen kann. Es braucht keine spezielle Kleidung oder Geräte. Ein Fleckchen flacher Boden genügt. Man kann T'ai Chi auch gezielt einsetzen. Ist man beispielsweise großen Belastungen ausgesetzt, sind Pausen mit kurzen Übungsphasen außerordentlich hilfreich, um Stress abzubauen.

Woran denken Sie während des Übens?

- Es ist sehr angenehm, dass man durch das lange Üben wie von selbst in den Zustand des Nicht-Denkens gelangt. Ein Zustand, den man sonst nur von den im Sitzen geübten Meditationen kennt. Auch deshalb nennt man T'ai Chi eine Meditation in Bewegung. Das Nicht-Denken stellt sich allerdings erst dann anhaltend ein, wenn man die Abläufe verinnerlicht hat und sich sehr weitgehend entspannen kann.

Was nehmen Sie beim Üben in Ihrem Inneren wahr?

Im Normalfall haben wir ja keine Wahrnehmung unseres Inneren. Wir spüren vielleicht eine Aktivität des Gehirns oder ein krankes Organ. Unser Inneres erscheint uns der Wahrnehmung nach als weitgehend hohl. Mit dem Üben des T'ai Chi werden die Erscheinungen des Energiebereichs, die im Körperinneren lokalisiert werden, zugänglich. Das sind zuerst die feinstofflichen Zentren und die Energieverlaufsbahnen, die Meridiane. Auch die Bewegung der Energie wird immer deutlicher gespürt, das heißt: Das vorher leere Innere füllt sich.

Wie entsteht dann der Zustand der Ruhe?

Ein wirkliches Zur-Ruhe-Kommen geht immer mit Entspannung und eigentlich auch Nicht-Denken einher. Ist das Gehirn konstant überaktiv und richtet sich unser Denken nur nach draußen, kann man schwerlich bei sich sein.

Was gewinnen Sie persönlich durch T'ai Chi?

Das lässt sich nicht so leicht beantworten. Denn T'ai Chi bezieht sich auf so vieles, das gefördert und harmonisiert wird, dass man schwerlich ein Einzelnes herauslösen kann. Auf jeden Fall ermöglicht es einem, in einem sehr guten Zustand durch das Leben zu gehen. Energie-Entwicklung und die Fähigkeit zu entspannen spielen dabei eine wichtige Rolle. Das, was man durch sein Bemühen einbringt, erhält man auf vielfache Weise zurück.

Auch nach einer langen Reise in einem engen Flugzeug sind Sie immer ganz entspannt?

Es überrascht mich immer wieder selbst, dass man eine so lange Reise an einem Platz sitzen kann, ohne eine Einschränkung zu spüren. Das gilt für alle Menschen, die länger T'ai Chi üben.

Wie oft praktizieren Sie T'ai Chi?

Täglich mindestens eineinhalb Stunden, wenn es geht auch gerne mehr. Das Üben ist etwas ganz Selbstverständliches geworden. Es braucht keine Motivation mehr. Den erlangten, in jeder Hinsicht guten Zustand möchte man in jedem Fall erhalten. Auch gibt es in inneren Bereichen so viel zu entdecken, dass das Üben immer faszinierender wird.

Ausgewählte Übungen

Übungen 1–3

Vorbereitende Übungen, die dazu dienen, sich mit dem richtigen Gehen und Stehen beim T'ai Chi vertraut zu machen

Übungen 4–8

Übungen für Fortgeschrittene. Endpunkte eines bestimmten Bewegungsablaufs, den so genannten Stellungen (mit fließenden, verbindenden Übergängen). Die Stellungen tragen den Namen der mit ihnen verbundenen Techniken oder haben bildhafte Namen.

1 Die Mitte spüren

Vorbereitende Übung, um den Körper zu lockern und mit dem Stehen beim T'ai Chi vertraut zu werden. Das Stehen eignet sich als Atem-, Konzentrations- und Entspannungsübung. Grundstellung: 1. Füße parallel. 2. Gewicht auf beide Füße verteilt. 3. Die Knie leicht gebeugt, der untere Teil des Rückens entspannt. 4. Wirbelsäule wird gerade gehalten. 5. Die Hände vor dem Unterbauch, Daumen in Höhe des Bauchnabels. 6. Die Augen sind leicht geschlossen.

2 Das Stehen

Meditationsübung, um Ch'i, die Energie, zu entwickeln. Für Anfänger genügen fünf bis zehn Minuten. Grundstellung 1–4 wie bei Übung **1** »Die Mitte spüren«.
5. Die Arme so anheben, dass sie einen Kreis etwas unterhalb der Schulterhöhe bilden. 6. Handgelenke sind entspannt, die Fingerspitzen zeigen zueinander, ihr Abstand beträgt ca. 10 cm. 7. Der ganze Körper wird entspannt.
8. Atmung ist langsam und tief.
9. Körper und Geist werden still.

3 Das Schwingen

Das Schwingen ist eine Übung zum Lockern von Verkrampfungen und kann auch zur Behebung von Haltungsschäden beitragen. Grundstellung 1–4 wie bei Übung **1** »Die Mitte spüren«. 5. Arme hängen entspannt. 6. Von den Hüften aus dreht sich der aufrecht gehaltene Rumpf in schwingender Bewegung von recht nach links und zurück. Die Arme folgen der Bewegung des Rumpfes.

4 Abwehren links

Position aus der so genannten Kurzform. Die Füße stehen im linken Bogenschritt, das Hauptgewicht des Körpers ruht auf dem vorderen Fuß (daneben gibt es im T'ai Chi auch noch den Parallelstand, den T-Schritt sowie den Schritt des fischenden Pferdes). Der linke Arm ist leicht gerundet bis zur Brusthöhe angehoben, die rechte Hand nimmt die Position der stehenden Hand ein.

5 Hände heben

Die wichtigsten Haltungen der Hände im T'ai Chi sind die T'ai-Chi-Hand (Handrücken bildet mit dem Unterarm eine leicht gewölbte Linie), die stehende Hand (steht zum Unterarm im rechten Winkel – oder auch etwas weniger aufgerichtet; zwischen Daumen und Zeigefinger öffnet sich das »Tigermaul«) sowie die T'ai-Chi-Faust (locker geballt).

6 Knie streifen

T'ai Chi gehört zu den chinesischen Kampfkünsten. Allerdings zur sanften Schule, bei der die Selbstverteidigung auf dem Prinzip des Nachgebens und Neutralisierens der Kraft eines Angreifers durch spezielle Bewegungen – wie hier beim Kniestreifen – beruht.

7 Die Peitsche

Die Bewegungsabläufe der T'ai-Chi-Übungen dienen auch zur Selbstverteidigung. Es gibt keinen gegnerischen Angriff, den man mit Abwehrtechniken wie der Peitsche nicht begegnen könnte.

8 Schöne Dame am Webstuhl

Eine Position aus der so genannten Kurzform, bei der die beiden Arme angehoben sind (ähnlich einer am Webstuhl arbeitenden Frau).

Die Kraft der Gefühle

Die Kraft der Gefühle

Es gibt eine Kraft auf der Welt, die mit all dem, was Sie bisher über Stoffwechsel und Botenstoffe erfahren haben, nur unzureichend beschrieben ist – die Liebe.
Liebe ist mehr als nur eine Fortpflanzungsfunktion oder ein sozialer Impetus, um die Gesellschaften funktionsfähig zu erhalten. Sie ist ein Gefühl, das unser menschliches Leben von der Geburt bis zum Tod bestimmt und noch darüber hinaus erhalten bleibt. Sie ist unser ureigenstes Bedürfnis, eine unstillbare Sehnsucht und das Zentrum aller Religionen auf der Welt.

Liebe ist Kraft

Liebe ist ein Gefühl, das unser Leben von der Geburt bis zum Tod bestimmt – und sie kann ungeahnte Energien freisetzen.

Liebe kann ungeahnte Energien freisetzen. Wer verliebt ist, dem ist es egal, ob es regnet oder schneit, nass ist oder kalt. Egal, was gestern war oder morgen sein wird. Egal, was die Leute denken, die jene vibrierenden Energien zu spüren scheinen. Bis in das tiefste Innere füllt sich der Körper mit wohliger Wärme und Kraft, die kein Ende zu haben scheint. Liebe beschränkt sich natürlich nicht auf das Stadium des Verliebtseins, sondern ist ein komplexer Begriff. Manche verstehen darunter Zärtlichkeit oder Zuneigung, andere Begehren und Sex, Dritte Fürsorge oder Sehnsucht.
Viel ist auch darüber spekuliert worden, welchen »Sinn« Liebe im Leben haben könnte. Die Biologen sind den chemischen Reaktionen bei der Partnerwahl auf der Spur, geben aber gerne zu, dass sich damit längst nicht alle Formen der Liebe erklären lassen. Anthropologen stellen Theorien darüber auf, dass sich in der Urzeit der Menschheit die Zuneigung entwickelt haben könnte, um die Frauen während der Geburt zu entlasten und die Alten pflegen zu können. Solche Zweckbetrachtungen erfassen sicherlich einen wichtigen Teil des Phänomens Liebe, aber eben nur einen Teil.

Universeller Mythos

Liebe, das ist ganz wichtig, entzieht sich größtenteils der Rationalität. So werden Kinder bei uns nicht wegen der Sicherung der Rentenansprüche geboren, Sex ließe sich einfacher organisieren als durch eine Heirat, und es scheint völlig unsinnig, jemandem die Treue über den Tod hinaus zu halten.

Franz von Assisi gab ein Leben als reicher Adliger auf, um einen Armenorden zu gründen. Janos Korczak, der polnische Kinderarzt, der mit seinen Schützlingen freiwillig ins KZ ging, wusste, dass er sie nicht retten konnte und auch selbst sterben würde. Mutter Teresa opferte ihr Leben den Armen Kalkuttas, ohne die Armut selbst ändern zu können. Gandhi predigte die Gewaltfreiheit, obwohl sie Leben kostete. Eine ungeheure Kraft trieb diese Menschen an, eine Kraft, die so stark ist, dass sie heute noch Millionen beeindruckt und beeinflusst, obwohl sie ihre Vorbilder nie kennen gelernt haben.

Liebe entzieht sich der Rationalität. Hass ist ihre andere Seite oder ihr Gegenpart. Auch er kann ungeahnte Kräfte freisetzen. Manche Menschen entwickeln eine chronische Tendenz zum Negativismus und verbrauchen einen Großteil ihrer Lebensenergie damit, sich vor anderen oder vor positiven Erfahrungen abzuschotten.

Negative Kräfte

Doch auch negative Gefühle können sich explosionsartig entladen. Hass ist die andere Seite der Liebe und hat schon viele Menschenleben gekostet. Verletzte Liebe kann spontan brutale Gewalt freisetzen, deren Kraft oft von den Betroffenen nicht richtig eingeschätzt wird und daher sogar bis zum Totschlag führen kann. Anders veranlagte Menschen entwickeln eine geradezu chronische Tendenz zum Negativismus: Sie verbrauchen den Großteil ihrer Lebensenergie damit, sich und anderen das Leben schwer zu machen. Positive Erfahrungen lassen sie nicht an sich heran. Solche Menschen benötigen ungeheure Energie, um sich auf diese Weise abzuschotten – und auch das lässt sich in ihrer Umgebung oft wie ein negatives Kraftfeld wahrnehmen.

Angst – ein Urinstinkt

Das älteste Gefühl der Welt ist vielleicht die Angst, die sich schon in den Mythologien der Urzeit widerspiegelt. Angst ist notwendig, um den Fluchtreflex auszulösen, der uns schneller laufen lässt als wir jemals für möglich gehalten hätten. Sie lässt uns Gewaltmärsche ertragen, um dem drohenden Wettersturz in den Bergen zu entkommen, oder hält uns stundenlang über Wasser, wenn wir gekentert sind und Hilfe noch fern ist. Angst ist eigentlich ein Symptom des Lebenswillens – uns sträuben sich die Haare, weil der Angreifer (in grauer Vorzeit) unseren Pelz so schlechter greifen konnte. Unser Körper mobilisiert kurzfristig sämtliche Reserven, um dem Feind überlegen zu sein.

Angst ist ein Urinstinkt und eigentlich ein Symptom des Lebenswillens. Sie ist nötig, um den Fluchtreflex auszulösen, aber sie kann uns auch blockieren.

Angst kann uns aber auch blockieren und das Gehirn davon überzeugen, dass es jetzt besser ist, stehen zu bleiben oder langsamer Auto zu fahren, weil eine Gefahrensituation droht, die wir vielleicht bewusst noch gar nicht realisiert haben. Solche Blockaden können auch chronisch werden: Dann hindert die Angst Menschen daran, leere Plätze zu überqueren, die Wohnung zu verlassen oder Beziehungen einzugehen.

Der Ursprung der Gefühle

Eines meiner Lieblingsbücher ist die »Emotionale Intelligenz« von Daniel Goleman, einem Publizisten und klinischen Psychologen aus Amerika. Goleman zeigt in unnachahmlicher Weise, wie wichtig Gefühle für unser tägliches Leben sind und wie stark sie uns bestimmen, auch wenn wir uns einbilden, stets rational zu handeln.

Er beschreibt mit immer neuen Beispielen, welche Funktion Gefühle haben und wie sie Gehirn und Körper unterstützen. Beispielsweise erleichtert Trauer die emotionale Verarbeitung eines großen Verlustes, indem sie die Energie und damit auch die Konzentration auf das alltägliche Geschehen auf ein Minimum zurückschraubt. Erst der massiv verlangsamte Stoffwechsel ermöglicht einen inneren Rückzug, um Abschied zu nehmen und so den Verlust zu verarbeiten.

Gefühle scheinen uns oft unbestimmt, weil wir sie uns nicht erklären können. Und sie mögen unberechenbar sein, weil wir sie mit unserem Willen nicht wirklich unterdrücken können. Aber zufällig sind sie nicht. Sie sind eine Mischung aus Reizen, die zu unseren genetisch festgelegten Suchmustern passen, und Erfahrungen, auch wenn viele davon unbewusst ablaufen.

Und sie verhelfen uns zu dem, was Goleman »emotionale Intelligenz« nennt: In der Summe unserer Wahrnehmungen sind wir besser, als es das Gehirn allein sein könnte. Rationale Intelligenz reicht eben nicht aus, um unser Überleben zu sichern.

Vererbte Urängste

Jeder von uns trägt in seinem Gehirn Rezeptionsmuster für eine Reihe von Urreizen, die uns vererbt wurden. So signalisiert uns eine plötzliche Bewegung oder ein lauter Knall eine mögliche Gefahr. Wenn wir einer solchen Situation begegnen, reicht schon das Signal an unsere Sinnesorgane, um sofort eine biologische Verteidigungsmaschinerie in Gang zu setzen. Diese angeborenen Reflexe, die wir willentlich nicht beeinflussen können, dienen dazu, unser Leben zu retten. Denn bis unser Gehirn verstanden hat, dass Gefahr droht, etwa durch einen Abgrund zu unseren Füßen, ist unser Körper schon in Abwehrbereitschaft oder schreckstarr. Das Signal lautet dann: Keinen Schritt weiter!

Solche Urängste werden über die Amygdala vermittelt, einem entwicklungsgeschichtlich sehr alten Zentrum des Gehirns (siehe Seite 74). Die Amygdala spielt aber vermutlich auch eine zentrale Rolle bei der Prägung von traumatischen Erfahrungen und Ängsten, die sich verselbständigen. So leiden seit dem Anschlag des 11. September 2001 viele Bewohner New Yorks, die in Hochhäusern leben oder arbeiten, unter Platz- und Höhenangst, seit sie von ihrem Fenster aus oder im Fernsehen gesehen haben, wie die Türme des World Trade Center in sich zusammenstürzten. Ihr Körper rebelliert, auch wenn ihr Gehirn ihnen sagt, dass das Risiko eines weiteren derartigen Angriffs in dieser Stadt viel geringer ist als bei einem Verkehrsunfall zu sterben.

Gefühle sind eine Mischung aus Reizen, die zu unseren genetisch festgelegten Suchmustern passen, und Erfahrungen, auch wenn viele davon unbewusst ablaufen. Sie sind keinesfalls zufällig und verhelfen uns zur »emotionalen Intelligenz«.

Gefühls-Erinnerungen

Viele unserer Gefühle liegen unter der Oberfläche unseres Bewusstseins verborgen. Manchmal sind wir erstaunt, wie in Träumen Gesichter auftauchen, die wir lange vergessen glaubten, eingebaut in bizarre Bilder, die von Emotionen getränkt sind. Manchmal genügt auch ein Lufthauch, um uns an Situationen zu erinnern, in denen wir glücklich und zufrieden waren – der Duft von frischem Schokoladenkuchen oder ein Parfüm. Umgekehrt kann schon das Knarren einer Tür ausreichen, um den Magen zu verkrampfen und den Mund trocken werden zu lassen, wenn wir damit eine negative Erinnerung verbinden.

Viele Phobien haben ihren Ursprung in solch verdrängten und scheinbar vergessenen Gefühlen. Nur wenn es einem Arzt oder Psychologen gelingt, den Ursprung der Angst zu erkennen, kann er dadurch das Verhaltensschema des Körpers ändern. Wenn es z. B. einem Platzangst-Patienten mit professioneller Hilfe gelingt, im Fahrstuhl zu fahren, dann

Warum Entspannung wichtig ist

Nur wer seine Muskeln und Nerven entkrampft, kann kreativ sein

Wer angespannt ist oder verspannt, kann seine Kraft schlechter nutzen und ermüdet schneller. Verspannungen im Geist blockieren auch das Denken, Verspannungen in den Muskeln behindern die Beweglichkeit. Deshalb muss der Organismus regelmäßig entspannen. Das ist ein Naturprinzip. Viele Menschen haben jedoch keine genaue Vorstellung, was Entspannung eigentlich ist. Sie denken, sie stellt sich automatisch ein, wenn man ein bisschen zurückschaltet. Für manche hat Entspannung sogar einen negativen Beigeschmack. Faulenzen oder das gute alte Nickerchen haben in unserer Leistungsgesellschaft kein gutes Image. Ruhepausen werden nicht als Auszeit betrachtet, sondern sollen etwas bringen, am besten eine Leistungssteigerung.
Nur etwa jeder fünfte Deutsche, das ergab eine Umfrage der Deutschen Sporthochschule (DSHS) in Köln, baut Entspannungspausen in seinen Tag ein. Viele Menschen überanstrengen sich und hoffen dann, die notwendige Erholung auf den Urlaub verschieben zu können. Doch das führt meist nur zur Freizeitdepression. Auch Schlaganfälle treten gehäuft an Wochenenden und im Urlaub auf.

Den Strom der alltäglichen Gedanken durchbrechen

Aber wie entspannt man sich? Laut einer Forsa-Umfrage wollen sich 87 Prozent der Deutschen in der Natur erholen. Fast drei Viertel (74 Prozent) möchten Stress gezielt abbauen, genauso viele suchen einfach nur die Ruhe. Doch sie haben es offenbar verlernt, sich richtig zu erholen. So meint jeder Fünfte (21 Prozent) von den unter 30-Jährigen, dass der letzte Urlaub sehr anstrengend war. Bei 7 Prozent gab es häufiger Streit, und für 10 von 100 war es eher langweilig im Urlaub. Jedenfalls kehrt mehr als die Hälfte der 40 Millionen deutschen Urlauber frustriert und gestresst heim, auch weil beim Urlaub eine Art »Glückszwang« besteht.
Vielleicht haben Sie schon beobachtet, dass Spitzensportler vor ihrem Start, einem Kampf oder Wurf sich bemühen, total locker zu werden. Sie dehnen ihre Muskulatur, klopfen sie ab, massieren sie und versuchen, alle Verspannungen aus ihrem Körper zu entfernen. Das ist die Voraussetzung für körperliche Höchstleistungen, aber auch für kreatives, effektives Arbeiten. Medizinisch gesehen, ist Entspannung ein »kurzfristiger oder länger anhaltender Zustand reduzierter metabolischer, zentralnervöser unbewusster Aktivität« (Psychologisches Wörterbuch). Entspannung lässt sich subjektiv fühlen, physiologisch messen und motorisch wahrnehmen.
Aber es ist nicht leicht, sich bewusst zu entspannen. So hat Entspannung immer etwas mit Loslassen zu tun. Wer Sorgen hat, kann aber nur schwer loslassen. Ein Mensch, der innerlich angespannt oder

ängstlich ist, ist meist also auch muskulär angespannt. So simpel das klingt: Nur wer seine Muskeln löst, kann auch nervlich entspannen.

Der Parasympathikus, der regenerative Prozesse wie Schlaf, Verdauung, Herzschlag, Atmung und die Fortpflanzung reguliert, wird entlastet. Die Pulsfrequenz sinkt, der Atem wird ruhiger und regelmäßiger, der Organismus braucht weniger Sauerstoff und der Milchsäurespiegel – ein Nebenprodukt bei angstbedingter Muskelverspannung – fällt rasch ab.

Gleichzeitig nimmt der Widerstand der Haut gegenüber elektrischen Reizen zu, ebenfalls ein Symptom dafür, dass die Anspannung nachgelassen hat. Außerdem sinkt der Blutdruck. Die Verdauungstätigkeit wird aktiviert. Die Hirnstromkurve zeigt eine Zunahme der langsamen Alpha-Wellen, ein Bild, das typisch für den entspannten Wachzustand ist. Und obwohl die Drüsen weiterhin das Stresshormon Adrenalin produzieren, reagiert der Organismus offenkundig weniger stark darauf. Das zeigt sich durch einen gesunkenen Blutdruck.

Aktiv ausruhen statt stillsitzen

Nur stillzusitzen oder fernzusehen reicht nicht, um diese physiologischen Veränderungen hervorzubringen. Der Strom der alltäglichen Gedanken muss unterbrochen, die Aktivität des sympathischen Nervensystems reduziert werden. Entspannungstechniken wie beispielsweise autogenes Training oder progressive Muskelrelaxation können schon kurzfristig Körperempfinden und Stimmung verändern, Blutdruck und Puls sinken lassen. Wer längerfristig solche Methoden anwendet, wird schließlich auch unempfindlicher gegenüber Stress und anderen Einflüssen.

Professor Henning Allmer vom Psychologischen Institut an der Deutschen Sporthochschule Köln, der sich seit Jahren mit dem Phänomen Entspannung beschäftigt, identifiziert drei Etappen auf dem Weg zur Entspannung:

- Die Distanzierungsphase:
  Abstand gewinnen, den Ärger abschütteln – durch Bewegung oder durch geistiges Abschalten
- Die Regenerationsphase:
  Muskeln entspannen, Gedanken neu ordnen, unsere emotionale Balance wieder finden und regenerieren
- Die Orientierungsphase:
  Körper und Psyche stellen sich langsam auf eine neue Beanspruchung ein, Lust zum Weitermachen.

Manchmal können schon ganz alltägliche Dinge äußerst entspannend wirken: ein Spaziergang, ein Besuch bei Freunden, im Museum oder in der Sauna, in Büchern schmökern, mit Kindern spielen, gemütlich Musik hören oder leichte Gartenarbeit. Wirkliche Entspannung finden wir aber nur, wenn wir diese Tätigkeit bewusst und hingebungsvoll tun – und nicht nur halbherzig.

hilft ihm die Erfahrung, dass er dieses Abenteuer unbeschadet überstanden hat, und er versucht es ein zweites Mal. Hypnose kann hier helfen, die Spur der Gefühle im Unbewussten nachzuverfolgen.

Die von der Genetik wie auch der Erfahrung bestimmten Gefühle werden von der Umwelt und dem jeweiligen Kulturkreis geformt.

Bauchgefühle

Ursprung der Emotionen sind also die entwicklungsgeschichtlich ältesten Teile des Gehirns (siehe auch Seite 73 ff.): Sie verwalten einfachste Reaktionen und Instinkte, die von Generation zu Generation weitervererbt werden. Diese Zonen des Gehirns sind eng gekoppelt an das Nervengeflecht des Darms, das »Bauchhirn« – wie es der amerikanische Neurowissenschaftler Michael Gershon von der Columbia University in New York nannte.

Der Darm verfügt über Millionen von Nervenzellen. Dieses »enterische Nervensystem« ist tief in den Wandschichten des Verdauungstraktes versteckt und entzog sich lange dem wissenschaftlichen Verständnis. Aber genau hier werden viele Botenstoffe produziert, die wir eigentlich nur mit dem Gehirn in Verbindung bringen: z. B. 90 Prozent des Serotonins, des Wohlfühlhormons.

Hier spüren wir auch die häufig zitierten »Schmetterlinge im Bauch«, die ein nervöses Kribbeln erzeugen, wenn wir verliebt oder besonders glücklich sind. Solche Bauchgefühle, so weiß man erst seit einigen Jahren, sind die Quelle der Intuition. Hier merken sich die Nervenzellen emotionale Eindrücke, die von außen auf uns einstürmen, und reagieren bei jedem Wiedererkennen mit einem Schwall von Botenstoffen. Dieser überflutet das Gehirn, das erst dann versucht, der Intuition Sinn zu verleihen.

Lachen befreit

Sich vor Lachen den Bauch halten – auch diese universelle Gefühlsäußerung bewegt den ganzen Körper. Lachen hat, so zeigen jüngste Forschungen, längst nicht immer komische Ursachen, sondern scheint dazu zu dienen, sich der Übereinstimmung mit anderen zu versichern. Wenn ein Witz von einer Versuchsperson verstanden wurde, leuchtet im Petscan, einem bildgebenden Verfahren, der linke Stirnlappen auf. Der Hirnstamm und das limbische System sorgen dann dafür, dass ein Schwall von Adrenalin und anderen Botenstoffen ausgeschüttet wird, die den Puls und Blutdruck erhöhen und dafür verantwortlich sind, dass man nach Luft japst.

Lachen macht aktiv: Gerade mal eine Minute Lachen beansprucht Bauch-, Rücken- und Oberschenkelmuskeln genauso stark wie zehn Minuten auf einer Rudermaschine. Die positive Seite des Lachens scheint darin zu liegen, dass es das Immunsystem stärkt. Die wissenschaftlichen Daten dazu sind aber noch unzureichend.
Sicher ist dagegen, dass Lachen die sozialen Bindungen stärkt. Dazu der amerikanische Entwicklungsbiologe Robert Provine: »Wir wissen, dass ein soziales Netz einen großen Beitrag leistet zum gesunden Altern oder bei Herzerkrankungen. Zumindest in dieser Beziehung lässt sich behaupten, dass Humor gesund ist.«

Der Gefühlsbaum

Ein Star unter den modernen Neurologen, der Amerikaner Antonio Damasio von der Universität Iowa, erklärt unser Gefühlsleben als komplexes Gebilde, das man am besten mit einem Baum vergleicht: Auf dem uralten, mächtigen Stamm einfachster Reaktionen – dazu gehören Reflexe, Immunantworten und Stoffwechsel-Regelkreise – sitzen die Verästelungen vielfältiger Empfindungen. Dominierend und eng miteinander verwoben sind Schmerz und Lust, danach folgen die anderen Triebe wie Hunger, Durst, Neugier und Spiel. Die Baumkrone wird durch die Vielfalt der Emotionen und Gefühle gebildet.
Damasio unterscheidet zwischen Emotionen, den immer noch schwer zu fassenden Vibrationen, die unser Inneres erreichen, und Gefühlen, die uns bewusst werden. Wie das abläuft, ist teils biochemisch beschrieben worden, aber noch lange nicht erklärt. So weiß man zwar, dass ein hoher Testosteronspiegel bei Männern die Aggressivität steigert, aber nicht, warum.
Die Wirkung des Sexualhormons, so Damasio, ist dabei genauso wenig erklärt wie die des Liebestranks, der aus Tristan und Isolde ein Paar machte. So bleibt auch offen, warum Mutterliebe, Sex oder eine platonische Beziehung alle auf denselben chemischen Grundmustern beruhen sollen, obwohl sie für uns völlig verschiedene Ebenen der Zuneigung sind.

Kulturelle Einflüsse

Gefühle helfen uns, Probleme zu lösen, die Kreativität und Urteilsfähigkeit verlangen und Entscheidungen notwendig machen, bei denen viele verschiedene Wissensmengen interpretiert werden müssen. Sie

Negative Gefühle lassen die Muskeln zu einem Panzer verhärten und blockieren dadurch zentrale Energieströme.

verleihen dem Denken erst den richtigen Gehalt: Bewusste Gefühle lenken die Aufmerksamkeit auf die Konsequenzen einer Handlung und ermöglichen uns verantwortliches Handeln. Dabei werden die von Genetik wie auch Erfahrung bestimmten Gefühle von Umwelt und Kulturkreisen geformt. Signale werden unterschiedlich interpretiert. Ein Asiate kommt mit großen Menschenmassen klar, die bei einem die Einsamkeit gewohnten Skandinavier bereits Panik auslösen können; ein Südländer reagiert mit lautem Wehklagen auf einen Todesfall, während ein Deutscher seine Tränen eher unterdrückt. Kulturelle Regeln, glaubt Damasio, sind in unserem Gehirn abgelegt und bilden dort einen schützenden Filter, der verhindert, dass wir unseren Emotionen zu leicht freien Lauf lassen.

Muskelpanzer

Was hat das alles nun mit Lebenskraft zu tun? Wenn wir bewusst mit unseren Gefühlen umgehen, können wir Kräfte freisetzen, die sich sonst nur negativ auf unseren Körper auswirken. Mit der Beschreibung der Hysterie in der Frühzeit der Psychoanalyse sind zum ersten Mal die Zusammenhänge zwischen den im Unterbewusstsein abgespeicherten Gefühlen und körperlichen Reaktionen deutlich geworden – auch wenn einige der Thesen von Sigmund Freud inzwischen längst widerlegt sind.

Sein Zeitgenosse, der Mediziner Wilhelm Reich, suchte nach Erklärungen für die Lebensenergie, das »Orgon«, wie er es nannte, und versuchte sogar einen »Orgon-Akkumulator« zu konstruieren, um kosmische Energien einzufangen und auf den Menschen zu übertragen. Reich stellte fest, dass negative Gefühle die Muskeln zu einem Panzer verhärten, zentrale Energieströme blockieren und auf diese Weise krank machen können.

Er ist Vorläufer der verschiedenen energetischen Therapiemethoden. Am stärksten hat Reich jedoch die Psychologie geprägt, z. B. die Bioenergetik von Alexander Lowen. Diese therapeutische Richtung arbeitet anders als die klassische Psychotherapie weniger mit dem Kopf, sondern vor allem mit dem Körper. Eine Kombination von Atemtechnik und Körperhaltungen oder Bewegung bringt verschüttete Gefühle urplötzlich zum Vorschein: vor allem Trauer, Hass oder Ekel. Diese verborgenen Emotionen können dann in der Therapie ausgelebt und abgearbeitet werden.

Die Last der Last

»Muskuläre Verspannungen verringern unsere Energie, sie hindern unsere Mobilität, schränken die Möglichkeiten ein, uns selbst auszudrücken und stören unsere emotionale Gesundheit«, so Lowen. Sie können es an sich selbst beobachten: Wenn Sie unter Ärger, Schmerzen oder Stress leiden, verspannt sich Ihre Muskulatur so, als müssten Sie eine physische Last tragen.

Versuchen Sie es selbst einmal: Wenn Sie tagsüber viel Ärger hatten und dem nicht wirklich etwas entgegensetzen konnten, dann schlagen Sie mit einem Kissen energisch auf ein anderes Kissen ein, bis Sie außer Atem kommen und sich besser fühlen. Hinterher werden Ihre Muskeln viel lockerer sein. Bewegung verändert nämlich den physiologischen Zustand, der durch die Stimmung hervorgerufen wurde. Denn das Gehirn wird dabei auf ein neues Aktivitätsniveau gebracht, das mit dem vorherigen emotionalen Zustand unvereinbar ist.

Negative Gefühle rufen beim Gegenüber weitere negative Gefühle hervor, schreibt Goleman. Um die Eskalationsspirale zu unterbrechen, muss man seinen Zorn abbauen. Dazu dienen neben körperlicher Bewegung auch Entspannungsübungen.

Der amerikanische Mediziner Redford Williams von der Duke-Universität trainiert mit Menschen, die ein hohes Herzinfarktrisiko haben, negative Gefühle dadurch abzubauen, indem sie diese aufschreiben. Das schafft Gelegenheit, sich nochmals darüber klar zu werden. Oft ändert sich dann bereits die Bewertung einer Situation, weil der Kopf freier wird.

Motivation und Ehrgeiz sind so lange positiv zu bewerten, wie die Ziele, die man sich dabei setzt, erreichbar und stimmig sind.

Die Motivation

Manche Menschen sind besonders dazu befähigt, andere zu motivieren – auch das hebt die Betroffenen von einem Energieniveau in ein anderes. Im Alltag herrscht jedoch meist Demotivierung vor: durch unprofessionelle Führungskräfte, die mobben statt leiten, oder durch unfähige Pädagogen in der Schule. Schüler, die demotiviert sind, begreifen bald nichts mehr. Wer sich einmal in eine solche Sackgasse der Hoffnungslosigkeit manövriert hat, kann immer weniger aufnehmen und kommt nur schwer wieder aus dieser Negativ-Situation heraus.

Dabei ist es besonders wichtig, andere zu motivieren und nicht zuletzt sich selbst. Das funktioniert aber nur, wenn Sie sich Ziele setzen, die Sie einhalten können. Der Freizeitsport ist ein gutes Beispiel: Wenn Sie sich die falsche Disziplin aussuchen oder sich Unerreichbares vornehmen, werden Sie bald frustriert sein und scheitern. Die Sportmedizin konnte klar nachweisen, dass Bewegung gegen die eigene Lust nicht denselben positiven Effekt hat wie eine, die Spaß macht.

Der Trick besteht also darin, sich Ziele zu setzen, die zwar entfernt, aber noch am Horizont sichtbar sind. Welcher Art Ihre Ziele sind, ist dabei völlig zweitrangig. Mich z. B. motiviert es ungemein, dass ich Menschen in meinem Beruf helfen kann. Meinen Patienten verspreche ich: »Ich betreue und behandele Sie so lange, bis Sie mir sagen, dass es Ihnen besser geht!«

Optimismus sollte für möglichst viele Menschen eine grundlegende Lebenshaltung werden. Negativismus oder auch negative Gefühle verschwenden eigentlich nur kostbare Lebensenergie.

Ehrgeiz und Beharrlichkeit

Ob Leistungssportler, Schachgroßmeister oder Musiker von Weltrang – alle treibt der Ehrgeiz. Ehrgeiz ist nichts Negatives, solange die Ziele stimmen und man keinem »falschen« Ehrgeiz nachhängt. Ich persönlich war immer sehr ehrgeizig. Als jüngster von drei Brüdern, die sehr verschieden, aber auf ihre Art genial waren, eiferte ich ihrem Vorbild ständig nach. Ich wollte immer noch besser werden – und will es auch heute noch.

Kurt Bendlin, Weltrekordler im Zehnkampf, gehörte in meiner aktiven Zeit als Mehrkämpfer zu meinen Mitstreitern. Er hatte einen gut modellierten Körper: das Ergebnis von systematischer, disziplinierter und harter Trainingsarbeit. Kein Mensch konnte sich bei diesem Modellathleten vorstellen, dass Bendlin einmal ein schmächtiger Junge gewesen war, der schon als Zweijähriger mit seiner Mutter aus Ostpreußen fliehen musste und dabei fast erfroren wäre. Unterernährung und Tuberkulose hatten ihn zu einem Aussätzigen in der neuen Heimat gemacht. Aber Kurt gab nicht auf. Er war geschickt im Schlagballwerfen, das trainierte seine Oberarme. Beim Speerwerfen der Deutschen Jugendmeisterschaften wurde er überraschend Zweiter. Jetzt nahm man ihn im Dorf zur Kenntnis und war stolz auf ihn. Dieses großartige Gefühl der Genugtuung, sagt Bendlin heute, war Auslöser und Triebfeder für alles, was danach kam: Es beflügelte ihn. Sein leidenschaftlicher Einsatz und die Besessenheit im Training, seine ständige Suche nach methodischen Verbesserungen, sein Vorstoß in Grenzbereiche – all das entwickelte sich aus den starken Emotionen heraus: dem schmerzenden Gefühl der Minderwertigkeit und dem Triumph, es dennoch geschafft zu haben.

Disziplin und Optimismus

Wahre Leistung verlangt viel Disziplin, und diese kann man lernen. Aber vor allem brauchen wir Optimismus. Beide Eigenschaften stehen in einem gewissen Verhältnis zueinander. Optimisten führen z. B. eine Niederlage auf etwas zurück, was sich ändern lässt – und verlieren deshalb nicht den Mut. Die Fähigkeit, eine Niederlage zu ertragen, gehört für mich zu den wichtigsten Lebenskünsten – und zu den schwersten zugleich. Optimismus, für mich eine grundlegendere Lebenshaltung als das bekannte Modewort des »positiven Denkens«, hilft!

Negative Gefühle schaden

Ein Beispiel aus dem Spitzensport zeigt, wie negativ sich schlechte Gefühle auswirken können. Die beiden Tennisprofis Jimmy Connors und John McEnroe waren bekannt und berüchtigt wegen ihrer Wutausbrüche auf dem Court. Connors wurde mit den Jahren gelassener. Er bekam seine Emotionen in den Griff, nahm Fehler mit Humor und gewann mehr und mehr Freude am Spiel. Erst mit 42 Jahren erklärte er seinen Rücktritt. John McEnroe verlor viel früher die Lust am Spiel, schon mit 32. Rückblickend erklärte er, er hätte wohl mehr erreichen können, wenn er sich auf dem Platz nicht immer so hätte gehen lassen. Über seine schlimmste Niederlage, das Finale gegen Ivan Lendl bei den French Open 1984, sagte er: »Ich war schon zwei Sätze vorne gelegen. Aber ich verschwendete wohl zu viel Energie darauf, mich aufzuregen.«

Immer im Fluss

Der ungarisch-amerikanische Psychologe Mihaly Csikszentmihalyi hat in mehr als 20 Jahren Forschung den Zusammenhang von Freude und Leistung untersucht und den Begriff »flow« geprägt. Dieser »Fluss« ist die ideale Verbindung des Willens mit erlerntem, kognitivem Verhalten und besonders intensiven Emotionen, die sich scheinbar mühelos dem selbst gesteckten Ziel unterordnen. Das Gehirn befindet sich in einem gelassenen Zustand, die Kapazität seiner neuralen Schaltungen ist ganz auf die bevorstehende Aufgabe ausgerichtet. Eine wichtige Voraussetzung für diesen Zustand ist ein hohes Maß an Konzentration, das wiederum viel Disziplin erfordert. Aber in solchen – sehr seltenen – Momenten entstehen Leistungen, die Geschichte schreiben, z. B. ein Olympiasieg, eine Weltmeisterschaft oder auch ein bedeutendes Meisterwerk der Kunst.

Heilige Gefühle

Der deutsche Philosoph Eugen Herriegel beschrieb in einem Buch, wie er während eines mehrjährigen Japan-Aufenthaltes versuchte, die Zen-Meditation zu verstehen, indem er bei einem Meister das Bogenschießen lernte. Der Unterricht war äußerst frustrierend, denn Herriegel wurde unterwiesen, nie das Ziel zu fixieren, sondern sich ganz auf die Einheit seines Körpers mit dem Bogen zu konzentrieren. Entsprechend weit verfehlten die Pfeile anfangs ihr Ziel. Eines Tages, als der Philosoph die Übungen halbwegs beherrschte, traf er die Scheibe zum ersten Mal in der Mitte. Er war überglücklich, aber der Meister drehte sich wortlos um und verließ den Saal. Er ließ ihm später ausrichten, Herriegel habe betrogen. Nicht »es« habe geschossen, sondern »er«. Das stimmte, Herriegel hatte heimlich einen Blick aufs Ziel geworfen.

Das Buch ist ein wunderbares Zeugnis der Erfahrung, wie sehr sich die Kraft, die aus dem Inneren kommt, der Logik entzieht. Neurowissenschaftler haben dennoch versucht, dem Geheimnis der Meditation auf die Spur zu kommen.

Mit bildgebenden Verfahren, die zeigen, welche Sektoren des Gehirns jeweils aktiv sind, untersuchte z. B. Richard Davidson vom »Laboratory for Affective Neuroscience« in Madison Buddhisten während ihrer Meditationsübungen. Das Ergebnis: Während der Zeit ihrer inneren Versenkung leuchtete bei allen ein Teil des vorderen Großhirnlappens (prefrontal lobe) auf, der für positive Stimmungen und gute Laune zuständig ist. Meditation zähmt, so scheint es, die Wirkung der Amygdala, jener urzeitlichen alten Gehirnregion, die in unserem Organismus für reflexhafte Emotionen wie Angst oder Gewalt zuständig ist (siehe Seite 76) und sich durch den Willen kaum beeinflussen lässt. Paul Ekman von der Universität in San Francisco hat festgestellt, dass Buddhisten generell weniger schreckhaft sind und nur schwer in Rage geraten. Vielleicht können buddhistische Praktiken unsere Fähigkeit, Emotionen positiv einzusetzen, ausbilden.

Dialog mit dem Dalai Lama

Daniel Goleman, den ich schon mehrfach erwähnte, hat einen Gedankenaustausch über solche Fragen zwischen Philosophen, Psychologen, Neurowissenschaftlern und dem Dalai Lama organisiert. Letzterer schrieb im Vorwort zu dem neuen Buch von Daniel Goleman »Dialog mit dem Dalai Lama«: »Über die menschlichen Probleme, die von unseren destruktiven Emotionen aufgeworfen werden, hat der Buddhismus der Wissenschaft viel zu sagen. Es ist ein zentrales Anliegen der buddhistischen Praxis, den Einfluss der destruktiven Emotionen in unserem Leben zu verringern.«

Zwar hätten, so Goleman, die unterschiedlichsten spirituellen Traditionen durchaus ähnliche Funktionen, und ein »Kyrie eleison« unterscheide sich, biochemisch gesprochen, nur unwesentlich von einem buddhistischen »om mani padme hum«. Und doch sei es besonders der Buddhismus, der die volle Konzentrationsfähigkeit fordere, um das »Es« zu finden.

Meditation scheint die Wirkung der für unsere Emotionen zuständigen Amygdala, die sich durch den Willen kaum beeinflussen lässt, zu zähmen.

Die Macht der Güte

Zu den Meditationstechniken gehört interessanterweise auch eine Strategie, Mitgefühl und Güte zu erwerben. Dabei ist es für den Meditierenden genauso wichtig, sich das Leiden lebender Wesen zu vergegenwärtigen wie die Güte seiner Vorbilder. Auch bei dieser Übung wurde eine auffällige Aktivierung des linken vorderen Hirnlappens gemessen, die zeigte, wie wohl sie sich in diesem Zustand fühlten.

Glück scheint also kein feststehendes Merkmal und kein biologischer Sollwert zu sein, sondern kann durch Schulung des Gehirns vergrößert werden. Auch wenn Sie nicht gleich Buddhist werden wollen oder praktizierender Christ sind, sollten Sie darüber nachdenken, was die Quelle Ihrer Spiritualität ist. Vielleicht ist es die Liebe zu Ihrer Frau, vielleicht die Verbundenheit zur Natur, vielleicht die Zuneigung, die Sie von anderen erfahren haben.

Der Glaube entzieht sich wie das Gefühlsleben der Ratio, und gerade das macht ihn so stark. Die Sehnsucht nach dem Unerklärlichen steckt in jedem von uns. Und sie wirkt in uns als Kraft – die Placebo-Forschung zeigt beispielsweise, dass eine Therapie, deren Wirkung dem Patienten genau erklärbar ist, weniger gut wirkt als eine, auf die man nur vertrauen kann. Als Arzt habe ich das Glück, einen Beruf zu haben, bei dem ich anderen etwas geben kann. Das ist die wichtigste Quelle meiner eigenen Lebenskraft. Eine »liebende Medizin«, wie mein Kollege Dietrich Grönemeyer das nennt, sollte ohnehin das Fundament jeder ärztlichen Professionalität sein. Aber geben kann jeder. Versuchen Sie es einfach einmal selbst.

Mein Anliegen an Sie

Wenn Sie mich bis zu diesem Punkt in diesem Buch begleitet haben, hoffe ich, dass ich Sie nicht nur dazu motivieren konnte, anders mit Ihren Energien umzugehen, sondern auch, neue Quellen der Lebenskraft in sich zu entdecken – bewusster zu leben. Alle Menschen können das, trotzdem versuchen es nur manche, und die wenigsten tun es wirklich. Jeder von Ihnen kann und muss dabei seinen eigenen Weg verfolgen. Nur Sie selbst sind verantwortlich für Ihren Körper und Ihren Geist – es gibt keine simplen Erfolgsrezepte. Sie können sich ein Bewegungsprogramm zusammenstellen, einen Ernährungsplan oder eine tägliche Ration Nahrungsergänzungsmittel – solche Disziplin wird Ihnen im Alltag sicher helfen. Aber Sie müssen Ihre eigenen Ziele für Ihr Leben formulieren – und der Weg dorthin kann völlig unterschiedlich von dem anderer Menschen sein.

Die Biochemie und die Medizin können vieles erklären, was sich im Körper abspielt, aber der Mensch ist mehr als die Summe seiner Zellen.

Vertrauen Sie sich selbst!

Sich nicht beirren zu lassen, seinen eigenen Gefühlen zu trauen, auf den eigenen Körper zu hören – das sind ganz wichtige Voraussetzungen, um die Energie zu fördern, die in Ihnen schlummert. Prüfen Sie, ob Sie Ihre Kraft wirklich für Dinge einsetzen, die es Ihnen wert sind! Verschwenden Sie Ihre Energie nicht für Sinnloses! Sagen Sie öfters einmal »Nein«, wenn Ihr Gefühl oder Ihre Intuition dafür sprechen – auch wenn das rational gesehen unsinnig scheint.

Die Biochemie und die Medizin können vieles erklären, was sich in Ihrem Körper abspielt, wenn Sie sich anstrengen oder ausruhen, glücklich sind oder gestresst. Aber die besondere Fähigkeit des Menschen liegt immer noch darin, mit seiner Umwelt kommunizieren zu können, sich in der Auseinandersetzung mit anderen ständig zu verändern und seine eigenen Gefühle zu reflektieren. Das macht den Menschen in jedem Moment seines Seins zu einem ganz eigenständigen Wesen, das mehr ist als die Summe seiner Zellen.

An den Schluss dieses Buches möchte ich deshalb einen Mann stellen, der einer meiner wichtigsten Lehrer war und der all das, was Sie bisher gelesen haben, schon immer gelebt hat: Dettmar Cramer.

Weisheiten eines großen Vorbildes

Mein Gespräch mit Dettmar Cramer (Ex-Fußballtrainer)

Dettmar Cramer, Jahrgang 1925, ist als Trainer eine Legende. Ich kenne ihn nun schon seit 27 Jahren und war von Anfang an von seiner Persönlichkeit sowie seinem umfassenden Allgemeinwissen fasziniert. Der »Fußball-Professor« hat in 90 Ländern gearbeitet (und schickte mir aus aller Welt die Patienten in meine Praxis), besonders intensiv in China und Japan. Dort genießt er den Ruf als »Vater des modernen Fußballs«. Er begann als Assistent von Bundestrainer Sepp Herberger. Er war mein erster Trainer beim FC Bayern München, mit dem er 1975 und 1976 den Europapokal der Landesmeister und 1976 den Weltpokal für Clubmannschaften gewann. Cramer bereicherte die Szene auch mit Fußballphilosophie: »Fußball ist ein Spiel aus Raum und Zeit.«, oder: »Der Ball ist der springende Punkt.«

Sie gehen stramm auf die Achtzig zu und wirken noch voller Lebenskraft – woher nehmen Sie Ihre Vitalität?

- Dettmar Cramer: Mit meinen Genen hatte ich sicher Glück, und ich stamme aus einer optimistischen Familie. Meine Mutter ist 93 Jahre alt geworden, sie war eine kleine Gewalt. Ihr Motto lautete: Guten Morgen, Welt. Ich bin überzeugt: Ob unser Leben gelingt, hängt stark von der inneren Einstellung ab.

Was ist Ihre innere Einstellung?

- Alles fängt im Kopf an, Krankheit und Siechtum, aber auch Gesundheit und Leistung. Das Tun ist eine große Energiequelle. Die Menschen reden und reden. Sie reden über Frieden oder über Reformen oder über Gesundheit, aber warum tun sie nichts? Wenn eine schöne Frau sagt: »Dettmar, ich liebe dich«, antworte ich immer noch: »Weshalb darüber reden? Just do it!« – das ist ein sehr treffender Slogan. Aus dem Tun entsteht Freude, und Freude stiftet Energie.

Wo kommt Ihre Energie her?

- Sie kommt von selbst – aber nur, wenn ich was mache, besonders dann, wenn ich etwas gut mache. Mein Lebensmotto lautet: Solange besser möglich ist, ist gut nicht gut genug.

Wäre es nicht normal, wenn Sie sich jetzt, in Ihrem Alter, zur Ruhe setzten?

▶ Sehen Sie sich doch viele Frührentner an: diese Leere. Aber ohne Antrieb entsteht nun mal Leere. Viele schauen fast den ganzen Tag Fernsehen und schlafen dabei ein. Ihnen läuft die Energie weg wie der Sand aus einer Eieruhr. So ist das mit unserer Natur.

Wie meinen Sie das?

▶ Es gelten nun mal gewisse Naturgesetze. Zum Beispiel: Der Organismus passt sich immer an. Oder: Jedes Organ, die Muskeln und auch der Geist brauchen funktionelle Reize. Weil wir über so wunderbare Anpassungsfunktionen verfügen, brauchen wir Nadeln im Sofakissen. Denn Trägheit liegt uns am besten.

Sie lassen sich nie hängen?

▶ Selten. Weil ich heute mehrere Termine habe, bin ich ein bisschen früher aufgestanden. Ab 5 Uhr morgens habe ich unten in meinem Fitnessraum trainiert.

Warum ist Ihnen Fitness so wichtig?

▶ Fit sein heißt, sich wohl fühlen. »Wie sollen sie wohl tun, wenn sie sich nicht wohl fühlen?« – so hat der alte Goethe damals schon über Beamte gewettert. Goethes Weisheit trifft ins Schwarze.

Und was tun Sie für Ihre Fitness?

▶ Im Keller meines Hauses habe ich eine kleine Folterkammer, mit Sprossenwand, Schrägbank, zwei Paar Hanteln – 5 und 7,5 Kilo schwer –, eine Berberteppich-Brücke, Sauna, Dusche und Solarium. Dort trainiere ich frühmorgens in der Regel 90 bis 120 Minuten ein wechselvolles Programm, um immer wieder neue Reize zu setzen.

Zum Beispiel?

▶ Systematisches Aufwärmen, also Dehnen und Lockern aller Muskelgruppen von den Füßen bis zum Kopf. Dann Fußgelenkarbeit, barfuß auf dem Teppichboden. Danach im Wechsel Bauchmuskel- und Hantelübungen in einer Art Pyramidensystem, also 15, 14, 13, 12, 11, 10 und wieder 10, 11, 12, 13, 14, 15 Wiederholungen mit 5 tiefen Atemzügen dazwischen. Das sind 150 Wiederholungen in einem Durchgang.

Und wie viel Durchgänge sind Ihr Ziel?

▶ Drei bis fünf. Für mein Alter genug, wie mir mein Muskelaufbau beweist. Zum Schluss: cooling down. Ich werde wütend, wenn ich gegen den inneren Schweinehund ankämpfen muss, und ich habe ein schlechtes Gewissen, wenn das Training ausfallen musste.

… auch, wenn Sie zum Beispiel auf Reisen sind …

- … dann mache ich im Flugzeug meine isometrischen Übungen und bewege mich in der Maschine. Einmal haben meine Spieler gespottet: Unser Trainer will zu Fuß nach Alexandria.

Sieht so aus, als hätten Sie auch kein Übergewicht.

- Stimmt. 55 Kilo, wie all die Jahre. Ich esse viel Obst und insgesamt wenig. Schlechte Ernährung raubt einen großen Teil der Vitalität.

Wie ernähren Sie sich denn?

- Damals in Japan und China vor allem von Bananen, Gemüse und Fisch. Jetzt esse ich morgens ein paar Löffel Joghurt und trinke dazu Tee, mittags liebe ich Happy Rice, also Gemüse mit Ei und gebratenem Reis, oft Fisch. Hinterher noch einen Espresso, abends vielleicht etwas Rotwein.

Wann gehen Sie gewöhnlich schlafen?

- Gegen 21 Uhr, spätestens 22 Uhr.

Warum dieses hohe Maß an Selbstdisziplin?

- Wer strikt gegen sich selbst ist, wird selten fehlen.

Wer sagt das?

- Konfuzius.

Welche Bedeutung hat dieser chinesische Philosoph, der vor über 2500 Jahren lebte?

- Er war ein Allroundweiser, ein großartiger Beobachter, Lehrer und Formulierer. Er ist zeitlos. Ich benutze ihn in vielen Vorlesungen.

Zitieren Sie doch bitte noch mehr Weisheiten von Konfuzius, die Sie für wichtig halten.

- Der Edle verlangt alles von sich selbst, der Primitive stellt nur Forderungen an andere. Oder: Der Herr, der auf seine eigene Ruhe und Muße bedacht ist, ist kein Herr – das gilt auch für Trainer.

Und bitte noch eine letzte …

- Nur in einem ruhigen Teich spiegelt sich das Licht der Sterne.

Sie spielen damit auf das wichtige Thema Entspannung an?

- Wir können nur gut sein, wenn wir eine Balance zwischen Spannung und Entspannung finden. Entspannung ist für unsere Leistungskraft enorm wichtig.

Was können wir in dieser Hinsicht von Asiaten lernen?

Ihre Körperbeherrschung. Wie sie meditieren, um neue Kraft zu tanken. Wie sie in ihre Mitte gehen, um sich zu erneuern. Bei den Japanern gibt es weniger Herzinfarkte, obwohl viele 16 Stunden am Tag arbeiten. Wir haben hingegen in unserer eigenen Gesellschaft einfach noch keine richtige Entspannungskultur aufgebaut.

Was läuft bei ihnen besser?

Abends wird der Bogen entspannt. Nur der entspannte Bogen wird seine Spannkraft neu aufbauen können.

Sie bemühen das Bild vom Bogenschießen – was soll uns das sagen?

Man wird kein Meister, wenn man selber schießt – »Es« muss schießen. Dieses »Es«, damit ist die innere Kraft gemeint. Diese Kraft steckt in jedem von uns, man muss »Es« nur finden. Alles, was wir jemals gedacht, gerochen, gefühlt haben, ist in uns angelegt, nichts geht verloren. Die Kunst ist, »Es« wieder zu holen. Dazu ist es aber unbedingt notwendig, in unsere Mitte hinabzusteigen.

Wie ist das möglich?

Beispielsweise durch T'ai Chi. Ich bin immer verblüfft, wenn ich in Peking vom Flughafen in die Innenstadt fahre oder im Stadion in Shanghai bin. Da sieht man hunderte, die die Kunst des T'ai Chi ausüben, egal wie laut es um sie herum ist. Sie nehmen andere nicht wahr, sie sind in sich selbst versunken. Sie sind abwesend von der Umwelt, sie sind ganz in ihrer Mitte. Es ist ein wunderbarer Anblick. Da sind manchmal 80-Jährige, voller Falten oder mit Glatze, aber sie wirken schön, von innen heraus schön, und in ihren Bewegungen liegt noch so viel Grazie – da kann man fromm werden.

Was gibt Ihnen Energie und Lebenskraft?

Freude, Lachen, Lieben – das sind ungeheure Energiequellen. Aus Zuneigung und Liebe entsteht Kraft – und auch aus der Verantwortung.

Ihre Lebenspartnerin ist so viel jünger als Sie …

… und sie hält mich jung. Wir haben uns in Korea kennen gelernt. Sie war rhythmische Sportgymnastin und hat als Hotelfachfrau gearbeitet. Wir leben jetzt schon seit 12 Jahren zusammen. Sie fordert mich immer wieder, Tag für Tag aufs Neue. Durch sie habe ich neu gelernt, manches im Unterschied zu früher viel fröhlicher zu sehen – und zudem weitaus spielerischer.

Wie wichtig ist Spielen für den Menschen?

▶ Der Mensch spielt nur, wo er in voller Bedeutung des Wortes Mensch ist, und er ist nur ganz Mensch, wo er spielt.

Von Konfuzius oder Goethe?

▶ Von Schiller.

Spielen Sie noch Fußball?

▶ Manchmal klingeln ein paar Jungs aus der Nachbarschaft bei uns in Reit im Winkl und fragen: Haste Zeit für uns? Dann gehen wir auf den Fußballplatz. Manchmal bin ich bei der U12 oder U16 auch in der Kabine und sage ein paar passende Worte. Was wollen Sie mehr als ein lustiges Leben und Lebendigkeit um sich herum?

Was vor allem treibt Sie immer noch an?

▶ Ich habe in über 90 Ländern gearbeitet, soll ich denn meine Erfahrungen einfach wegschmeißen? Das macht doch keinen Sinn. Und ich sehe den Unsinn, der in der Jugendausbildung gemacht wird. Ich halte immer noch Vorträge und mache Fortbildungslehrgänge in aller Welt. Da muss und möchte ich doch fit sein. Viele Trainer sind leider nicht mehr in der Lage, etwas vorzumachen.

Was muss ein guter Trainer können?

▶ Die Freude wecken und die Angst überwinden. Das betrifft übrigens uns alle.

Welche Rolle spielt die Angst in unserem Leben?

▶ Angst blockiert die Lebenskraft. Man muss den Menschen die Angst nehmen, dann macht man sie zu Halbgöttern – dieser Satz stammt wieder vom alten Goethe.

Welche Strategie haben Sie persönlich, um Angst zu überwinden?

▶ Ich war im Krieg Fallschirmjäger, bei mir ist die Angst unterentwickelt.

Wie äußern sich Ängste bei den Spielern?

▶ Ganz unterschiedlich. Bei Bayer Leverkusen zum Beispiel hatte ich ältere Haudegen in der Mannschaft, die mit allen Ölen gesalbt und keine Freunde von Traurigkeit waren. Sie waren mir sehr ans Herz gewachsen, und ich kannte sie gut. Wenn sie vor dem wichtigen Spiel in die Kabine kamen, waren noch gut fünf Minuten Zeit zum Abfrottieren, Frischmachen, Erleichtern, Spielkleidung anziehen. Dann warteten sie auf der Bank auf das Signal zum Auflaufen – und der Schweiß tropfte von den Fingerspitzen. Versagensangst machte sich breit, die man mit den ersten Ballkontakten abschütteln kann. Wenn aber die ersten Aktionen ziemlich böse misslingen, kann sich eine negative Kettenreaktion entwickeln. Die Umstellung im Spiel gelingt leider nicht immer.

Worauf kommt es an?

- Auf die Einstellung auf das Spiel. Ängste sind ein Riesenbetätigungsfeld für jeden Trainer und natürlich auch Psychologen. Das Überwinden der Versagensangst kann die Leistung des Sportlers enorm steigern.

Wie lassen sich Versagensängste überwinden?

- Sie müssen den Gegner beobachten. Aber es darf nicht darum gehen, ob sie den Gegner besiegen, sondern wie sie den Gegner besiegen. Die Basis ist Selbstbewusstsein – man muss sich und seiner Sache sicher sein.

Welche Rolle spielen positive Gedanken?

- Es gibt eine sehr eindrucksvolle Untersuchung über den Einfluss von Lob auf die Leistung. Mir hat Professor Thomas A. Tutko, ein guter Freund vom San José State College, bei einem Trainerkongress von Hochspringern erzählt. Zwei Trainer haben zwei Trainingsgruppen ganz unterschiedlich angefasst. Bei Hochspringern kommt es ja sehr auf die letzten fünf Schritte an. Der letzte davon ist der Stemmschritt. Der erste Trainer kritisierte so: »Wie lange bist du jetzt da? Sechs Wochen? An wie viel wichtigen Schritten arbeiten wir? Fünf. Fünf lausige Schritte, und den Stemmschritt hast du immer noch nicht kapiert. Wenn du das immer noch nicht begriffen hast, dann kapierst du das nie. Das kostet dich mindestens zehn Zentimeter Höhe.« Der andere Trainer sagte: »Wie lange bist du jetzt im Training? Sechs Wochen? Erstaunlich, was du in diesen sechs Wochen schon gelernt hast, ich kann es dir auf dem Video zeigen. Hier, du triffst die Marken ziemlich genau, nur der letzte Schritt ist noch zu kurz. Am letzten Schritt müssen wir noch arbeiten. Aber das dauert nicht mehr lange, dann machst du auch den sauber, das bringt mindestens zehn Zentimeter Höhe.« Was glauben Sie, wie sich die vernichtende Kritik einerseits und das ermutigende Lob andererseits auf die Leistung ausgewirkt haben? Die Leistungsunterschiede lagen bei 30 Prozent.

Auf welche Weise haben Sie versucht, Spielern die Ängste zu nehmen?

- Je nach Naturell des Betreffenden. Manche muss man anschnauzen, die meisten überzeugen. Gerd Müller, dieser begnadete Stürmer, hatte manchmal Ladehemmung. Bei ihm hat Visualisierung gewirkt.

Wie funktionierte das?

▶ Ich hab ihn gefragt: »Du, damals dieses Tor in Ostrava, von wem kam eigentlich die Flanke?« Da hat er mich ganz mitleidig angeguckt und dann erzählt: »Na wissen Sie das nicht mehr, da hat doch der Conny Torstensen mit seinen Eishockeyschlägern von Beinen, der hat sich da durchgewühlt, und ohne zu gucken haut er das Ding vor das Tor. Und ich bin beim Abspringen schon viel zu weit drin.« Da habe ich den Gerd gefragt: »Und was hast du gedacht, als du da oben hingst?« Da hat er gesagt, er habe sich gedacht: »Gerdchen, auch wenn du nicht mehr runterkommst, den machst du rein.«

Und hat er dann wieder welche reingemacht?

▶ Ja. Wir sind seine Tore durchgegangen, bei dieser Rückbesinnung auf das Geleistete hat er sich richtig in eine Begeisterung hineingeredet. Und dann ist wieder dieses selbstverständliche Selbstbewusstsein in ihm wach geworden, nicht dieses gekünstelte, krampfhafte, das sich jemand nur einredet. Freitags nach unserem kleinen Abschlussspielchen kam der schlaue Uli Hoeness zu mir und sagte: »Trainer, es müllert wieder.«

Sie haben in Ihrem Leben als Trainer sicher viele Spieler geprägt. Welcher Mensch hat Ihr Denken besonders stark beeinflusst?

▶ Das war José Ortega y Gasset, der unvergessene spanische Philosoph. Seit unserer ersten Begegnung entwickelte sich eine Art von Sympathie. Er sprach in einem harten katalanischen Deutsch über den »Sportlich-festlichen Sinn des Lebens«. Er sprach in Bildern und Gleichnissen und formulierte markante Kernsätze, die mir nach 50 Jahren noch in den Ohren klingen und mein Sinnen und Trachten gelenkt haben.

Welche seiner Gedanken haben Ihnen am meisten gegeben?

▶ Das Wort, das mir am meisten nach Leben schmeckt und das eines der ansprechendsten im Wörterbuch ist: Anreiz. Oder noch eine Einsicht, mit der die Physik sicher nichts, die Biologie aber viel anfangen kann, sie lautet: Arm wäre das Leben, fehlte ihm der elastische Antrieb zu Wagnis und Sprung.

Herr Cramer, wie lange wollen Sie noch auf dem Sprung sein?

▶ Ich arbeite bis zum Schluss. Am liebsten bis 100.

A

B

F

G

L

M

Damasio, Antonio R.:
Der Spinoza-Effekt. Wie Gefühle unser Leben bestimmen, München 2003

DeGrandpre, Richard:
Die Ritalin-Gesellschaft, Weinheim und Basel 1999

Dekkers, Midas:
An allem nagt der Zahn der Zeit, München 1999

Dossey, Larry:
Reinventing Medicine. Beyond Mind-Body to a New Era of Healing, San Francisco 1999

Goleman, Daniel:
Emotionale Intelligenz, München 1996

Goleman, Daniel:
Dialog mit dem Dalai Lama, München 2003

Halliwell, Barry/Gutteridge, John M. C.:
Free Radicals in Biology and Medicine, 3rd ed., Oxford 1999

Jackson, Susan/Csikszentmihalyi, Mihaly:
Flow im Sport, München 2000

Kautzmann, Gabriele/Miketta, Gaby:
Das Wunder im Kopf, Augsburg 2001

Korte, Martin, u. a. (Hrsg.):
Gedächtnis und Erinnerung. Ein interdisziplinäres Lexikon, Reinbek b. Hamburg 2001

Miketta, Gaby:
Liebe und Sex. Über die Biochemie leidenschaftlicher Gefühle, Tübingen 1996

Müller-Wohlfahrt, Hans-Wilhelm:
So schützen Sie Ihre Gesundheit, München 2000

Müller-Wohlfahrt, Hans-Wilhelm:
Mensch, beweg Dich! München 2001

Unschuld, Paul U.:
Was ist Medizin? Westliche und östliche Wege der Heilkunst, München 2003

DR. PETRA THORBRIETZ

Arbeitet als Wissenschaftsjournalistin und war Reporterin bei der Hamburger WOCHE. Sie hat mehrere Sachbücher und wissenschaftliche Fernsehdokumentationen geschrieben und ist Preisträgerin des Österreichischen Staatspreises für Wissenschaft.

DR. SIEGFRIED SCHLETT

Studierte Medizin und Pharmazie und arbeitet als Apotheker in einer Münchner Apotheke. Er ist Mitglied in der Münchner Gesellschaft zur Förderung der orthomolekularen Medizin und bildet Ärzte und Apotheker im Bereich der orthomolekularen Medizin aus.

FOTOS:

Aufmacherfotos: Alexander Haselhoff (das Foto auf den Seiten 8 und 9 zeigt Dr. Müller-Wohlfahrt mit seiner Tochter Maren)

Innenteil: Alexander Haselhoff 13, 19, 25, 117, 118, 138, 139; laif-agentur für Fotos und Reportagen 90; Maria Mühlberger 170; Dr. Kai-Uwe Nielsen 26, 184–187, 190, 195–197; StockFood/Klaus Arras 104 m., 105 r.; StockFood/Michael Brauner 107 m.; StockFood/Gerhard Bumann 106 l.; StockFood/S. & P. Eising, 104 r., 105 l., 105 m.; StockFood/Luzia Ellert, 104 l.; StockFood/Martina Urban 106 r.; Stock-Food/Rosenfeld Images LTD 107 r.; Christine Strub 215

Besuchen Sie uns auch im Internet unter www.zsverlag.de